暨南大学传播与国家治理研究院　南方舆情数据研究院　联合出品

沟通与善治

参与传播视野下国家治理的广东经验

张晋升　公丕钰 / 著

南方日报出版社
NANFANG DAILY PRESS

图书在版编目（CIP）数据

沟通与善治：参与传播视野下国家治理的广东经验/张晋升，公丕钰著.--广州：南方日报出版社，2019.5
ISBN 978-7-5491-1815-1

Ⅰ.①沟… Ⅱ.①张… ②公… Ⅲ.①国家－行政管理－现代化管理－研究－中国 Ⅳ.①D630.1

中国版本图书馆CIP数据核字（2018）第091096号

GOUTONG YU SHANZHI
沟通与善治：参与传播视野下国家治理的广东经验

著　　者：张晋升　公丕钰
出版发行：南方日报出版社
地　　址：广州市广州大道中289号
出 版 人：周山丹
责任编辑：刘志一　郭海珊
装帧设计：劳华义
责任校对：阮昌汉
责任技编：王　兰
经　　销：全国新华书店
印　　刷：广州市尚铭印刷有限公司
开　　本：787mm×1092mm　1/16
印　　张：17.75
字　　数：277千字
版　　次：2019年5月第1版
印　　次：2019年5月第1次印刷
定　　价：38.00元

投稿热线：（020）87360640　读者热线：（020）87363865

序言

杨兴锋

2016年2月19日，习近平总书记在新闻舆论工作座谈会上指出："做好党的新闻舆论工作，营造良好舆论环境，是治国理政、定国安邦的大事。新形势下，我们党要带领人民有效推进'五位一体'总体布局，带领人民实现'两个百年'奋斗目标、实现中华民族伟大复兴的中国梦，必须引导好人民思想，而引导好人民就要引导好社会舆论。"这充分说明引导舆论就是引导人心、凝聚共识，形成全社会共同参与改革发展的舆论氛围。这不仅是考验执政党传播能力的问题，也是考验执政党执政能力的问题，凸显新闻舆论工作在国家治理中的重要性和必要性。

由南方报业传媒集团指导、南方舆情数据研究院发起主办的"粤治——治理能力现代化"广东探索经验交流会自2014年启动以来，在社会上产生了广泛的影响。交流会通过梳理总结各地各部门在治理能力现代化过程中的宝贵经验，不仅展现了广东在推进国家治理现代化方面先行先试的成果，也为研究治理体系和治理能力现代化提供了鲜活的案例和有价值的借鉴。

党和政府执政的经验和教训告诉我们，无论是治国理政还是安邦定国，均离不开有效的信息沟通和舆论引导。同时，我们要深刻认识到，引导社会舆论必须做好政府与媒体及公众的主体之间的沟通，才能最大限度地体现党和政府执政的公信力，才能真正把握"善治"的现实内涵。

善治，首先要求各级党委政府和领导干部对政事善治善能。所谓善治，就是对政事要善于梳理；善能，就是遇到问题善于变通。清代良吏袁守定在《图民录》中曾言："凡上下之情，通则治，不通则不治。"后世也有"治民之大者，在上下之交不至于隔阂"的说法。这也说明在国家治理中，政令通达为善治之要，上下之交为善能之道。善治，就是要坚持政治信息的透明和公开，使每一位公民都有权获得与自己利益相关的政府政策的信息，并且对公共决策过程实施有效的监督。政策制定和执行的透明度愈高，善治的程度也愈高，反之亦然。所谓善能，就是为公众提供政治参与的机会和平台。公众特别是利害相关者的参与决策，是政策获得公众支持与合作的基本条件，也是有效引导舆论的重要手段。这种参与不仅可以使行政主体及时了解各方面的意见，而且有利于改善政府和公众的关系，促进公众与行政主体的互动、合作，从而减少隔膜、冲突和对抗。

善治，要求各级党委政府和领导干部对媒体善待善用。善待媒体，一方面，是因为新闻媒体的传播活动有其自身的规律性，而做好党的新闻舆论工作必须尊重新闻规律，了解新闻媒体的共性特征和传播特点；另一方面，善待媒体，还基于政府部门和领导干部的媒体素养有待加强的现状。

如果说善待媒体是对媒体主体地位和新闻传播规律的尊重，那么善用则是对党和政府对新传播环境下媒体舆论传播功能的充分认知。习近平总书记在新闻舆论工作座谈会上指出：“领导干部要增强同媒体打交道的能力，善于运用媒体宣讲政策主张、了解社情民意、发现矛盾问题、引导社会情绪、动员人民群众、推动实际工作。”随着改革的逐步深化，我国经济社会发展也进入了转型的关键期，各种社会问题和社会矛盾进入凸显期，突发事件进入高发期，一些领导干部的本领缺失问题逐渐暴露。有些地方在出现突发性事件后，领导干部总是千方百计封锁消息、堵塞言路，回避媒体采访，不及时向新闻媒体通报有关情况，导致谎言已经跑遍半个世界而真相还在穿鞋，出现所谓“有组织地不负责任”现象，造成严重的舆情次生灾害，甚至演变为大规模的群体性事件，这也说明党委政府和领导干部提高和新闻媒体打交道能力的紧迫性。

善治，要求各级党委政府和领导干部对民意善解善听。善解民意，就是要尊重人民的主体地位，充分理解人民群众日益增长的利益诉求。改革开放40年来，人们的利益诉求日益多元化，在追求自身利益、实现个人价值的同时，其意见表达的诉求不断增长。这是因为：一方面，物质生活得到改善的人们可以把更多注意力转移到公共生活和公众社会责任上来；另一方面，新媒体传播技术的快速发展、公众媒介素养的提高和媒介应用能力的普及，为自下而上舆论的生成提供了客观条件和主观动因。这也说明人民群众的经济利益、政治利益以及传播利益在某种意义上具有同一性。随着改革开放的不断深入，人民群众的主体地位随着社会利益分化而更加突出，其参与改革的诉求也表现出前所未有的深度和广度。特别值得关注的是，以移动互联网为代表的社交媒体的兴起和技术的快速发展，日益成为重构社会关系和传播关系的关键要素。一方面，社交媒体为网民参与大规模舆论行为、实现广泛社会联系创造了条件，网民借助便捷的社交媒体平台可以随时获悉大量来自四面八方的消息、意见和观点，增加了他们对生活于其中的世界的认识和了解，使信息传播突破了空间的限制而成为影响社会舆论的重要信息源；另一方面，社交媒体的发展改变了网民信息接收和发布的习惯，为网民主动表达自身利益诉求提供了技术上的便利性。

善听民意，就是尊重人民的传播权和参与权，发挥群众首创精神，紧紧依靠人民推动改革。近年来，网络已经成为中国社会生活的有机组成部分，成了具有广泛代表性的民意聚集地。党和政府也非常重视通过互联网了解民情、汇聚民智，这不仅是对网络民意的肯定，更体现以人为本执政理念的自信与勇气。对民意的善解善听，目的是让人民群众共享改革的成果。习近平指出："生活在我们伟大祖国和伟大时代的中国人民，共同享有人生出彩的机会，共同享有梦想成真的机会，共同享有同祖国和时代一起成长与进步的机会。"维护人民切身利益，最重要的是增强人民群众的获得感，使人民群众获得实实在在的利益，真正过上美好幸福生活。只有把实现好维护好发展好最广大人民根本利益作为出发点和落脚点，坚持以民为本、以人为本，丰富人民精神世界，了解社情民意、发现矛盾问题、引导社会情绪、动员人民群众、满足人民精神需求，才能使新闻舆论工作既具极强凝聚力又有强大生命力。

（作者为暨南大学传播与国家治理研究院院长、教授、博士生导师）

目录

Contents

导论

Introduction

1978年以来，市场化改革打破了我国传统的单一所有制结构，形成了当前中国社会利益格局多元化和社会结构分层化的基本事实。随此伴生的社会矛盾乃至冲突，既是深化改革的障碍性因素，也是深化改革的动力性因素。正是在这一背景下，国家治理现代化被纳入我国政治话语的核心体系。基于对“统治”的反思，“治理”作为一个政治概念是在20世纪末被提出的。俞可平认为：“统治的主体是单一的，就是政府或者其他国家公共权力；治理的主体则是多元的，除了政府外，还包括企业组织、社会组织和居民自治组织等。”[①]从政治学原理看，多元主体的政治结构是治理的必要条件。反观中国的政治实践，从农村基层选举到城市社区治理，我们同样看到了一个日益蓬勃的参与性社会的到来。

1994年4月20日，我国用一条64K的国际专线实现了与互联网的全功能对接，中国的互联网时代正式开启。24年后的今天，互

①俞可平：《走向善治：国家治理现代化的中国方案》，北京：中国文史出版社2016年版，第3页。

联网技术已经渗透到社会发展的方方面面，成为社会生活的基础性资料。信息技术一直是形成公共行政变革的重要因素。借助新兴媒介形式，公众更加便捷地表达自身的利益诉求，而政府行政也在主动或被动地加强回应性能力的建设。当下世界各国政府正在积极合理化自身在网络社会中的定位，并将其行政行为嵌入到“新公共管理运动”和“数字化时代治理”的政治浪潮之中。我国正处在全球化、城镇化和信息化进程中，社会发展呈现出高度的复杂性和不确定性。中国共产党十九大报告再次明确将“推进国家治理体系和治理能力现代化”作为我国全面深化改革总目标的主要内容，为实现国家与社会关系的良性互动指明了方向。

一、参与性社会的兴起

改革开放40年，我国公众参与集中体现在公众利益的表达上。近年来，我国的邻避运动（NIMBY）更是凸显出了公众参与的力量，同时也展现出了参与的双刃性特征。据中国社会科学院统计，2016年上半年，规模较大的环保类群体性事件至少有 52起，其中千人以上规模的就有12起。另外，公众信访、行政复议和行政诉讼等公众参与行为也呈现出增长趋势。在舆论领域，网络成为公众表达的主要场所，社交媒体以其无远弗届的链接能力集聚民意，可以瞬间把社会事件变成舆论焦点。今天的中国，网络参与已经是公众参与最重要的方式之一，已经成为参与性社会兴起的标志。

公众参与是社会发展的现实需求，在我国亦有法律层面的保障。我国现行宪法第二条第三款规定：人民依照法律规定，通过各种途径和形式，管理国家事务，管理经济和文化事业，管理社会事务。2008年5月1日起施行的《中华人民共和国政府信息公开条例》启动了面向行政公开和公众参与的公共行政改革。毫无疑问，我国法律规定公众参与是一种广泛的参与，是公众的一项基本权利。虽然在实践层面有听证会、民主恳谈等引导公众参与的行政措施，但是到目前为止，我国各级政府并没有建立一个高效合理的公众参与制度，公众也没有形成科学理性的参与习惯。治理意味着多元主体的参与，但在我国的国家治理实践中，公众参与往往处于尴尬境地，不但很难发挥应有的积极作用，而且在特殊状态下可能生成参与风险。在西方学者看来，作为发展中国家，中国的公众参与仍然面临着巨大的压力与挑战，甚至有可能变成一种社会危机[①]。

从文化上看，历史上长期的封建专制制度使得我国至今缺乏公众参与文化，进而导致公共领域很难形成。加之西方民主霸权文化的挟持，使得我国公众参与面临更加复杂的局面。在传统与现实、历史与当下、东方与西方的纠结和碰撞中，我国的公众参与一直都处于矛盾的政治文化困境中。从制度上看，虽然有宪法的文字表述，但是在专门法律中鲜有关于公众参与的程序性、具体性的条文规定，导致实践上的参与无序化和非制度化。从目前我国政府对于互联网的管制实践来看，“堵”与“疏”之间，前者仍然是主要的手段。虽然针对互联网的相关法规打击了部分网络犯罪行为，但是同时也伤害了部分网络参与的质量，压抑了参与的欲望。从市场来看，基于物质化的追求，公众参与往往带有经济利益取向，有时会通过负向参与获取灰色利益甚至不正当利益。鉴于传统媒体的衰落，大量专业水平高的媒体从业者退出，使得上述情况在社交媒体领域表现得尤为突出。微信公众号、网络直播、短视频等新媒介实践表明，经济利益指向的参与呈现出极大的情绪化、反智化、虚无化和反伦理化特征。

在互联网成为人类生活资料的今天，权力实践不仅在形式上发生了改变，其广度和深度也因网络技术的升级而增加。在福柯看来，个人是权力的载体而非其作用点，权力通过一种网状组织被使用和实践。对于公众来讲，权力最终是通过参与来实现的。与西方相对稳定的社会运行结构相比，互联网对我国的影响显得更为突出。从20多年的网络实践看，技术赋权使得我国公众有了更便捷的途径参与政治、经济、社会和文化生活，并且已经对上述领域产生了深刻影响。政府治理走向“善治”的过程，就是政府行政行为不断与公众参与相互调适的过程。随着网络社会的崛起，日益勃发的网络公众参与已经形成由“统治”向“治理”转型的倒逼之势。由于我国各级政府改革动力不足，自身治理能力不够，加之没有形成应对当前复杂环境的治理机制，当前我国的公众参与面临很多挑战。

①王维国：《公民有序政治参与的途径》，北京：人民出版社2007年版，第18页。

二、国家治理的沟通价值

20世纪80年代，协商民主（Deliberative Democracy）理论在西方学术界兴起。哈贝马斯、罗尔斯、吉登斯、米勒等深入探求了这次民主理论转向的内在逻辑，相关研究也与政治实践更普遍地联系在一起。乔治·瓦拉德茨认为“协商民主是一种具有巨大潜能的民主治理形式，它能够有效回应文化间对话和多元文化社会认知的某些核心问题。它尤其强调对于公共利益的责任、促进政治话语的相互理解、辨别所有政治意愿，以及支持那些重视所有人需求与利益的具有集体约束力的政策”[①]。

2000年以后，国内学者将协商民主理论介绍到国内，并探讨其基本的理论内涵，同时积极寻找国内政治发展的现实参照。协商民主强调尊重公民的利益表达、促进广泛的参与，主张政府与公众间的沟通，从而使决策更民主、更完善。协商将会给公民带来更大的自由，并使政府权力的行使更趋合法[②]。国家治理现代化需要各个参与主体的能动性激活，同时要求主体间的可对话性，确保国家与社会关系的良善指向和协同共进。

基于公民本位、社会本位理念，我国政府的行政实践强调为人民服务的宗旨，并且提出了建设“服务型政府”的目标。我国有学者参考20世纪末西方新公共管理运动中有关政府再造的理论，提出了“回应型政府”的概念，强调政府不应是权力的唯一所有者，而应在与社会的互动中，创造机会或条件，将公民个体利益整合成社会公共利益，并完整地加以回应。从我国治理实践的现状看，近些年来各级政府的服务意识和回应能力都有不同程度的提高。但是，随着改革进入深水区，公众参与程度的不断加大，大部分政府部门在面对复杂性、冲突性矛盾时仍然缺乏良好的应对，突出表现在沟通能力的欠缺上。

服务型政府是从理念层面要求政府部门转变过去以管制为主的工作方

---

①Jorge M. Valadez, *Deliberative democracy, political lesitimacy, and self-democracy in multicultural societie*, USA Westview Press, 2001, p. 30.

②陈胜勇、何包钢：《协商民主的发展》，北京：中国社会科学出版社2006年版，第165—166页。

式，回应型政府则强调政府应积极面对公众呼声，及时满足社会发展需求。这里的“回应”在理论上并没有解决国家治理中政府行政的主动性问题，被动远远多于主动，而“沟通”更加强调行为主体的能动性、平等性和互动性，体现出了协商民主的理念。协商民主是民主政治的发展方向，是当代民主的核心所在。国家治理要求多元主体的互动，政府与公众主体间性的指向应是理性、统一的，沟通便成为其中不可或缺的实践步骤。

本书所研究的案例，诸如广东省总工会的“工人在线”、深圳市罗湖社区家园网借助互联网技术主动开辟公众参与渠道，并及时予以回应，取得了良好的社会效应；东莞市委宣传部在舆情工作中，变被动为主动，借助媒体沟通内外，树立新的城市形象；三元里以社区大学为中介，通过社区共治议事会加强进城务工人员与本地居民的沟通，促进了社区的融合共治；《南方都市报》的《马上办》栏目，善用媒体的监督权力，又挖掘出媒体内隐的调停能力，成为政府和社会间的沟通性力量；中广核集团为应对邻避冲突，在提高核电站运行透明度的基础上，将公众沟通工作内化到核电站选址、建设、运行各阶段；广州供电局围绕打造国企品牌，树立国企形象，用独具创意的新媒体产品开辟了一条公众沟通的高效通道。这些案例所体现出的“沟通”实践价值和理论价值，是国家治理现代化理论应予重视的。

三、合作意义上的善治

合作是具有历史感的工具性概念。人类走出丛林，某种程度上就是人类自身合作的结果；当生产力能够满足部落乃至家庭独立生存的需要时，自我组织化成为可能，人类合作范围发生了改变；工业社会使得社会分工更加精细，个体独立性的物质基础更加巩固，人类合作更多隐含在工业流程中；互联网社会以“去中心化”为特征，似乎天然排斥合作，但是同时又强调万物互联，合作在这个看似悖论的社会进程中其实并未消失。由此观之，合作是人类社会发展的必要性工具，只是在不同阶段合作的需求、结构、形态和作用方式不同。

合作尊重主体间的差异化，以多元主体的共存为前提，同时催生多元主体的基础性力量。合作行为根源于人共生共在的要求，在某种意义上说，人的社会性实际上就是人的共生共在。人的共生共在是人的本性，合作的基本目标就是为人的共生共在提供一种合法秩序。在现代化的道路上，我国已经来到城镇化高速发展的阶段，同时也不知不觉步入了乌尔里希·贝克所说的“风险社会”中。风险是人们共同制造的，同样需要人们通过合作去化解。国家治理面对的是各种社会风险，同样需要多元主体的合作，才能靠近善治的目标。

善治的本质特征，就在于它是政府与公民对公共生活的合作管理，是政治国家与公民社会的一种新型关系，是两者关系的最佳状态。我国学者俞可平总结了善治的10个要素，即合法性、法治、透明性、责任性、回应、有效、参与、稳定、廉洁和公正。他认为，在人类政治发展的今天和我们可以预见的将来，国家及其政府仍然是最重要的政治权力主体，在社会政治过程和公共治理中处于核心地位，政府仍然是社会前进的“火车头”，官员依然是“人类政治列车的驾驶员”，政府对于人类实现善治仍然有着决定性的作用。

我们已经进入中国特色社会主义新时代，社会主要矛盾已经转化为人民日益增长的美好生活需要和不平衡不充分的发展之间的矛盾。参与、沟通、合作三者是联动和递进的逻辑关系，是善治之路上不可忽视的关键词。在推动国家治理体系和治理能力现代化过程中，我国政府需要理解参与、善待参与、引导参与，以建立与公众互动的基础；依托政务信息公开制度，主动与公众展开高效沟通；重视公众、社会组织的主体地位，充分发挥合作的工具性作用，从而实现善政，抵近善治。

01

第一章

国家治理现代化的参与传播逻辑

第一节 理解参与

20世纪60年代，“参与”成为西方话语中的关键词，高等教育领域学生的参与要求尤为突出。在法国，“参与”是戴高乐总统任期最后一段时期内政治集会的口号之一；在英国，《斯凯夫顿报告》中透露出参与的思想；在美国，反贫困计划中包括有关“最大限度参与可行性”的条款[①]。

呼应现实生活中的参与实践，一批西方政治学者开始反思建立在自由主义基础上的代议制民主的弊端。1960年，瓦尔特·阿德诺·考夫曼（Walter Arnold Kaufmann）首次提出“参与民主”概念，并被广泛运用于社会各个领域。10年后，卡罗尔·佩特曼（Carole Pateman）的《参与和民主理论》成为参与民主理论的代表性著作。随着参与概念的兴起，在经济发展、公共治理、发展传播等研究领域陆续出现了参与发展、参与治理、参与传播等概念[②]。

“参与”作为一个概念被广泛使用，说明参与本身具有很强的解释能力，同时也说明参与作为概念本身具有流体性质。总体来看，“参与”概念可以用政治学和社会学的方法分别把握。政治学对于“参与”的界定较为具体，基本上把参与作为分享权力的方法和过程；而社会学一般将参与放在特定的社会过程中去考察，使得参与在不同社会领域中成为敏感性极强的概念。下面本文先从政治学路径考察参与和民主的联系，再从社会学路径出发

---

①卡罗尔·佩特曼著，陈尧译：《参与和民主理论》，上海：上海人民出版社2012年版，第1页。

②国内亦有学者翻译为参与式发展、参与式治理和参与式传播。

分别考察参与和空间、发展、艺术和媒介四个领域的关联，以图更准确地把握“参与”概念。

一、参与和民主

民主是理解参与内涵的关键概念之一①。从前5世纪到17世纪，西方社会的“民主”概念是与古代雅典民主制密切相连的。雅典的直接民主正是建立在公民大会直接表决、全体参与的基础上的。然而由于城邦政治具有天然的时限性、地域性，在亚里士多德眼中，雅典式民主是一种典型的变态政体，属于腐朽的暴民政治。虽然雅典式民主带有先天的局限性和空想性，但参与作为民主内容的关键要素，在与封建专制斗争中不断壮大，其主体、范围和深度不断发生变化。

卢梭（Rousseau J.）特别关注民众参与公共事务的重要作用，强调参与的教育作用，呼吁人们在参与中学会参与。他的整个政治理论集中围绕政治决策过程中每个公众的个体参与，他认为参与不仅仅是一套民主制度安排中的保护性附属物，它也对参与者产生一种心理效应，能够确保在政治制度运行和在这种制度下互动的个人的心理品质和态度之间具有持续的关联性②。在他看来，参与使得民主成为可能，而且通过参与可以推动个人负责的社会行动和政治行动，进而使得民主制度获得自我维持的能力。在卢梭的参与理论中，他特别强调参与在决策中的重要地位，认为参与是一种保护私人利益和确保好政府的方式。

此后，约翰·斯图亚特·密尔（John Stuart Mill）和科尔（G.D.H.Cole）进一步发展了卢梭的参与理论。密尔认为政府最重要的功能就是广义上的教育功能，只有在大众广泛参与的制度背景下，人们公共精神的性格才能得到培养。密尔在后期的著作中，将参与教育作用的假设进一步拓展到工业领域，

①Nico Carpentier. *Media and participation: a site of ideological-democratic struggle*, Intellect Bristol, UK/Chicago,USA.2001,p.15.

②卡罗尔·佩特曼著，陈尧译：《参与和民主理论》，上海：上海人民出版社2012年版，第22页。

主张在工作场所中参与与管理具有同样的效果。科尔同样深受卢梭影响，在其著作中大量引用了卢梭的观点。他认为社会组织的目标不仅是提高物质方面的效率，也是所有成员最充分自我表达的实现，而且强调只有当个人能够和其他同伴一起合作时才是最自由的[①]。

卡罗尔·佩特曼正是基于对代议制民主或者精英民主的批判，以卢梭、约翰·斯图亚特·密尔和科尔的参与理论为框架总结了参与民主的基本理论。然而，西方参与民主的理论渊源不限于此，戴维·赫尔德（David Held）认为参与民主产生的原因之一是对“马克思主义政治理论遗产不满的结果”[②]。除此之外，约翰·杜威、汉娜·阿伦特等对于民主参与的设限也为参与民主理论提供了思想资源。

参与民主理论的构建过程是对“政治”“公众”“参与”及“平等”等术语重新概念化的过程，而且依赖于包括人的政治属性、可欲求的参与性社会、参与的教育功能、公众自我转变的意愿和良好学习能力在内潜在价值的预设[③]。在代议制民主中，参与仅仅完成了统治者的选择，即参与只是在选择决策者的过程中发挥作用，因此这样的参与是短暂、间歇的，很难确保公共利益得到长期有效的保护。本杰明·巴伯强调“公众参与”乃是民主政治的核心，如欲解决政府无能和自由民主主义所产生的危机，宜将“强势民主”建立在公众参与和公众义务上，而非只是植根于个人良好品德和利他主义之上[④]。

当时各路参与民主理论学者主要通过跨国比较研究，对参与的“水平”和“形式”等进行了量度研究，对谁参与、在什么条件下参与以及以何种方式参与等具体问题做出说明，从理论上对参与做出了概念性的解释；同时将参与问题与民主议题进行联系，以求建立一个真正公平、自由的参与性社

①卡罗尔·佩特曼著，陈尧译：《参与和民主理论》，上海：上海人民出版社2012年版，第34页。

②戴维·赫尔德著，燕继荣译：《民主的模式》，北京：中央编译出版社1998年版，第333页。

③袁建军、金太军：《参与民主理论核心要素解读及启示》，《马克思主义研究》2011年第5期，第93—102页。

④汪明修：《公共行政学：理论与社会实践》，台北：五南图书出版有限公司1997年版，第57页。

会。这些学者进一步挖掘了参与的内涵，认为参与是公众自愿参与决策的过程，参与的范围应该主要体现在地方层次和工业领域，参与行为应该体现在决策过程的每一个环节，参与是有限度的等。

尽管参与民主强调了公众参与的重要地位，但参与本身并不是任意的，它有附加条件的限制，如平等、理性、审慎、想象及移情等；尽管公众参与也源于冲突，但其目的不是消除或者抑制冲突，也不是通过讨价还价或交易的方式来达成一致，而是在讨论中形成公共精神以转化冲突，达成共识①。参与民主理论带有西方古典民主传统的深深烙印，也是对代议制民主弊病的深刻反思，同时也对参与自身保持了必要的警惕性。

在西方民主实践中，代议制民主的主导地位从来就没有被撼动过。参与民主理论经过10年发展后进入低潮期，其所倡导的工作场所民主、社区民主、司法民主等民主形式在民主理论探讨和实践探索中逐步式微。当代西方学者在探讨参与民主理论时往往使用过去时态，作为参与民主的领导者的卡罗尔·佩特曼也不禁发出感慨："参与和参与式民主对20世纪80年代的人们来说仅仅是历史的回声。"②在这个背景下，协商民主在批判和反思参与民主理论的空想性、激进性和极端性的基础上发展起来。协商民主认为过度参与"可能使公众将民主管理和决策视为负担，导致其中大部分人回到犬儒主义式的冷漠状态。这将会使决策权被少数精英把持，而具有讽刺意味的是，这种精英决策的基础竟然是民众的广泛参与"③。

借助哈贝马斯的"交往理性"与罗尔斯的"公共理性"理论，协商民主将注意力转向探索如何通过交往过程中的立场妥协和偏好转变去实现公共利益的一致表达，以摆脱代议制多数派暴力的危险。协商民主强调协商性参与，这个参与是指有限数量的公众或精英的间接参与，而非参与民主理论主张的直接、广泛的公众参与。协商性参与主要发生的空间是哈贝马斯所谓的

①袁建军、金太军：《参与民主理论核心要素解读及启示》，《马克思主义研究》2011年第5期，第93—102页。

②郑慧：《参与民主与协商民主之辩》，《华中师范大学学报（人文社会科学版）》2012年第11期，第17—26页。

③ M Warren. What should we expect from more democracy? Radically democratic responses to politics, *Political theory*, Vol.2, 1996, pp.241–270.

"非正式公共领域"；实现载体是大量、开放的次级组织和社会运动等；实现所需要的条件包括公众基本的自由权、多元并且独立的大众媒体、活跃并且独立的公众组织以及政党或者国家对协商的支持①。毫无疑问，参与民主和协商民主是表面相似但内含诸多根本性分歧的两个独立理论体系。如果抛开社会背景和理论基础，可以发现两者的分歧主要存在于以下两个维度：一是参与广度与参与质量之间的张力；二是涉及问题广泛性与涉及问题专注性之间的张力②。

二、社会学视角下的参与

"参与"概念，随着雅典式民主的完全参与、自由主义代议制民主的精英参与、参与民主理论主张的广泛参与以及协商民主理论的协商参与的出现而不断变化发展，其内涵和外延在各个时期、不同理论中各有主张。从中可以窥探"参与"概念本身的丰富性、多义性和复杂性，但正是经历了这种反思、修正、再反思、再修正的淬炼，我们才对参与有了更深刻的认知，对参与在民主实践中的位置有了更清醒的认识。虽然参与和民主关系紧密，但是我们对于参与的理解仍然可以从社会学的角度去把握。

（一）参与和空间

20世纪60年代，福特—凯恩斯主义模式的国家治理危机凸显出来，而伴随危机而来的便是影响深远的新社会运动。在这期间，空间剥夺、空间隔离和贫民窟等城市空间问题引起了学者的关注和反思。20世纪70年代以后，随着经济重构、全球化、新自由主义和都市重构，日益严重的城市空间问题使人们开始认识到空间正在成为压迫的源泉之一。为揭示资本主义城市危机，解释城市空间问题，"空间正义"概念被提出，并得到各个学科的使用和呼应。

空间正义是西方社会理论"空间转向"（Spatial Turn）的一个理论成

①詹姆斯·博曼、威廉·雷吉著，陈家刚等译：《协商民主：论理性与政治》，北京：中央编译出版社2006年版，第17页。
②郑慧：《参与民主与协商民主之辩》，《华中师范大学学报（人文社会科学版）》2012年第11期，第17—26页。

果，是社会正义的空间维度。法国思想家亨利·列菲伏尔（Henri Lefebvre）在20世纪70年代提出“（社会）空间就是（社会）产物”[①]，改变了长期以来人们认为空间是空洞和静止的观念。他认为，“空间里弥漫着社会关系；它不仅被社会关系支持，也被生产社会关系和社会关系所生产”[②]。另一位对空间理论贡献很大的理论家米歇尔·福柯认为，“空间是任何公共生活形式的基础，空间是任何权力运作的基础，将空间性放入空间、知识和权力的关系之中”[③]。在他们的影响下，皮埃尔·布尔迪厄（Pierre Bourdieu）、曼努尔·卡斯特（Manuel Castells）、大卫·哈维（David Harvey）等社会理论家开始从不同路径进入“空间转向”的研究。直到20世纪90年代后期空间转向的知识浪潮超越了社会学和地理学两大讨论空间的传统学科，在都市研究、城市规划、政治学、哲学、建筑、文学、文化研究等领域产生了重大影响[④]。

“空间正义”概念最早出现在1983年戈登·H.皮里（Gordon H. Pirie）所著的《论空间正义》一书中。空间正义要求增强弱势群体的意见表达能力，保障公众和群体平等参与有关空间生产和分配的机会，成为空间治理的价值追求。特别是在今天城镇化加速的背景中，努力提高不同空间公众解决空间内问题的能力，让他们有权拒绝权力和资本的双重控制，是实现空间善治的关键环节。我国学者陶东风认为建立完善的公众参与制度，以规范的程序和方式来表达利益相关者的诉求是实现空间正义的重要途径之[⑤]。

社会理论的空间转向催生了“空间正义”概念，进而使得空间治理理论将公众参与纳入内容视野。鉴于城市空间生产与城市居民切身利益密切相关，公众对于城市规划决策的参与意识也在不断增强。我国城市建设与规划的社会实践也说明公众参与决策对于实现空间正义的必要性。空间正义的人

①Lefebvre H & Nicholson-Smith D. *The production of space*, Blackwell: Oxford, 1991.

②亨利·列斐伏尔著，王志弘译：《空间：社会产物与使用价值》，载包亚明编：《现代性与空间的生产》，上海：上海教育出版社2002年版，第48页。

③福柯：《空间、知识、权力》，载包亚明编：《后现代性与地理学的政治》，上海：上海教育出版社2001年版，第13—14页。

④曹现强、张福磊：《空间正义：形成、内涵及意义》，《城市发展研究》2011年第4期，第1—5页。

⑤陶东风：《直面空间正义》，千龙网：http://cultuwre.qianlong.com/2015/1207/162358.shtml。

文性、开放性和多样性原则要求将公众参与纳入其理论体系。至此，我们理解参与有必要增加空间的维度。

（二）参与和发展

发展作为一种思想是伴随着神秘主义和形而上思想的衰落，以及启蒙运动和理性主义的兴起而形成的。认识论的改变所带来的根本性变化，使科学和理性成为新的思维框架，并直接导致科学主义思潮的产生，主要表现为以唯技术论为代表的机械认识论成为主流，成为现代意义上传统发展思想的核心。发展是哈贝马斯现代性概念的核心内容，在其思想影响下产生的发展行动策略和话语体系，被统称为“发展主义”，现代性的获得首次清晰地成为发展的核心目标，而实现目标的手段被称为发展干预，路径称为发展模式①。

发展作为一个概念出现于20世纪40年代，是“二战”后地缘政治的产物。当时西方国家在非洲、拉美等地区的发展中国家推行“社区发展战略”，进行社区基本建设，动员当地人参与社区建设，并提出了参与发展的理论。20世纪60年代末至70年代，反贫困运动、种族性别平等运动的兴起，人类学方法的引入使参与发展理论在项目设计尤其是乡村发展项目中得到了应用，参与研究方法在拉丁美洲首先产生。参与发展理论是通过赋权（empowerment）增加社区和边缘群体在发展活动中的发言权和决策权，使他们充分认同并接受发展决策与选择，把外来支持转变成自己内在的发展动力。20世纪80年代后，参与发展理论与方法广泛应用于投资项目之中，世界银行运用快速农村评估（RRA）、参与式农村评估（PRA）等方法推动了参与发展。

参与发展，使发展干预的过程由传统发展模式下的干预者主导向各方平等参与形态转变，意味着干预者不再具有独立控制发展过程和配置发展资源的权力，而必须把一部分权力转移给干预目标②。参与发展范式是在反思、批判线性的现代范式以及依赖范式基础上发展起来的，它旨在实现民主民权，

①毛锦逵等：《参与式发展：科学还是神话》，《南京工业大学学报（社会科学版）》2010年第6期，第68—73页。

②Elson W. *Power and participatory development:theory and practice*, London: Inter-Mediate Technology Publications, 2000, p.18.

使发展的主体公平地拥有发展的选择权、参与权、决策权和受益权，通过建立合理、有效的发展机制，实现资源公平合理的配置和管理，最终实现社区的可持续发展。世界银行列明了四种不同层次的参与方式：信息共享、协商、合作和赋权①。

发展问题本质上是政治问题。以美国为首的西方国家在发展问题上坚持西方中心主义，虽然参与发展作为发展理论的范式客观上促进了第三世界国家的发展，但实践结果并没有达到预期的效果。正是在这个时期，发展传播学作为一种传播理论得到了重视，而参与传播作为发展传播学的主要范式也获得广泛的认同。由于发展传播理论自带西方视角，国内学者对其评价也是仁智有别，但是从中也可以看到传播理论的包容性。在与发展议题进行结合的同时，传播理论增添了参与的视角，并且形成一种理论范式。需要说明的是，此时的参与传播与本书所谈的参与传播虽然有联系，但还是有相当大差别的。参与发展理论所主张的“赋权”概念拓宽了人们对于“参与”的理解。在互联网技术赋权的今天，“参与”作为术语，本身获得了新的生命力。

（三）参与和艺术

在艺术的世界里，参与呈现出多种形式的主题和实践②。艺术生产过程不仅仅是作品生产过程，也包括观众、读者在内的受众群体参与理解的过程。艺术家在创作过程中是当然的主角，使得受众群体必然处于被动地位。只有当受众群体看到、听到、读到作品时，他们才开始进入文化生产的范畴。

20世纪西方国家的未来主义、达达主义和超现实主义通过夸张的艺术形式，进一步拉近了艺术家与观众的关系。波普尔（Popper）认为艺术家作为观众与作品间的中介者角色甚于创作者③。这个时期，西方学者将参与作为

①Nico Carpentier. *Media and participation: a site of ideological-democratic struggle*, Intellect Bristol, UK/Chicago, USA. 2001, p.52.

②Nico Carpentier. *Media and participation: a site of ideological-democratic struggle*, Intellect Bristol, UK/Chicago, USA. 2001, p.55.

③Frank Popper. *Art, action and participation*, Longdon: Studio Vista.1975, p.11.

一个重要概念去思考对于艺术家、作品和观众的关系，观众从被动、从属的地位中逐渐解放出来。正如狄宝德（Debord）所说："革命不是向人们展示生活，而是把他们带到生活中去。一个革命组织必须永远记住，它的目标不是让追随者去听专家、领导令人信服的谈话，而是让他们为自己说话，以达到或者至少争取平等参与的机会。"[①]

在20世纪六七十年代，戏剧理论的更多结构性变化使得戏剧作为一种基于文本的艺术得以重新表述，成为一种开放、有趣的社会活动。在一些非主流剧场，观众能够与表演者一起演出，与其他观众交谈成为戏剧的一部分。但是在此之后的20世纪80年代被描述为"一个避免探索参与性社会概念的十年"[②]，参与性艺术并没有完全消失，特别是随着20世纪90年代数字革命的出现，艺术参与重新受到欢迎。在这一时期，互动艺术成为一种更流行的概念来描述这些实践[③]。

值得注意的是，20世纪90年代，欧洲一些博物馆理论家开始质疑旧博物馆学的理论和方法，提倡一个新的博物馆理论，主张重新配置观众参观博物馆的方式。博物馆作为一个文化空间，其传统的布局方式让观众被动接受，处于被挤压的状态。有许多学者开始重新思考博物馆与参观者的关系，反思两者力量的不平衡。观众参与的呼声越来越高，在实践上也得到了呈现，公众的接受行为和互动参与都被归于文化参与行为。

（四）参与和媒介

考察参与和媒介的关联，最关键的是考察参与和受众的关系。在今天，没有人再把受众看作魔弹论和皮下注射论下的被动者，但是在传播理论史上，受众的确曾经被如此对待。直到斯图亚特·霍尔（Stuart Hall）指出受众具有解码能力后，人们似乎才恍然大悟，受众并非天然的被动接受者。伊莱休·卡茨（Elihu Katz）等人于1974年推导出使用与满足理论模型，说明受众

①Debord, Guy & ken knabb. *Complete cinematic works: scripts, stills, documents*, Oakland: AK Press, 2003, pp.215–217.

②Frieling, Rudolf. *The art of participation:1950 to Now*, London: Thames & Hudson, 2008, pp.32–48.

③Leeson, Lynn Hershman & Lynn Hershman-Leeson. *Clicking in:hot links to a digital culture*, Seattle: Bay Press, 1996, pp.279–290.

非被动者，而是能够获取于己有利信息的主动者。卡茨认为使用与满足理论的重要性不仅在于对积极听众成员的强调，他们的选择性源自于功利主义者的考虑①。

欧洲学者尼科·卡彭铁尔（Nico Carpentier）2011年进一步对受众与媒介的关系进行了研究，将受众的积极行为分为参与（Participation）和交互（Interaction）两个维度（见图1.1）。卡彭铁尔认为交互是受众在媒介消费过程中所引发的意义和解释行为，包括媒体文本的多义解读以及在此过程中产生的身份认同等；而参与是受众通过媒介表达观点和意见，进而对公共领域产生影响。

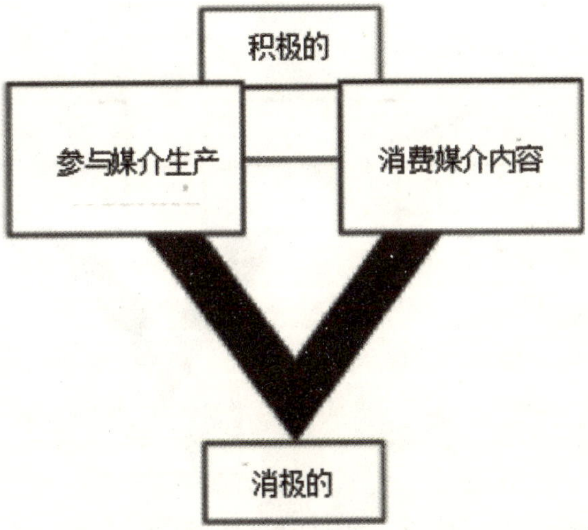

图1.1　受众行为的两个维度②

佩特曼将参与视为公众影响和参与决策的行为，避免将参与行为无限扩大。卡彭铁尔也强调不要将“参与”的概念泛化，反对将所有社会实践视为参与。卡彭铁尔进一步引入“近用”（Access）的概念来说明和界定“参

①Abelson R P. Theories of cognitive consistence:a sourcebook, *Theories of cognitive consistency:a sourcebook*, Chicago: Rand-McNally and Co, 1968, pp.788-796.

②译引自Nico Carpentier. *Media and participation: a site of ideological-democratic struggle,* Intellect Bristol, UK/Chicago,USA.2001, p.67.

与”概念，认为近用、交互是参与发生的可能性条件和基础，但前两者与权力和决策关系不密切（见图1.2）。这个图把受众行为分为近用、交互和参与，受众通过参与媒介生产进而参与社会生活。近用媒介以及与媒介互动都是受众参与的辅助性过程，真正通过媒介生产参与社会生活才是真正的受众参与行为。其中，受众的媒介交互行为是不能直接对社会生活产生影响的，这个过程只限于受众自身。受众在参与媒介生产的过程中与社会生活产生连接，其制造的媒介空间成为社会空间的一部分，进而对社会权力流动甚至公共决策产生影响。

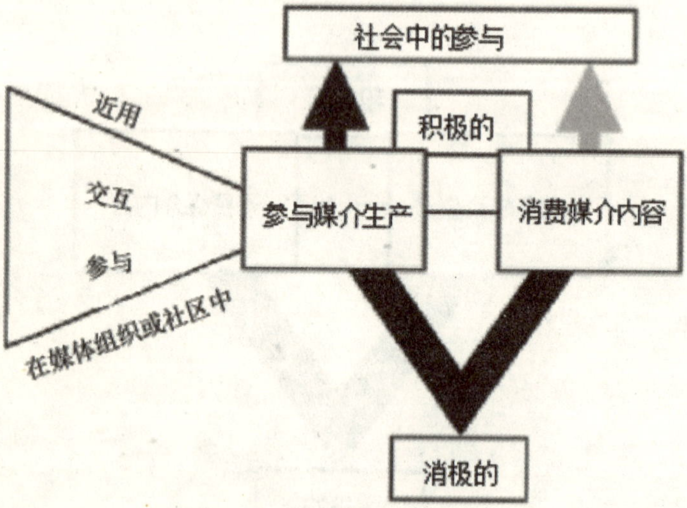

图1.2　受众行为的参与维度[①]

卡彭铁尔继续借用民主理论中的“最小化民主”和“最大化民主”的概念，对受众的媒介参与行为进行最大化与最小化的区分。他将媒介专业人士控制、媒介的近用和交互、无关政治的媒介、无方向的参与、单一受众等状况看作最小化的媒介参与，将平衡控制和参与、有最大化参与企图、从社会的维度扩大政治的定义、多维度的参与、聚焦多样性等视为最大化的媒介参与（见表1.1）。

①译引自Nico Carpentier. *Media and participation: a site of ideological-democratic struggle*, Intellect Bristol, UK/Chicago,USA.2001, p.67.

表1.1　媒介空间的受众参与程度①

最小媒介参与	最大媒介参与
只由专业媒体人控制	控制和参与的平衡
限于近用和交互	致力于最大化参与
仅仅通过媒体的宏观参与	微观参与和宏观参与相结合
无关政治的媒体	从社会的维度扩大政治的界定
无方向的参与	多方向的参与
聚焦同质化的受众	关注异质化

三、参与的界定

作为一个行为，参与发生在公众日常生活的方方面面。但是从学术的角度审视参与，我们必须给出规定性，为开展研究做好概念铺垫。通过政治学路径考察，我们可以看到参与作为民主理论的关键概念，在自由主义、共和主义的竞合中参与之主体、程度、效能都有不同观点。但无论何种民主都需要参与，而参与最终的意义指向的是决策过程。特别是参与民主、协商民主理论的出现，把公众参与的理念固定在政治过程中，使得参与成为必须使用的基础性概念。从国内外的民主实践看，各国政府对参与的重视程度也在进一步加深。特别是治理概念对于公众参与的强调，使得公共政策过程也更加在意参与的科学性、有效性。

从社会学的路径考察"参与"概念有更多的维度，空间理论所关注的正义问题要求公众参与的介入；发展这个时代主题同样和参与密切相关；当今的文化艺术更加注重与公众的互动，参与成为其中的关键性因素；媒介理论对于参与的考察从受众切入，特别是今天网络技术带来的革命性影响，受众的被动性减弱，主动性增强，参与传播已经超越作为发展传播理论范式的狭

①译引自Nico Carpentier. *Media and participation: a site of ideological-democratic struggle*, Intellect Bristol, UK/Chicago,USA.2001, p.67.

窄定义，拥有更为广阔的空间和理论生命力。

1977年，联合国教科文组织的贝尔格莱德会议报告对“参与”进行了定义：参与意味着在较高层面上对传播系统的公众介入，包括公众在制作过程以及传播系统的管理和计划中的介入，自我管理则是参与的最高级形式，公众在传媒中行使决策权，并完全介入传播政策和计划的执行中。20世纪70年代正是学术界热议参与的年代，值得注意的是联合国给出的定义将参与和传播联系在一起，并且强调了公众要参与决策过程以及自我管理的重要性。虽然这个定义难免有部分理想主义色彩，但是为理解参与给出了方向。

卡彭铁尔有关受众行为及媒介参与的理论深化了我们对于参与和媒介关系的认知。“近用”“交互”“参与”三个概念的比较使得我们对于参与的权力属性和决策指向有了更清晰的把握。本书将遵循政治学传统，从权力视角审视参与，把“参与”概念纳入决策过程。由于“传播”概念同样具有流体性质和高度可塑性，在当下环境中把握“参与传播”概念更是充满了挑战。下一节将参与和传播进行偏正组合，并且作为一个理论词组进行考察，为当前的传播理论增加新的思考空间，为当前的媒介实践提供新的诠释角度，为当前社会生活的考察增添新的理论视域。

第二节 参与传播理论的五个维度

“参与传播”的英文表述为“Participatory Communication”，国内亦有学者将其翻译为“参与式传播”[①]。我国学者韩鸿的一篇《参与式影像与参与式传播——发展传播视野中的中国参与式影像研究》论文中，既使用了“参与传播”也使用了“参与式传播”的译法。在他后来的几篇文章中，“参与式传播”的译法基本固定下来。2014年，由瑟维斯（Jan Servaes）、玛丽考（Patchanee Malikhao）著，张凌译，陈先红校审，武汉大学出版社出版的《发展传播学》（*Communication for Social Change*）一书将“Participatory Communication”翻译为“参与传播”。本书认为“参与式”在汉语中有强调形式的意味，并不能准确传达参与传播理论的内涵，甚至在某种程度上影响其作为理论名称的严肃性；另外“参与民主”“参与发展”的译法也逐渐被认可、使用，故此处采用“参与传播”的译法。

一、参与传播的概念

参与传播作为一个概念是在发展传播理论反思从现代化范式、依附范式基础上提出来的。它建立在一个理论预设之上，即假如人民拥有工具来传播他们所关心的社区事务和行动办法的话，人民就可以解决他们自己的问题[②]。尤尔根·哈贝马斯（Jürgen Habermas）的交往行动理论认为，开放的传播渠道是社会进步的先决条件，社会成员需要民主的传播论坛来解决社会冲突，产生共识，因此必须建立一种制度性的理想言语情景，允许成员自由讨

①韩鸿：《参与式影像与参与式传播——发展传播视野中的中国参与式影像研究》，《新闻大学》2007年第4期，第74—80页。

②Robert B. Scott. Principles of participatory communication in practice: the saint john project, http://www. idsnet.org/Papers/Democracy/BOB_SCOTT.HTM Satheesh, P.V. An Alternative to Literacy.

论和交换意见，并因此提出了达成相互理解的四个条件：易理解性、真诚陈述、真实性、合乎规则的正当性[①]。巴西著名教育家保罗·弗莱雷的“解放教育观”认为对话是弱势群体获得“解放”的重要途径，公众只有在交流中学习，交流中觉悟，学会思考产生批判意识，才可望获得“解放”。因此要塑造理想的言语场景，就需要寻找一种能够自由发声和促成对话的媒介，将传统自上而下的垂直传播模式向平行、自下而上的传播模式转移[②]。戴戈荣（Dagron）认为参与传播不是一个统一的传播模式，而是包含诸多不同的方法、学派和意识形态[③]。但从诸多实践中仍可以归纳出一些基本特征，即参与式传播应基于过程导向、内生性驱动，同时反映当地价值和环境。这里的内生性驱动，指的是参与传播所推动的发展并非建立在一个普遍模式基础上，而应适应当地社会文化环境。传播也不是为了把信息传递给特定观众而应该成为一个过程，通过这个过程，人们能够公开对话，通过知识和经验的交流来相互学习，在促进变革的决策过程中发挥积极的作用[④]。因此，参与传播往往与发展计划相伴，把媒介和人际传播相结合，关注公众参与的过程，以促进不同利益群体之间的对话。并通过实施一系列行动来促进问题的解决，实现发展目标[⑤]。我国学者韩鸿通过表格总结了参与传播与非参与传播的区别（见表1.2）：

①Jürgen Habermas. *The theory of communicative action, reason and the rationalization of society*, London: Heinemann. Vol.1,1984, p.23.

②韩鸿：《参与式影像与参与式传播——发展传播视野中的中国参与式影像研究》，《新闻大学》2007年第4期，第74—80页。

③Alfonso Gumucio Dagron. *Making waves: stories of participatory communication for social change*,Media Asia. 2001, pp.143-146.

④韩鸿：《参与式传播：发展传播学的范式转换及其中国价值》，《新闻与传播研究》2001年第1期，第40—49页。

⑤Guy Bessette. *Involving the community: a guide to participatory development communication*, IDRC, 2004, p.9.

表1.2　参与传播与非参与传播的区别①

参与传播	非参与传播
参与者之间的横向传播，人们积极参与到信息生产和传播工具的控制中	从传者到受者的垂直、自上而下的传播，人民是被动的信息接收者和行为的被指导者
对话和民主参与，通过意识唤醒加强能力建设	劝服、动员和短期行为变化
可持续的长期的变革过程	个人行为改变
社区参与共同设计和发布信息	外来者为社区设计
关注内容、语言和文化的特殊性	对不同群体使用同样的技术、媒介和信息
人民的需要是关注的焦点	项目捐助者的需要是关注的焦点
媒介为社区所有	被社会、政治和经济因素制约的媒介近用
意识增强	短期劝服

从以上资料可以看出，发展传播学对于参与传播的定义并没有离开发展这个主题，参与传播作为其理论范式的一种，为如何实现更好发展指明价值取向。参与传播的适用范围被限定在了亚非拉地区的发展议题上，前些年国内的研究也受其影响，将选题视角指向农村地区，讨论如何实现农村地区群众的影像赋权等。发展传播学本身自带某种意识形态色彩，也遭到国内学者的批评，参与传播作为发展传播学的理论范式直到今天也没有得到应有的重视。虽然发展传播学已经失去往日的风光，但是欧美对于参与传播的研究并没有中断，特别是以尼科·卡彭铁尔、詹金斯为代表的欧美学者近年来在参与传播领域发表了较有影响力的学术著作和论文。2016年，国际媒介与传播研究学会（IAMCR）专门成立了参与传播分会，可见国际传播学界对于参与传播的重视程度还是很高的。

①韩鸿：《参与式传播：发展传播学的范式转换及其中国价值》，《新闻与传播研究》2001年第1期，第40—49页。

如前所述，20世纪70年代正是西方社会热议参与的年代，诸多概念前面都被加上了“参与”二字，“参与传播”的概念亦是在这个背景下发展起来的。直到今天，参与传播并没有公认的定义，但是参与传播实践并没有停止，对参与传播的理解也在不断深化。依据前面对于“参与”概念的分析，本书认为参与和传播的结合点在于权力。参与就是分享权力的过程，传播是权力流动的方式和场域。本书认为参与传播是公众在一定领域内，通过各类媒介传播信息，在信息近用、交互的基础上，参与决策并分享权力的过程。这个定义明确了参与传播的主体是公众，公众的范围以具体事件所牵涉的利益群体为标准进行区分；公共领域是特定的，范围依据事件的影响程度为标准进行区分；媒介在此做宽泛之理解，既有大众媒体、网络媒体，也包括人际传播中的话语等；决策是指对于利益分配有影响的沟通活动，既包括为争得决策权而进行的抗争参与，也包括事件主体间的协商性参与，以及为实现价值平衡而进行的合作参与；权力流动是参与传播过程中最具标志性的界定，所有问题的探讨都是围绕权力展开的。

二、参与传播的五个维度

“参与”不是一个固定的概念，而是深深地嵌入在我们的政治现实，因此是持久和强烈的意识形态斗争的对象①。从前面的论述中可以看到“参与”概念与政治、经济、文化、社会等各个领域密切相连。参与的复杂性导致了概念本身的不稳定性，增加了学术研究中参与研究的难度。虽然此处给出了参与传播的定义，但是规定性本身就是对实践某些方面的忽略，而我们的确需要在一定前提下对概念进行分析。为更准确地理解参与传播，我们从五个维度对其进行更深入的解读。

（一）权力维度

从起源上看，英文中表示权力的“power”一词源于法语词汇pouvoir，

①Nico Carpentier. *Media and participation: a site of ideological-democratic struggle*, Intellect Bristol, UK/Chicago,USA.2001,p.350.

而pouvoir又源于拉丁文中意指“能力”的potestas或potenia，而且作为词根的potere本意是“能力”。亚里士多德认为权力不仅是某些人统治另一些人的权利，而且是某种实际的力量；洛克则把“政治权力”称为“共同体的力量”“强力”[①]；卢梭认为“国家权力”是“一切个人力量的联合”，是“一种普遍的强制性的力量”[②]。

马克斯·韦伯（Max Weber）将权力界定为“在社会交往中一个行为者把自己的意志强加在其他行为者之上的可能性”[③]，显然这个定义把权力放在一个社会交往的场域中进行考察。沿着马克斯·韦伯的思路，可以明确权力是一种关系，是权力主体与权力客体之间的关系。没有权力客体，权力主体就失去权力作用的对象，也就失去了权力，从而不成其为主体；同样，没有权力主体也就没有权力客体。权力主体与权力客体之间是一种相互依赖的关系，权力主体依赖于权力客体实现自己的目的，权力客体也依赖于权力主体，不对称的依赖导致服从，导致权力的产生 。

随着传播技术的发展，有些学者开始从信息论角度认识权力。巴克利认为，社会是由物质流、能量流、信息流构成的系统，而权力是信息流的一种特殊类型，权力可以“在最抽象的层次上严格地定义为一种对接受者代表着非利己活动的信息流”[④]。马丁认为这一定义有三个优点：其一，它澄清了权力是某种关系的属性而不是处于这种关系中的个人的属性；其二，“各种信号只有根据处于某种情境中的活动者（信号或信息流发送者，特别是接受者）的参考系才能具有意义”；其三，有效的参考系是下级的参考系，“正是对下级的利己活动的限制才表明了权力关系的存在”[⑤]。

权力和阻力是社会的治理机器，但只有在共同的意义上，它们才会为

①洛克著，瞿菊农、叶启芳译：《政府论》（下篇），北京：商务印书馆1964年版，第4页。
②卢梭著，何兆武译：《社会契约论》，北京：商务印书馆1980年版，第41页。
③罗德里克·马丁著，丰子义、张宁译：《权力社会学》，北京：生活·读书·新知三联书店1992年版，第81页。
④罗德里克·马丁著，丰子义、张宁译：《权力社会学》，北京：生活·读书·新知三联书店1992年版，第87页。
⑤罗德里克·马丁著，丰子义、张宁译：《权力社会学》，北京：生活·读书·新知三联书店1992年版，第88页。

真理做出贡献，即“事情永远不会成功”，而不是在阴谋论中，反抗是为了让权力完美地发挥作用[①]。参与意味着权力的分配和转移，而权力最终通过信息的流动来实现。媒体在自身发展的历程中获得自己的权力，我们所说的“媒体权力”便是信息与媒体结合产生的效果。新闻记者一度被称作“无冕之王”，也可见权力与信息在一起产生的化学反应。互联网时代，信息与权力结合的速度、方式发生了根本性的变化，使得公众参与更加具有能动性。毫无疑问，我们可以得出以下结论，即网络技术通过赋权公众实现了参与倍增，进而加速了信息流动，提升了权力的运转速度。从权力维度理解参与传播是最基础、最重要的一步。

（二）技术维度

技术最初与技艺联系在一起，被视为艺术、手艺、技能等。1615年，“技术”一词在英国出现，它是指实用艺术或工业艺术。作为培根主义的产物，这个时期的技术概念与机械、发展密切联系在一起。到19世纪下半叶，科学和技术都在职业化，从而在社会学意义上显示出人员、组织和职业的分离趋势，“技术”概念进一步“科学化 ”。“一战”后，科学技术专业化进程扩展到工业领域，“技术”概念进一步丰富[②]。我们所熟知的“科学技术是第一生产力”，反映出改革开放初期人们对技术最直观的理解。

人们对于技术的理解，随着社会实践的复杂性而逐渐深入。马克思强调了技术作为人的本质属性，他认为技术并不表现为“工具”“生产手段”“劳动资料”。“工业的历史和工业的已经产生的对象性的存在，是一本打开了的关于人的本质力量的书，是感性地摆在我们面前的人的心理学；对这种心理学人们至今还没有从它同人的本质的联系上，而总是仅仅从外表的效用方面来理解，因为在异化范围内活动的人们仅仅把人的普遍存在、宗教或者具有抽象普遍性质的历史，如政治、艺术和文学等，理解为人的本质力量的现实性和人类活动。人的对象化的本质力量以感性、异己、有用的对

①Hunt A & Wickham G. *Foucault and law:towards a sociology of law as governance*, London: Pluto Press, 1994,p.83.

②陈凡、陈玉林：《技术概念与技术文化的建构》，《科学技术与辩证法》2008年第6期，第39—45页。

象的形式，以异化的形式呈现在我们面前。”[①]贝尔纳·斯蒂格勒（Bernard Stiegler）将技术视为有组织的无机物，是人类的义肢。斯蒂格勒认为，“义肢本身没有生命，但是它决定了生命存在之一的人的特征并构成人类进化的现实”[②]。从中可以看出，技术对于人类的意义绝非简单，随着技术的不断革新，人类社会的结构也随之发生变化。技术被视为社会自我完善的理性发展过程，也是驱动力[③]。麦克卢汉也将技术视为人类的延伸，强调技术的新发展会带来许多新变化和新问题。技术不仅是人的义肢，也是一个权力的载体。首先，技术权力的竞争性和利他性是有目共睹的；其次，技术权力也是一种整合型权力。我们借助科技工具可以增强自身权力，比如我们借助搜索引擎可以快速地获取相关知识，从而增强自身的知识权力[④]。

20世纪80年代以后，詹姆斯·凯瑞等西方学者将传播视为一种文化共享的反思，促发了发展传播学理论与实践的批判性取向，这一取向将传播放在更为开阔的视野，强调传播与文化、社会变革之间的关系。他们清醒地认识到发展中国家具有特定的、极不平衡的权力结构，使得单纯的信息发布、创新扩散的最大受益者只是少数城市精英，而真正的发展理念在于草根阶层的赋权过程，所以，他们强调小群体传播和社区媒体在发展中国家赋权运动中的影响力[⑤]。这里的赋权正是参与传播所主张的方法，而赋权是参与的前提。按照马克思的观点，新媒体技术是人本质力量的表现。媒体技术可能不是中立的，它们的意义可能会被改变，将它们推入其他特别的、非中立的立场[⑥]。今天，这种本质力量通过网络技术赋权，实现了广泛的受众媒体使用景观，使得参与传播具备了前所未有的技术基础，传统受众的信息产量上远远超出了

---

①马克思、恩格斯：《马克思恩格斯全集》（第 42 卷），北京：人民出版社1972年版，第114—115页。

②斯蒂格勒著，裴程译：《技术与时间》（第1卷），南京：译林出版社2000年版，第60页。

③Nico Carpentier. *Media and participation: a site of ideological-democratic struggle,* Intellect Bristol, UK/Chicago, USA. 2001, p.269.

④王馥芳：《警惕技术权力这把“双刃剑》，《党政视野》2016年第6期，第68页。

⑤丁未：《新媒体与赋权一种实践性的社会研究》，《国际新闻界》2009年第10期，第76—87页。

⑥Nico Carpentier. *Media and participation: a site of ideological-democratic struggle,*Intellect Bristol, UK/Chicago, USA. 2001, p.273.

专业媒体人的信息产量。

（三）身份维度

身份是社会科学的重要概念，政治哲学、心理学、社会学等学科对此进行了详细的论述。身份关注个体与共同体的关系，强调个人主体性的确立，在自我身份构建的过程中，指向政治认同、文化认同、社会认同等。从实践角度看，个体行动的方向基于自己的身份，与周边其他主体交往中解构、建构新的身份，最终实现认同。在参与过程中，当受众建构话语位置和物质实践时，主体地位扮演着重要的角色[①]。

政治哲学历来重视公众身份问题，学者们从个体与共同体关系问题这个基本命题出发，讨论构建怎样的以及怎样构建一个良性的公众与政治共同体关系。卢梭对于公众身份问题有深刻的论述："我们每个人都以其自身及其全部的力量共同置于公意的最高指导之下，并且我们在共同体中接纳每一个成员作为全体之不可分割的一部分。只是一瞬间，这一结合行为就产生了一个道德的与集体的共同体，以代替个人；……这一由全体个人的结合所形成的公共人格，以前称为城邦，现在则称为共和国或政治体。……至于结合者，他们集体地就称为人民；个别地作为主权权威的参与者，就叫作公众；作为国家法理的服从者，就叫作臣民。"[②]卢梭强调公众的参与性，这个思想作为公众概念的核心被传承并固定下来。

西方近现代哲学、社会学、心理学、文化人类学等学科的许多学者都很看重自我在人类理智和情感体系中的核心影响，围绕着"自我"概念发展了很多理论，例如大卫·休谟（David Hume）的自我捆束理论（bundle theory of self）、尼采强力哲学里的超人概念、弗洛伊德的原欲（libido）说里的本我（id）和自我（ego）、西美尔（Georg Simmel）的陌生人（stranger）和边缘人（marginal man）概念、米德符号人际互动主义（symbolic interactionism）

①Nico Carpentier. *Media and participation: a site of ideological-democratic struggle*,Intellect Bristol, UK/Chicago, USA. 2001, p.179.

②卢梭著，何兆武译：《社会契约论》，北京：商务印书馆1980年版，第29页。

中的自我等等[①]。“自我”概念引入心理学后，“身份”这一概念便逐渐成为心理学、社会学等学科研究中的一个关键词，它与“类别”“角色”等概念相联系，揭示了生活在社会中的个体与社会的关系[②]。

身份在实践中意味着地位、权力，是考察参与的坐标物。任何一个场域都需要不同身份的主体存在，并且在身份差异性的基础上互动，以实现群体关系的改变或变革。公众的身份决定了其参与的必需性，政府的身份决定了其应对公众参与的必要性。具体到媒介领域，“受众”或“媒体专业人士”通过主体地位在传播中的竞合，各自有特定、明确的身份，参与过程的地位、权力亦受其影响[③]。公众、专家、企业、政府在传播中各有身份，他们所代表的利益、权力亦在身份的碰撞中调整。

（四）组织维度

组织理论是管理理论的核心内容，是研究组织结构、职能和运转以及组织中管理主体的行为，并揭示其规律性。自泰罗19世纪末20世纪初提出组织理论以来，组织理论经历了古典组织理论、行为科学组织理论到现代组织理论的发展进程[④]。古典组织理论的核心就是组织结构合理，它着重研究组织结构的设计、组织运行的基本原则和组织管理中的基本职能；行为科学时期的组织理论充分重视人的情感和心理需要，解决了组织的动力结构的问题；系统论为指导的现代组织理论把着眼点由组织内部转移到外部环境，由组织被动适应环境的观点转变到影响环境。

组织理论多用于企业管理，同时也对公共行政理论产生影响。珍妮特·V.登哈特（Janet V.Denhardt）、罗伯特·B.登哈特（Robert B.Denhardt）在《新公共服务：服务，而不是掌舵》一书中提出一种新的治理模式，强调人与组织的互动，呼吁让公众参与社区治理。他们在反思新公共管理理论的基础

①董海滨：《复杂视角下的文化身份——跨文化传播学诠释学派文化身份理论》，《西北大学学报（哲学社会科学版）》2016年第11期，第156—162页。

②黄庐进：《自我概念下的社会身份理论及其拓展》，《求索》2012年第12期，第188—190页。

③Nico Carpentier. *Media and participation: a site of ideological-democratic struggle*,Intellect Bristol, UK/Chicago, USA. 2001, p.179.

④周颖洁、张长立：《试析西方组织理论演变的历史逻辑》，《现代管理科学》2007年第5期，第68—69页。

上，提出了新公共服务理论，认为政府的职能是服务，而不是“掌舵”；公共利益是目标而非副产品；在思想上要有战略性，在行动上要具有民主性；为公众服务而不是为顾客服务；责任并不简单；重视人，而不是重视生产率；公众权和公共服务比企业家精神更重要。他们强调只有在政府的任何层级中去除控制的影子，公众与政府才能真正地沟通，公共领域才有可能恢复，民主行政的愿望才有可能实现。

西蒙认为“理性的个体是，而且必须是一个被组织化和制度化的个人”[①]。这句话强调了组织的重要性，离开了组织，人们会变得无所适从，会变得软弱无力。在社会实践中，个人很难与政府抗衡，其利益往往依靠社团、协会、工会等社会组织去维护。组织往往能够形成自己的文化，从而使得组织内的个体找到归属，从而形成共识和势能。在对外交往中，组织基于自己的身份形成一套维护组织利益的话语体系，从而实现组织目标，维护了组织内部个体的利益。

在高度媒介化的今天，组织利益必须经过各类媒体这类中介化渠道维护。媒体组织是公众参与和公众社会组织的基础节点，这个节点不但有利于增加透明度，而且有利于增加市场和国家的工作压力，保护公众的利益[②]。在网络社会，组织概念增加了互联网技术变量，社群主义开始呈现出网络化趋势。大量的网络社群虽然以虚拟化的姿态出现，但是大大地促进了公众参与的实现。今天，主流媒体的组织力量被不同程度地削弱，正是非主流媒体已经形成战斗力的结果，也意味着受众个体通过媒介组织化的动能已经显示出来。

（五）质量维度

“质量”概念存在于多个学科领域，具有指标性价值。尼科·卡彭铁尔认为质量是个普遍存在的概念，发生在各个社会领域，有利于从复杂中进行区分、分层和判断，从而避免落入虚无主义和文化相对主义的陷阱[③]。在社会质

①丁煌：《西方公共行政管理理论精要》，北京：中国人民人学出版社2005年版，第413页。

②Nico Carpentier. *Media and participation: a site of ideological-democratic struggle*, Intellect Bristol, UK/Chicago, USA. 2001, p.227.

③Nico Carpentier. *Media and participation: a site of ideological-democratic struggle*, Intellect Bristol, UK/Chicago, USA. 2001, p.311.

量理论的开创者沃尔夫冈·贝克（Wolfgang Beck）等人看来，社会质量指的是公众在那些能够提升他们的福利状况和个人潜能的条件下，能够参与其社区的社会和经济生活的程度①。

20世纪60年代，随着参与研究的兴起，各国学者对于参与的质量问题也进行了探讨。1969年，谢莉·安斯汀（Sherry R.Arnstein）发表了著名的论文《市民参与的阶梯》，把公众参与规划的程度比作一把梯子上不同的阶梯。文章的最大贡献在于提出一种具有八种层次的公众参与类型模式，按公众参与的程度，分别为操纵、引导、告知、咨询、劝解、合作、授权、公众控制②（见表1.3）。现实中公众参与的质量千差万别，但是这篇论文直到今天对公众参与的研究都具有很强的参考意义。

表1.3 市民参与阶梯解析表

三个层次	八级阶梯	内涵
无参与	1 操纵	政府机构早已制订好规划，他们所要进行的所谓公众参与就是让公众接受规划
	2 引导	意图是教育引导公众的态度和行为从而使公众接受规划，并不是真正要听取意见
象征性参与	3 告知	即政府仅向市民提供关于政府规划的信息并告诉市民，并未开启真正的参与通道
	4 咨询	获取公众的意见，深化公众参与过程，但并不能保证市民应有的权利和意见得以落实
	5 劝解	政府对市民的某些要求予以退让，但市民对他们所提的要求仅仅在某些方面得到政府让步，是不会满意的
市民权利	6 合作	和前面的参与类型最大的不同在于参与者在知情权得到保障的情况下，逐层深入地全程参与城市规划建设，发表看法，就参与内容与政府共同决策
	7 授权	
	8 公众控制	

注：参考谢莉·安斯汀著作绘制。

①Beck W, Maesen L & Walker A. *The Hague*, the *Netherlands*：*Kluwer law international*, 1997, pp. 267–268.

②Sherry R. Arnstein. A ladder of citizen participation, *Journal of the American institute of planners,* 1969, Vol.35, No.4,pp.216–224.

民主是一种在代表和参与之间平衡的实践，参与质量是衡量民主质量的指标。近用、交互和参与是理解参与传播的重要概念，其中参与对于参与传播意义最大，这就需要参与质量概念的引入。在尼科·卡彭铁尔看来，并非所有公众活动都是参与，只有参与到决策中的参与才有称作参与的资格。同样，并非所有传播都是参与传播，只有参与到传播决策环节，参与传播才可以自称。借用民主理论中的“最低参与”和“最高参与”的概念，尼科·卡彭铁尔依据受众在传播过程中参与程度，提出了参与传播理论中的“最低参与”和“最高参与”的概念。其中，受众不能对媒介内容生产产生影响是为最低参与，受众与专业媒体工作人员同时参与到媒介内容生产，且发挥同等重要的影响力是为最高参与。虽然在实践中去衡量参与的质量难度很高，但是“最低参与”和“最高参与”概念的提出，有利于判断参与传播过程中受众在决策中的位置，从而对于参与传播的质量有一个总体把握。

第三节　参与传播理论的中国价值

参与不仅是一种概念判断和推理，也是一种经验事实。作为一个理论术语，参与产生于西方，并与民主理论与实践密切联系。在我国，参与与政治学结合生成政治参与概念，强调参与的政治属性。随着网络社会到来，网络公众参与又成为研究的热点，网络成为新的变量。与此同时，“公众参与”“公民参与”“大众参与”等概念纷纷亮相，强调参与的主体属性。公民既是一个法律概念，也是一个政治概念，加之某些意识形态的原因，公民参与不易概括国内实践的现实。大众更是一个缺乏规定性的概念，大众参与也很难体现参与公共性的一面。故此处采用公众参与的概念，既有利于限定参与的主体，也符合当前中国的政治现实。

一、我国公众参与的发展

在帝制中国，不存在公众参与的实践基础。因此，“在中国政治文化中，个人只能是失去或缺少自主意识的人，而不肯像西方那样以公众的身份从国家中独立出来”[①]。在我国漫长的封建社会历程中，个人是被动的消极主体，最终沦为国家的附属物。随着近代报纸的出现，部分知识精英开始针对国家事务发声，促进公众意识的觉醒。1912年，《中华民国临时约法》规定：“中华民国，由中华人民组织之……中华民国之主权，属于国民全体……中华民国人民，一律平等，无种族、阶级、宗教之区别。”这个《约法》规定了人民享有人身、居住、迁徙、言论、集会、结社、通信、信教等

①袁祖社：《权力与自由——市民社会的人学考察》，北京：中国社会科学出版社2003年版，第98页。

自由和选举、被选举、考试、请愿、陈述、诉讼等权利[①]。在法律意义上，我国的公众参与第一次有了制度性保障。但是在军阀割据、政治动荡和战争频发的年代，公众参与只在救亡图存的学生运动中偶尔闪光。

中华人民共和国成立后，我国公众参与进入了新的历史时期。1954年颁布的中华人民共和国第一部《宪法》规定了公众参与主体的广泛性，而多党合作的政治协商制度也开启了协商民主的大门，推动了我国公众参与的实践。1953年，中国举行了历史上第一次全国性的公众选举，参加投票的选民有2.78亿人，占登记选民总数的85.88%，共选出基层人大代表566.9万人[②]。20世纪50年代下半期，我国的公众参与逐渐被群众性运动取代，呈现出明显的“动员”甚至“鼓动”色彩，造成巨大的经济损失和严重的政治问题。

改革开放以来，我国的公众参与随着经济的发展逐步扩大。1978年12月，邓小平在中共中央工作会议闭幕式上发表《解放思想，实事求是，团结一致向前看》的讲话，指出：“当前这时期，特别需要强调民主。因为在过去一个相当长的时间内，民主集中制没有真正实行，离开民主讲集中，民主太少。”[③]随着基层民主制度、信访和举报制度、政务公开制度等制度的实施，公众参与的制度化渠道进一步拓宽。在政府的公开文件中，逐渐出现了公共决策的“民主化”“科学化”要求。2006年，温家宝在政府工作报告中强调加强科学民主决策，完善公众参与制度。专家咨询制度、社会听证制度等制度的实施也丰富了我国公众参与的实践内涵。

随着改革的深入，传统的政府统治模式无法适应逐渐高涨的公众参与热情，正是在这个背景下，治理理念逐步被我国政府采纳。中国共产党第十八届三中全会将“完善和发展中国特色社会主义制度，推进国家治理体系和治理能力现代化”作为全面深化改革的总目标。治理强调多元主体的参与，国家治理同样强调公众参与。至此，随着公众参与的兴起，治理在实践上被政府纳入到执政考量中去，成为实现全面深化改革的总目标的关键一环。

①陶东明、陈明明：《当代中国政治参与》，杭州：浙江人民出版社1998年版，第172页。
②陶东明、陈明明：《当代中国政治参与》，杭州：浙江人民出版社1998年版，第179页。
③邓小平：《邓小平文选》（第2卷），北京：人民出版社1994年版，第144页。

二、高度媒介化的公众参与

1983 年英国传播学者凯思卡特（Cathcart）和冈伯特（Gumpert）首先提出“mediation”一词，指生活中无处不在的媒介已经超越了时间和空间的限制[①]。在德语国家，学者们用“mediatization”意指媒介化。相较于“mediation”，“mediatization”更具有倾向性，意指利用媒介进行的传播活动影响着社会中的其他领域。德国传播学者克罗茨（Krotz）从微观视角对“mediatization”进行了总结：“媒介是一种工具，一类社会机构，是一个严密的组织，一种表达方式，是受众接收信息的平台，报纸、广播、电视、因特网、电影、手机、电子游戏等是媒介的各种形式。”[②]舒尔茨（Schulz）从宏观视角研究认为，媒介带来的社会变化过程可分为四个阶段：第一个阶段是“扩张”，在这一阶段，不断发展的媒介技术使人们得以跨越时间和空间限制；第二个阶段是“代替”，即媒介部分或彻底地代替了某种社会活动或某个社会机构；第三个阶段是“合并”，当媒介愈发普及，渗透至生活的各个方面时，许多与媒介有关的活动也会因此出现；第四个阶段是“适应”，即随着媒介的重要性日益增长，它必定带来社会变革，社会组织和社会成员因此要调整行为以适应媒介及其带来的种种变革[③]。

中国互联网络信息中心（CNNIC）第41次《中国互联网络发展状况统计报告》显示，截至2017年12月，中国网民规模达7.72亿人，相当于欧洲人口总量，互联网普及率达到55.8%，其中手机网民规模达7.53亿人[④]。网络化生存已经呈现出常态化趋势，随着网络技术的普及和迭代更新，我国网民的规模仍将继续扩大。随着电信、网络技术的发展，我国的公众参与借助互联网平台呈现出爆发式增长，网络论坛、社交媒体成为公众传播信息，进行参与动

①Livingstone S. On the mediation of everything: ICA presidential address 2008. *Journal of Communication*, 2009, Vol.59,No.1, pp.1–18.

②Krotz, F. *Mediatization: concept, changes, consequences*, New York: Peter Lang, 2009, pp.21–40.

③高佳：《“媒介化社会”中社会各领域的变迁》，《视听》2017年第12期，第135—136页。

④第41次《中国互联网络发展状况统计报告》，http://www.cac.gov.cn/2018-01/31/c_1122346138.htm。

员的重要渠道。近年来，包括邻避冲突在内的大量群体性事件多是先通过新媒介平台的媒介参与，再转化成现实的公众参与。

社会因媒介成为可能，因新媒介而成为新的可能[①]。特别是互联网引发了媒介技术形态的变革，使得受众与媒介的关联更加密切，网络已经成为人类不可或缺的生活资料。在一个高度媒介化的世界当中，公众身份也逐渐加入了媒介化因素，公众参与也带有强烈的媒介化色彩。有学者提出了“媒介公众”[②]概念，强调今天的公众参与过程往往是借助大众媒介来完成的，使得人们具有了“受众”和“公众”的双重身份。在2007年厦门PX事件、2008年广州番禺垃圾焚烧厂选址事件中，公众参与呈现出了高度媒介化的特征。

三、参与传播个体化认知

参与传播最早作为发展传播学的理论范式被认知，广泛用于研究亚非拉落后地区的经济等社会发展问题。国内有学者使用参与传播理论研究经济发展较为落后地区的公众媒介使用情况，对接发展传播学的发展理念。这些研究对于考察媒介技术赋权农民、推动农村社会发展等方面有重要意义。然而，这些研究也明显受到了发展传播学的限制，使得参与传播的研究目光囿于落后地区，至今没有完全打开参与传播的研究视野。发展是时代的主题之一，并不限于落后地区，其所涉及的问题并没有天然的地理界限。发展传播学项下的参与传播主要关注的是参与和发展的关系。当前的参与传播理论的内涵已经超越了发展，同时关注民主、空间、文化等多个领域。卡彭铁尔并没有给出参与传播的明确定义，但他强调近用、交互、参与的区别，并且特别强调了最小参与和最大参与的概念。

在互联网时代之前，我国的公众参与权利很难得到切实保障，参与渠道不够畅通，形式化比较严重。自20世纪90年代互联网进入我国以来，在很

①马克斯韦尔·麦库姆斯著，郭镇之等译：《议程设置：大众媒介与舆论》，北京：北京大学出版社2008年版，第2页。

②连水新：《当代中国“新媒介运动”的理论与实践——一种公民社会的进路》，武汉大学博士学位论文，2009年。

多方面都对公众参与产生了深刻的影响。总体来看，互联网提高了公众获取信息的能力，激发公众参与热情，降低了公众参与的成本，增加了具有参与能力的公众数量，扩大了公众参与的主体基础，丰富了公众参与的内涵和方式，在很多方面产生了积极和正面的影响。相较而言，欧美国家公众参与特别是公众参与的渠道比较顺畅，互联网技术在促进公众参与方面并没有像我国那样表现出近乎颠覆性的推动作用。

参与传播理论是基于实践视角出发的，以行为学为切入点。如果将参与传播理论纳入中国语境下考察，要考虑本土的技术条件、政治传统、文化环境等因素。从笔者目前对于参与传播理论把握的情况看，有关参与传播分类、参与质量的观点仍然有进一步探讨的空间。从事实层面看，传播的主体可以大体划分为个人和组织两类。考虑到互联网时代，传播主体能动性增强使得个人能够单独完成传播的整个过程，即人人可以成为记者。如果我们承认这个现实，那么，个人发表一个微博、一个朋友圈都算是完成了一次参与传播的行为，本书称之为个体参与传播。在这个过程中，个体有完全的传播自主性，并自行决定了传播内容、传播渠道、传播时间等。从权力角度看，虽然不能控制信息发布平台，但个人在个体层面掌握着几乎绝对的传播权力，而且信息一旦发布被阅知，权力便实现了流动。到了组织层面，决策的复杂性增强，权力呈现交叉流动状态，个体不再掌握绝对的传播决策权。但组织信息一旦发布，一般意义下其影响力又是个体信息所难以比拟的。

近用、交互、参与概念的提出有利于从宏观层面区分什么是参与传播，什么是非参与传播。但是传播无处不在，个体同样构成一个传播场域，当然组织也可以形成自己的传播场域。如果将话语作为媒介，那么每一个组织参与传播都建立在多个个体参与传播的基础上。所以，考察参与传播需要微观视角，这样才能够更清晰地解释组织参与传播，才能够更准确地把握参与传播理论。从我国邻避冲突的舆论发展过程看，多是个人通过媒介发布邻避设施信息，进而更多人跟进，最终形成微信群、QQ群、线下组织等组织参与传播群体，舆论的力量也随着最大化。这个例子非常清晰地证明了个体参与传播存在。

不承认个体参与传播的存在，我们就无法理解互联网时代传播的原子化特征。如果我们承认场域的存在，那么我们同样可以从理论层面将大的场域划分为多个小的场域。在个体场域，个人具有传播决策权，这也是一种最大参与传播的情况。可以想象，互联网时代的传播图景正是不同的个体参与传播向外传递、扩散信息，形成不同的信息矩阵。我们所处的信息环境正是借助这种参与传播的扩散效应而形成的。所以，从过程、场域角度看参与，我们就可以对接微观、宏观两个层面的参与传播，可以比较清晰地把握我们时代的参与传播实践现状，不必为某种传播行为是否是参与传播而纠结。

四、治理研究的参与传播向度

当代中国处于全球化、现代化和网络化三化叠加的时代，意味着我们已经进入了高度复杂性和高度不确定性的时代。安东尼·唐斯认为，与这种复杂性和不确定性相映成趣的却是“官僚制变成一个巨大的机器，笨重地在最初确定的方向上蹒跚前行。它仍然提供服务，或许数量与质量都不错。但其动作的速度与灵活性却在逐步下降”[①]。在这个背景下，政府会经常面临公共产品供给不足的窘境，亟须社会力量作为治理的合作伙伴。

随着网络社会的崛起，日益勃发的公众参与倒逼“统治”向“治理”转型，也成为政府创新的重要动力。政府治理走向“善治”的过程，就是政府行政行为不断与公众参与相互调适，主动或被动开展公众沟通，最终实现国家与社会合作共治的过程。在这个过程中，传播依托媒介完成国家与社会之间的信息联通和关系建构，在参与、沟通与合作三个政府治理过程中的重要环节发挥着关键第三人的作用（见图1.3）。正是在这个过程中，治理与传播如同两股交织扭合的管线，相互作用、渗透、融合，呈现出动态、立体、持续的过程性政治景观。

①安东尼·唐斯著，郭小聪译：《官僚制内幕》，北京：中国人民大学出版社2006年版，第17页。

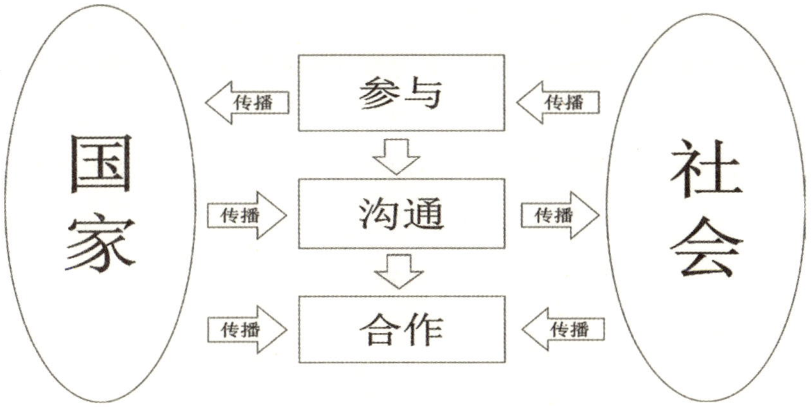

图1.3　政府治理过程要素关系图

20世纪70年代以来，“新公共管理改革”的浪潮席卷西方各国，以聚焦政府核心职能、服务提供多元化、推动地方分权、优化政府结构、引入企业管理方法、激发政府人员活力为主要内容的政府改革开启了政府治理的新时代。参与治理的概念也是在这个时期被提出。治理本身就强调多元主体的参与，政府治理过程同样强调社会主体的参与。从统治到治理的理念转变，是国家与社会关系理念的转变。研究政府治理过程，社会参与显得尤为重要。

近年来，中国政府治理主要包括：健全民主科学的决策机制，例如重大事项的公众参与、专家咨询等；推行政府绩效管理，建立科学合理的政府绩效指标体系和评估机制；强化行政问责，明确行政问责的范围和程序；改进服务方式，为社会提供方便、快捷、公正和高效的服务；推行电子政务，充分利用现代信息网络技术，在提高办事效率、为民服务、社会监督、电子民主等方面发挥更大作用；改进机关事务管理和后勤保障方式，降低“三公”经费，建设节约型机关。公众参与是政府改革的动力机制之一，从传播学视角考察公众参与规律将为提升国家治理能力现代化提供智力支持。

从现实层面看，网络社会的技术赋权使得我国社会的公众参与热情空前高涨，成为政府必须面对的现实课题。用参与传播理论考察治理问题，可以借助多学科的视角将治理问题研究得更加立体、清晰。治理研究和参与传播理论共同关注公众参与因素，两者具有天然的理论接合点。参与传播理论重视权力、技术、身份、组织、质量问题同样是治理研究所关注的概念。参与传播强调公众在决策中的位置，并且以公众在决策中的地位及发挥作用的程度，提出了“最小参与传播”和“最大参与传播”的概念。治理研究本质上是如何实现国家与社会的最佳关系状态，这同样牵涉到社会参与国家事务的限度。参与涉及公众是否进入决策层面，以及如何在决策层面发挥作用，因而参与传播可以作为治理研究的新向度。

第二章

02

“工人在线”：沟通政府与工人的桥梁

案例介绍

“工人在线”开创网络问政新篇章

“工人在线”平台由广东省总工会与南方报业传媒集团合作共建，于2013年12月3日正式启动。工会组织和主流媒体深入合作，共建面向职工群众的新媒体互动平台，在广东还是第一次，在全国也是一个创新举措，在职工之“问”与工会之“政”之间，实现无缝连接。

一开始，“工人在线”平台就确立了基本定位：工人有话有地方说，职工有困难找工会。平台面向全省职工，不设门槛，诉求直达，全天候互动，一键直通网站、微信、微博、App，7×24小时在线，线上交流，线下交办，事事有回音（见图2.1）。

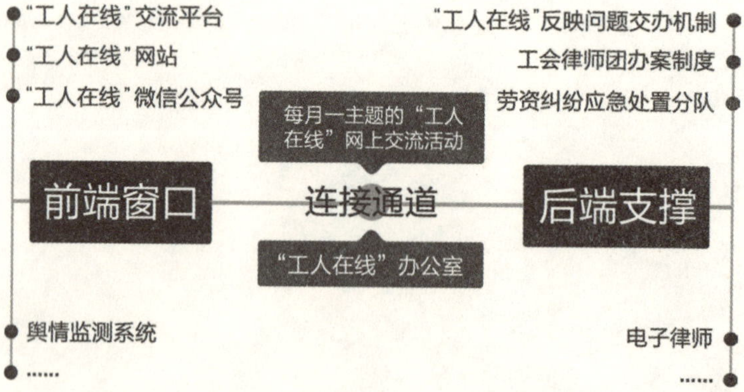

图2.1 “工人在线”平台基本框架

“工人在线”平台由前端窗口、后端支撑、连接通道三部分构成。前端窗口包括“工人在线”交流平台、“工人在线”网站、“工人在线”微信公众号、舆情监测系统等。后端支撑包括“工人在线”反映问题交办机制、工会律师团办案制度、劳资纠纷应急处置分队、电子律师等。而连接前后端的是每月一主题的“工人在线”网上交流活动和常设的“工人在线”办公室。

近五年来，“工人在线”搭建点、线、面三个渠道，立体式、全方位倾听工人心声。

“工人在线”的“点”，就是指每月一主题的“工人在线”访谈活动。每到月底，广东省总工会领导都会邀请省委、省政府相关部门领导一起上线与职工进行网上互动，倾听工人诉求，解决职工难题。截至2018年3月，“工人在线”访谈已经进行了50场。

“线”就是指“工人在线”网站和微信公众号，以及新开发的“蓝领e家”客户端，24小时在线收集职工的诉求。

“面”则是指“五位一体”的诉求渠道。整合工会和媒体资源，把主席信箱、工会维权热线、网上舆情以及主流媒体的报料热线和网络问政平台整合在一起，广泛收集职工诉求。

“真听、真问、真办”，可以说是“工人在线”平台最鲜明的特色。

打开“工人在线”网站，最显眼的地方就是“有话问”专区，找领导、找律师，一键直达。随着2015年3月5日“工人在线”网站改版升级和“工人在线”微信公众号全新上线，“工人在线”平台由原来主要以每月举办一场访谈的简单网络问政模式，成长为集“网络问政数据搜集+线上访谈+线下交办+实时反馈+舆情应对”于一体的大型立体跨媒介的综合网络问政平台。

如今，“工人在线”平台专门设有“工人在线”办公室，制定了一系列工作制度，针对职工网友反映的问题进行分类处理：

如果工友或者网友在网上咨询，相关领导、专业人士则会在网上直接予以回复，或在每月一主题的“工人在线”访谈现场进行解答。

如果涉及劳动争议，则按照属地原则，交由各地市和行业工会负责办理，并建立督办落实责任制。为了更好地解决职工的问题，广东省总工会建立一支1400人的律师团队伍，免费为职工提供法律服务。

如果是突发类职工群体性事件，则交由劳资纠纷应急处置分队处理。广东省总工会于2014年9月成立了省、市、县三级劳资纠纷应急处置分队，成为广东省构建和谐劳动关系的一支尖兵。

对于职工反映的问题，“工人在线”不但认真办理，而且及时把办理的情况通过电话、网络反馈给当事人。对于在“工人在线”访谈“工会在身边，每月重点关注十件事”环节中对外公布的每月重点关注十件事的办理情况，还通过媒体公开向社会公布，接受职工监督。

截至2018年3月底，“工人在线”平台共收到职工反映问题19,886个，其中，有效问题10,525个，由工会律师团律师解答咨询的7045个，交办到各市办理的3480个，已办结的3333个。

2014年“工人在线”入选广东“政府治理创新”优秀案例，2015年更获得由北京大学政府管理学院等学术机构主导评选、公正客观且具有全国性影响力的“中国政府创新公共服务最佳实践”殊荣。

“工人在线”是一个开放的平台，不管你是不是工会会员，只要你来了，你在平台上说出你的诉求，“工人在线”的办事人员就积极受理，认真核实，细致交办，按《广东“工人在线”职工反映问题交办制度》《省总工会部门（内产业工会）督办责任人制度》和《工会律师团律师办案制度》等层层跟进并落实。

“工人在线”也是一个包容的平台，不管你来自哪里，不管你遇到什么烦事、难事、不平事，在这里都有人倾听，有专业律师和办事人员为你出谋划策、奔前忙后，哪怕事情最终并不尽如人意招致抱怨，他们也无怨无悔，倾情相帮。

“工人在线”更是一个与时俱进的平台，为适应“互联网+”时代的发展，不断优化“工人在线”官方微信公众号、微博、网站，还重点推出了“蓝领e家”客户端，给职工和网友提供更优质、更全面和更个性化的服务。

“工人在线”，就在你身边。

案例研究

媒介融合背景下的政府治理创新
——以“工人在线”为考察对象

一、引言

改革开放以来，我国劳动关系日益市场化、企业化、契约化、多元化，形成了政府、企业和劳动者的三方利益格局。工会作为代表劳动者的群众团体，依法维护劳动者的合法权益，在调节劳动关系方面发挥着特殊作用。2013年10月，中国工会十六大期间，习近平总书记要求工会牢牢抓住为实现中华民族伟大复兴的中国梦而奋斗这一时代主题，把推动科学发展、实现稳中求进作为发挥作用的主战场，把做好新形势下群众工作、调动职工群众积极性和创造性作为中心任务，把巩固党执政的阶级基础和群众基础作为政治责任，竭诚为职工群众服务，切实维护职工群众权益，不断焕发工会组织的生机与活力。为适应新要求，进一步发挥好工会职能，“工人在线”平台于同年12月3正式启动。

信息技术一直是形成公共行政变革的重要因素。互联网时代，公众借助新兴媒介形式更加便捷地表达自身的利益诉求，而政府也在主动或被动地加强回应性能力建设。“工人在线”由广东省总工会和南方报业传媒集团合作共建，旨在通过南方报业的传播优势和南方新媒体的全方位传播渠道共建职工与工会干部沟通、互动的桥梁。经过近五年的运营，“工人在线”已经发展成为政府、工会综合治理能力与群众诉求融合，工会和工人沟通渠道融合，线上交办和线下解决融合，主流媒体与工会服务能力融合，集“网络问政数据搜集+线上访谈+线下交办+实时反馈+舆情应对”于一体的大型立体跨媒介的综合网络问政平台。

2015年出台的《中共中央关于加强和改进党的群团工作的意见》指出：“做好群团工作对于推动政府治理和社会自我调节、基层群众自治良性互动，促进多元治理主体协同协作协调、互促互补互融具有重要意义。”“工人在线”依托互联网技术，实现了媒介融合形式与效能的统一，为工人利益诉求与工会职能发挥打造了一个共在空间，同时实现了协商民主意义下政府与公众之间的互动沟通，推动新时期劳动关系问题的解决，进而实现政府治理创新，为国家治理现代化提供经验和范本。截至2018年3月底，“工人在线”平台共收到职工反映问题19,886个。其中，有效问题10,525个，由工会律师团律师解答咨询的7045个，交办到各市办理的3480个，已办结的3333个。

二、媒介融合语境中的传媒价值拓展

1983年，美国麻省理工学院的伊契尔·索勒·普尔（Ithiel De Sola Pool）在《自由的科技》一书中提出“传播形态融合”概念，本意为各种媒介呈现出多功能一体化的趋势。随着互联网技术对于媒体发展的深度介入，“传播形态融合”概念发展为“媒介融合”（Media Convergence），并得到广泛认可。虽然国内亦有“媒体融合”的说法，但从新、旧媒体交叉发展的实践看，其实质影响力早已超出了媒体形式融合本身，故本文使用“媒介融合”的概念，但在引文方面仍然尊重作者，使用“媒体融合”的表述。

（一）媒介融合的量变与质变

理论上讲，物质的分裂或融合能够释放出能量，媒介融合同样能够催生新的动能。在新媒体的冲击下，我国的报业组织已经不再固守纸媒的形态，而是积极融合利用各种新兴媒介终端和载体，确保社会效益和经济效益。2001年以来，以南方网的创建为数字化标志，南方报业传媒集团一直走在中国媒介融合之路的前列。目前，南方报业在依托传统纸媒的基础上，已经拥有8报、9刊、53个网站及“两微一端”、1家出版社，形成了平面媒体、网络媒体、移动媒体、广电媒体、户外LED和电子阅报栏六大产品线，全媒体覆盖2亿用户（见图2.2）。从发展轨迹看，“工人在线”正是南方报业传媒集团媒介融合的成果之一。

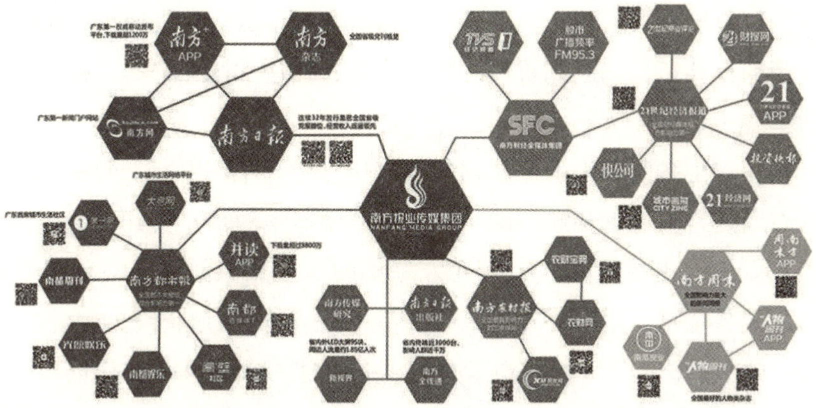

图2.2 南方报业传媒集团媒体矩阵表[①]

媒介融合不是媒体形式本身的融合，而是关联了社会效能和媒介价值的融合。媒介融合只有进行时，没有完成时，正在经历从量变到质变的过程。我国传媒学者支庭荣认为：“那些漠视新媒体传播规律，不能与用户进行有效的互动交流，共同生产适合新媒体传播内容的‘合而不融’的情况应该引起关注。如果跟风走、片面追求工具，而忽视作为媒体根本核心的内容信息，将会把媒体融合引入误区。”[②]从目前我国媒介融合的实践看，能够将媒介融合价值和政府治理价值进行高效统一的媒介融合经验并不多见，但“工人在线”给我们提供了极有价值的研究范本。

（二）“工人在线”媒介调停价值的实现

作为建构社会的基础性力量，媒介处于社会各主体的中间地带，在社会历史发展进程中发挥着独特作用。媒介融合在推动媒体形式交融的同时，逐渐成为构建媒介化社会的核心力量。在一个媒介化的世界当中，我们的日常

①南方报业传媒集团简介，http://www.southcn.com/aboutus/nfbyjt/default.htm。
②2016媒体融合发展报告发布，http://www.xinhuanet.com/zgjx/2017-02/09/c_136042989.htm。

生活乃至政治参与都与媒介息息相关。从理论上看，媒体的中介性质使其自身具有介入、干预和调停的可能和逻辑；从实践层面看，我国媒体的政治定位是党和人民的“耳目喉舌”，加之市场化媒体经过“新闻专业主义”历练后形成的职业理念，使得人民的“耳目喉舌”功能放大。这使得中国传媒可能在断裂的公共舆论场起到重要的整合作用，促进“国家”与“社会”的协商对话①。

2014年，国务院印发的《2014年政府信息公开工作要点》明确指出，要“加强新闻发言人制度和政府网站、政务微博微信等信息公开平台建设”。随着政府信息公开力度加大，利用互联网技术和新兴媒体及时传递政府声音，传递政务信息，增强公众对于政务信息的理解能力、参与能力、互动能力成为大势所趋。目前，政务新媒体已经进入了多元发展、多样创新、齐头并进的阶段，多元化的政务新媒体成为各级政府部门实行政务公开、发布政务信息、加强政民互动不可或缺的有效平台，也是相关政府部门提高网络舆论引导能力、提升政府公信力、建设服务型政府的重要手段②。据南方报业传媒集团“1+X”网络问政云平台统计，通过“工人在线”平台、南方报业系列问政平台、微博、微信等多种渠道参与和关注每场“工人在线”的有上百万人次。“工人在线”已成为广东省总工会重要的问政平台、学习平台、交流平台。

作为工会数字化转型的领航者，“工人在线”以“倾听职工声音”为理念，把通、听、办作为关键，把解决问题作为出发点和落脚点，通过整合职工维权、求助系统及职工所关心的新闻信息资源，采用网站、手机客户端、微信等多样化的形式，为职工提供便捷、优质的深度交互服务③。这在本质上体现了“工人在线”的媒介调停价值。目前，“工人在线”平台搭建了“工人在线”网站、官方微博和微信公众号和“蓝领e家App”，以及每月一场的《直播访谈》等媒介渠道，借助新媒体技术进一步增强了职工与工会之间的

①曾繁旭：《媒体作为调停人：公共行动与公共协商》，上海：上海三联书店2015年版，第7页。
②徐和建：《政务新媒体急需六大互联互通》，《新闻与写作》2016年第3期，第83—85页。
③“工人在线”简介，http://www.grzx.com.cn/commons/footer/201412/t20141226_528822.htm。

互动沟通效能，拓展了“工人在线”的融媒价值，增加了媒介调停的能力。

三、“工人在线”的媒介赋权

国家治理体系的现代化，不仅要有政治精英的参与，也要有普通民众的参与①。改革开放40年，我国公众参与集中体现在公众利益的表达上。在舆论领域，网络成为公众表达的主要场所，社交媒体以其无远弗届的链接能力聚集民意，可以瞬间把社会事件变成舆论焦点。今天的中国，网络参与已经是公众参与最重要的方式之一，已经成为参与性社会兴起的标志。广东省长期以来是用工大省，目前有3400万职工，劳动关系比较复杂。作为改革开放的前沿，广东毗邻港澳，各种问题暴露得比较早、比较集中，社会治理压力大。在此背景下，广东省总工会面临着“三多”现实：非公企业多，全省已拥有120万家；进城务工人员多，有2600万人；劳资纠纷多且情况复杂。在互联网时代，借助新媒介形式放大效应，劳资矛盾极易上升为群体性事件。“工人在线”的出现，主动向工人赋权，打通了公众参与渠道，为可能发生的矛盾冲突提供了解决出口。

（一）《直播访谈》引导工人参与

2013年12月3日起，广东省总工会邀请领导班子成员、各部门和各市、产业工会负责人参加每月一期的《直播访谈》栏目，与全省职工群众、网民在线互动交流，回答职工关心、关注的热门话题，直面一线工人的难点、关切点，以求认真倾听工人呼声，改进、改善工会工作。据笔者访谈了解，“工人在线”创办之初的首个策划就是《直播访谈》栏目。该节目以网络直播的形式，与职工零距离交流，发展到今天已经成为“工人在线”全媒体系列访谈节目。在《直播访谈》栏目第一次访谈中，网友踊跃参与，共提出700多个问题，省人大常委会副主任、省总工会主席黄业斌回答了网友与嘉宾提出的21个问题，涉及工会业务、劳资纠纷、咨询投诉等方面。随后，南方报业传媒集团旗下各媒体对此次《直播访谈》栏目的活动进行了集中报道，《南方

①俞可平：《论国家治理现代化》，北京：社会科学文献出版社2014年版，第13页。

日报》也以整版规模进行报道并在封面版加醒目导读，《南方都市报》不仅进行了报道，还配发了评论；省内其他报纸、电视台纷纷进行报道，新浪、网易、搜狐等门户网站随后也进行转载，掀起了关注工会转型、帮助职工依法有序维权的舆论热潮。

截至2018年1月底，《直播访谈》已经举办49期，主题大致可以总结为五个类别，分别是：依法维权类主题23项，占比47%；政策宣讲类主题6项，占比13%；工会活动类主题4项，占比9%；综合服务类主题9项，占比20%；精神文明类主题7项，占比11%（见图2.3）。以上统计数据显示，“工人在线”直播访谈主题占比较大的依次为依法维权类和综合服务类，两项累加数额为32项，占直播访谈主题总数的67%，充分说明了广东省总工会着重突出“维权为主业”与“服务为宗旨”的职能转变，积极参与社会治理实践。据笔者访谈了解，根据每一期主题，《直播访谈》栏目会邀请广东省总工会相关负责人、相关业务处室负责人，广东省政府相关部门负责人、业务处室负责人，研究学者，基层职工以及《直播访谈》栏目聘请的社会观察员等作为嘉宾，共同回答、讨论网友关注的话题。这种结构多元的对话空间，既保障了工人参与沟通的渠道，也确保了不同观点的交流对撞，建构了沟通理性意义上的公共领域。

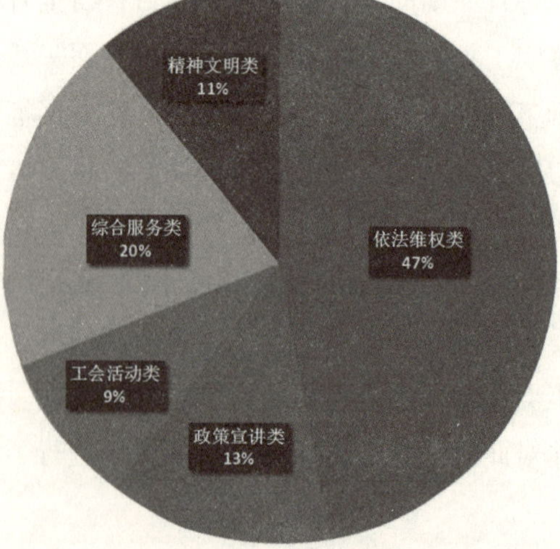

图2.3 “工人在线”《直播访谈》主题分布图

（二）“数据舆情”预警劳动矛盾

“工人在线”为工人利益诉求开辟了通路，为工人网络参与提供了合法、有效的渠道。笔者在采访中了解到，“工人在线”通过南方报业网络问政“1+X”网络问政云平台，对职工或者网友从南方日报和南方都市报的官方微博、官方微信、手机报、社区论坛和南方网、“南方+”客户端，以及广东总工会官网、“工人在线”网以及多家网络问政平台提交的发帖、回帖、评论或回复，以及对移动短信用户通过编辑短信反馈的问题，或者对拨打南方报业传媒集团报料热线投诉的问题进行审核、挑选、整理等一系列处理。目前，“工人在线”已经形成了一套行之有效的“数据舆情”工作流程（见图2.4）。

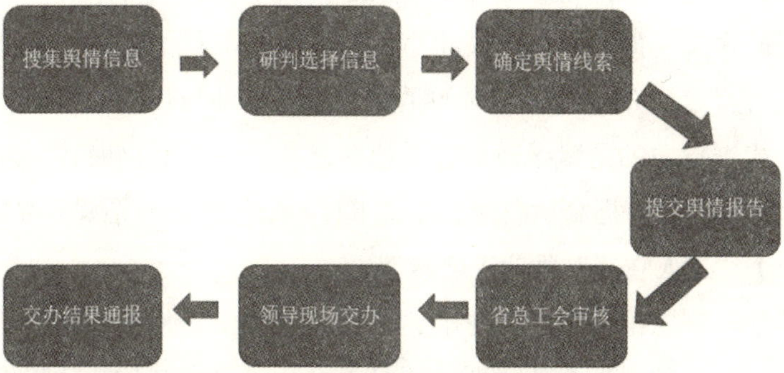

图2.4 “工人在线”舆情处理工作流程图

2014年2月20日，《直播访谈》栏目预告下期主题将“关注职工权益”。2月20日—3月26日，“工人在线”通过南方报业网络问政“1+X”网络问政云平台，平均每天收到超过2000条信息，有效信息每天35条左右，其中有工人反映东莞某鞋厂拖欠职工公积金，有的长达7年之久。此信息很快进入舆情监控员视线，经舆情监控研判小组研判后反馈给广东省总工会。3月27日，“工人在线”在《直播访谈》栏目公布东莞某鞋厂事件预警信息，广东省总工会负责人当场交办给东莞市总工会负责人。4月5日，东莞某鞋厂几千名员工质疑厂方以临时工标准，为工作10多年的员工购买社保及与员工签订无效劳动合同，并进行游行抗议维权。4月24日，广东省总工会组织召开了广东劳资关系形势研判暨“工人在线”职工反映问题交办会，东莞市总工会对鞋厂事件做了汇报小结，明确指出鞋厂对员工解决购买社保、签订有效合同的要求处理不当。4月27日，广东省总工会负责人在《直播访谈》栏目中向公众公布该事件原因、处理过程以及复工情况。这个案例说明“工人在线”通过赋权工人，促进工人的网络参与，同时为政府预警舆情，并成功解决问题，体现出其作为媒介的介入、调停作用。

四、“工人在线”的媒介赋能

赋能是最近流行在我国商业圈的词语。其实赋能与赋权都翻译自英文“empowerment”。“empowerment”的原意是授权、许可。文字经过跨语际旅行往往会与当地文化产生语意的化学反应，产生新词语和意涵。考察词语发展线索，我们可以推论新媒介赋权概念受技术赋权概念的启发。赋权本身就有赋能的含义，但是在汉语文字意涵中，赋权与权力相关，赋能与能力相关。前文所言之媒介赋权，指向的是赋予工人以参与传播的权力；此处所讲的媒介赋能，指向的是赋予政府提高执政之能力。互联网时代，新媒介赋权公众的同时也为政府提高执政能力提供了技术条件，即所谓媒介赋能。

（一）“工人在线”推动工会转型

受计划经济思维“惯性”影响，长期以来“工会作为国家和企业行政的附庸出现，在工作中工会的主要作用是‘配合’‘支持’行政工作，承担着福利分发、组织生产竞赛、开展文娱活动、征集合理化建议等工作，工会活动的象征性政治意义远大于在劳动关系中的实际意义”①。1978年以来，市场化改革打破了我国传统的单一所有制结构，形成当前中国社会利益格局多元化和社会结构分层化的基本事实。工会工作要适应工业化、城市化和全球化快速发展的需要。党的十九大报告也明确要求工会、共青团、妇联等机构，创新群众工作体制机制和方式方法，发挥联系群众的桥梁纽带作用。

伴随着世界各国政府的可靠性和信任感知度的降低，政府需要稳定和持续的工具和公民之间保持沟通；各国政府同时意识到，政府部门与公民之间

①王东昱：《构建和谐劳动关系过程中的工会作用研究——以历史发展与现实变化为视角》，东北师范大学博士学位论文，2012年，第55页。

的沟通不仅能够营造开放的社会氛围，建立透明高效的政府，还能更直接地听取公民意见，体现国家治理的公民协作。“工人在线”创建本意就是听取广大职工的心声，协调各级工会组织和相关部门为职工解决问题，促进全省工会组织向维权型、服务型、枢纽型社会组织转型。从运行近五年来的情况看，广东省总工会依托“工人在线”，建立了联系沟通基层职工的渠道，形成了一套规范有序的工作制度。对于广东各级工会组织而言，“工人在线”促使基层工会工作与时俱进，更加贴近职工群众的所思所想和所需所求。

（二）“工人在线”促进政府间工作联动

《中国工会章程》总则规定：“中国工会是中国共产党领导的职工自愿结合的工人阶级群众组织，是党联系职工群众的桥梁和纽带，是国家政权的重要社会支柱，是会员和职工利益的代表。”《中华人民共和国工会法》第五条规定：“工会组织和教育职工依照宪法和法律的规定行使民主权利，发挥国家主人翁的作用，通过各种途径和形式，参与管理国家事务、管理经济和文化事业、管理社会事务；协助人民政府开展工作，维护工人阶级领导的、以工农联盟为基础的人民民主专政的社会主义国家政权。”从规定上看，工会作为群众组织，“协助人民政府开展工作”，但也是“党联系职工群众的桥梁和纽带，是国家政权的重要社会支柱”。从我国政治实践看，工会干部与同级政府干部有同等政治级别，这也确保工会在维护工人权益过程中，能够推动具体的政府部门去落实相关工作。

广东省总工会作为维护广东省3400万职工权益的群众组织，通过“工人在线”掌握了劳动关系问题后，按照职责，必须知会相关政府部门，并督促问题的解决。作为一个网络工作平台，“工人在线”为政府、企业和工人提供了公开对话的空间，同时也形成了媒介意义上的监督机制，倒逼政府部门采取措施解决问题，并通过“工人在线”公布结果。从工作逻辑看，“工人在线”联通了劳动关系问题呈现和解决的两端，客观上要求政府工作流程的完整性。从实践情况看，“工人在线”的《直播访谈》等栏目需要政府部门人员参加，需要政府部门解答、解决工人提出的问题。近五年来，广东省总工会依托“工人在线”已经形成完整的交办、督办工作规范和体系，实现了与各级政府部门的工作联动。

五、“工人在线”对于国家治理现代化的启示

媒体作为一种社会存在，其价值不局限于信息的传递，而是更在于其作为信息中介所具有的独特社会功能属性。这个社会功能包括吸纳民意、提供沟通机会、展现国家意志等。从理论层面讲，媒体的社会责任理念和政府治理理念最终指向善治价值。“工人在线”的实践恰好体现了媒体与政府在价值伦理层面的统一。

（一）善用媒介融合产生的技术动能

《中国媒体融合发展报告（2017—2018）》内容显示：2016—2017年，我国媒体行业整体上呈现出多元融合、多样发展、多种创新的新姿态；媒体融合已经进入了“深度融合、多元融合、融合升级”的新阶段；政务新媒体作为媒体融合的产物，通过微平台和端平台的主动创新加强联动，创造媒体融合新形态，已成为打造阳光型、服务型政务的重要抓手，也是凝聚社会治理智慧、创新社会治理模式的重要手段，未来将伴随着媒体融合的多元发展发挥更加切实的作用①。

近年来，南方报业传媒集团借鉴“云计算”和大数据的理念，全力打造南方报业网络问政云平台。南方报业传媒集团充分聚合自身的资源优势，首创全集团“1+X”网络问政云平台，以省委机关报及其官网为“1”，以集团内兄弟网站、商业网站、社会网站为“X”，共用一套数据。南方报业网络问政云平台还着力拓展外部资源，南方网、南农网络问政、“工人在线”等已经实现了问政数据库连通，确保网友能够清楚地在每个子平台上找到自己所需要的问政对象。“工人在线”加入网络问政云平台后，实现了媒介融合技术动能的递增，拓宽了网络问政的内涵，使得职工之“问”不仅可以无缝连接工会之“政”，更将带动更多党政社群部门重视网络民意、利用网络平台开展与职工群众的沟通。

①梅宁华、支庭荣：《中国媒体融合发展报告（2017—2018）》，北京：社会科学文献出版社2017年版，第1、2、22页。

（二）专业新闻运作助力提升政府公信力

2017年，由世界品牌实验室主办的第十四届“世界品牌大会”发布2017年《中国500最具价值品牌》，南方报业传媒集团旗下《南方日报》《南方都市报》《南方周末》再度入选，品牌总价值达764.09亿元，仅次于中央电视台、人民日报社，位居全国媒体机构第三位①。这榜单不仅反映了南方报业传媒集团的经营能力，也说明了其内容产品的竞争力。从历史上看，《南方日报》继承了中国共产党“城市办报”的传统；在改革开放大潮中，以《南方周末》为代表的报纸形成了独特的“南方气质”；得益于市场化，《南方都市报》成为“中国最好的都市报”。南方报业传媒集团的品牌价值体现了其各个子系统的专业能力，也在很大程度上赢得了公众的信任。

“工人在线”由广东省总工会主管，属于南方报业传媒集团旗下产品，具体由南方网负责运营，天然具有专业能力、南方气质和媒体公信力。《直播访谈》作为“工人在线”的王牌栏目，从选题策划到项目执行都体现出了专业的新闻运作能力。“工人在线”媒介调停作用的发挥，最终得益于其专业的人力资源结构、内容设置及媒体运作。通过媒介融合，南方报业传媒集团进一步整合了媒体资源，大大提升了整体的传播力。“工人在线”作为其中的一员，不但可以共享其他兄弟媒体的信息资源，而且能够借助兄弟媒体发布新闻，最大限度地发挥专业媒体的传播价值，进而促进广东省总工会的职能发挥，同时助力政府整体公信力的提升。

（三）政府自我革新仍然是治理创新的根本动力

我国学者俞可平总结了善治的10个要素，即合法性、法治、透明性、责任性、回应、有效、参与、稳定、廉洁和公正②。他认为，在人类政治发展的今天和我们可以预见的将来，国家及其政府仍然是最重要的政治权力主体，在社会政治过程和公共治理中处于核心地位，政府仍然是社会前进的“火车头”，官员依然是“人类政治列车的驾驶员”，政府对于人类实现善治仍然

①《厉害了！南方报业三报品牌总价值位居全国媒体机构第三位》，http://news.ifeng.com/a/20170622/51302601_0.shtml。

②俞可平：《论国家治理现代化》，北京：社会科学文献出版社2014年版，第27—30页。

有着决定性的作用。我国国家治理现代化过程中，各级政府是关键性主体，在通往善治的路上发挥主导性作用，其改革创新能力亦是影响治理效果的重要因素。

得益于岭南文化，广东形成了“敢为人先、务实进取、开放兼容、敬业奉献”的广东人精神。经历40年改革开放洗礼，广东的“求实”“创新”理念已经深入政治、经济、文化、社会结构的各个层面。广东省历来重视政府行政技术层面的自我革新，以适应不断变化的社会环境，形成了相对务实、友善的政民关系。“工人在线”功能的发挥离不开广东省总工会工作的主动性，以及广东省各级政府的联动合作。这种主动性和联动合作正是政府自我革新的表现，也的确在实践层面产生了良好的效果。

六、结语

治理不是一套规则，也不是一种活动，而是一个过程；治理过程的基础不是控制，而是协调；治理不是一种正式的制度，而是持续的互动[①]。在这个持续的活动过程中，公众参与是激活治理的必要条件，因此政府就需要为此创造条件使得公众参与沿着合法、有序的道路进行。互联网时代，媒介作为建构社会的关键环节显得更加重要。近年来兴起的政务新媒体正是媒介融合产生的技术动能在政府治理过程中的体现，“工人在线”取得的成绩正好显示出技术力量、专业媒体运作和政府主动改革三者的合力效应。

我们已经步入中国特色社会主义新时代，社会主要矛盾已经转化为人民日益增长的美好生活需要和不平衡不充分的发展之间的矛盾。国家治理体系和治理能力的现代化，对于中国的政治发展乃至整个中国的社会主义现代化事业都具有重大而深远的理论意义和现实意义，也是解决我国主要矛盾的过程。善治的本质特征，就在于它是政府与公民对公共生活的合作管理，是政

①The Commission on Global Governance, *Our global neighborhood:the report of commission on global governance*, Oxford University Press, 1995, pp.2–3.

治国家与公民社会的一种新型关系，是两者的最佳状态[1]。从国家治理的角度看，善治与美好生活需要公众合法、有序的参与，政府务实、高效的沟通，以及两者良性互动基础上的合作来达成。不可忽视的是，随着媒介融合的加深，充分挖掘“工人在线”这类集专业性、功能性和政务性于一体的媒体的作用将大大有利于国家治理现代化的进程。

①俞可平：《论国家治理现代化》，北京：社会科学文献出版社2014年版，第59页。

案例
访谈

“工人在线”传递劳动者声音
——广东省总工会维权工作部部长许平坚访谈

课题组：除了入选“粤治”优秀案例，“工人在线”还曾获2015年度中国政府创新公共服务最佳实践奖，“工人在线”当初创建的背景和情况是怎样的？

许平坚：2013年11月29日，时任中共中央政治局委员、广东省委书记胡春华在深圳考察工会建设创新情况时指出，工会的核心工作就是代表和维护广大职工的合法权益，要通过群众化、民主化工作，把广大职工团结、组织起来，既切实维护好职工权益，也要能够对职工实施有益管理，促进劳动关系和谐发展。

为推动广东省劳动关系进一步和谐发展，2013年12月3日，由广东省总工会、南方报业传媒集团联手打造的大型网络问政平台——“工人在线”平台正式启动。工会组织和主流媒体深入合作，共建面向职工群众的新媒体互动平台，这是将工会工作放在全面深化改革的大局中考虑、考量、部署后做出的新探索，在广东是第一次，在全国也是一个创新举措。

当年选择了在年底劳资纠纷多发期上线，“工人在线”希望更多地挑起“为依法维权服务，为党和政府分忧”的担子。简而言之，“工人在线”不仅是一个为职工维权服务的平台，更是一个多方沟通、问政献策、谋求共赢的平台；不仅方便职工维权，让维权成为“寻常事”，更引导职工以“平常心”进行依法理性维权，从而实现对职工的有序管理，推动和谐劳动关系的新发展。

在过去，我们说“工人在线”平台引领职工发挥主力军作用，为广东实现“三个定位，两个率先”，实现中华民族伟大复兴的中国梦奠定坚实的基础。从今天来看，随着“工人在线”平台的不断完善和提升，其与我们的十九大精神、2018年全国两会精神都是相匹配的，在调和人民日益增长的美好生活需要和不平衡不充分的发展之间的矛盾中起到相当重要的作用，鼓励职工通过劳动创造幸福生活。

课题组：目前，“工人在线”平台已经成为广东省总工会与公众联系的重要渠道，它在广东省总工会工作中主要发挥什么作用？

许平坚：“工人在线”的基本定位是“工人有话有地方说，职工有困难找工会”。对于广东各级工会而言，“工人在线”是工会转型的助推器，各级工会负责人认真倾听群众诉求，让工会工作与时俱进，更加贴近职工群众的所思所想、所需所求。在这个过程中，促进全省各级工会向维权型、服务型、枢纽型工会转型。

通过“工人在线”，广东3400万职工可以充分表达诉求，第一时间了解部门回应；各级工会负责人可以通过听取意见改进自身工作，在沟通中引导职工合理有序维权，逐步实现对职工的有益管理；社会组织、民间智库可以通过“网络问政”就工会工作建言献策；主流媒体可以从职工维权的典型案例抓取“活鱼”，也可以就职工广为关注的普遍性问题展开广泛讨论。

“工人在线”平台是全国第一家省级工会组织开办的服务职工的网络问政平台，在职工之“问”与工会之“政”之间搭起了一座沟通、互动的桥梁，实现了无缝连接。通过职工之“问”，让工会听到了来自一线职工的心声、呼声；通过回答和办理职工关心、关注的一个个问题，促进了工会组织履职尽责，把党和政府的关心温暖送到了广大职工群众心中，对于排查化解社会矛盾，解决群众反映强烈的问题，探索社会治理工作机制，做出了有益尝试。

课题组：广东是外来务工大省，从公众反映的问题看，主要集中在哪些领域，哪方面的问题反映比较多？

许平坚：“工人在线”开通以后，我们发现，在职工向“工人在线”反映的问题中，欠薪问题、欠缴社保问题和欠缴公积金问题，始终都在60%以上。

近五年来，职工向“工人在线”平台提交的19,886个问题，都是与他们切身利益密切相关的问题，有些是带有普遍性的问题，有些是千人千面的个案问题，很多问题是积压了多年的老大难问题。这些问题90%都通过“工人在线”得到了有效解决，使受损害员工的合法利益得到了保护，把很多本来可能引发劳资纠纷甚至是群体事件的矛盾化解在萌芽状态。

据统计，截至2018年3月底，“工人在线”平台共收到职工反映问题19,886个，其中，有效问题10,525个。由工会律师团律师解答咨询的7045个，交办到各市办理的3480个，已办结3333个。

课题组：“工人在线”网站的左上方设置了“找主席”“找律师”等项目，看起来非常醒目，给人一种非常开放的工作态度。在实际中，这些项目如何运作？如何处置公众反映的问题？

许平坚：简单来说，就是线上交流（提交），线下交办，事事有回音。“工人在线”对职工、网友提出的问题有具体的解决思路：如果是在每月“工人在线”直播访谈中提出的问题，能够由受访负责人直接回答的问题则现场回答；过于具体的问题由受访人指定具体负责人回答；困难职工迫切求助的问题由工会和媒体共同发起公益救助；欠薪、工资集体协商等劳资事件由相应的工会组织协调协商，上级工会组织予以关注指导，并提请相应政府部门予以关注；有必要走法律途径维权的问题，尽最大努力提供维权律师咨询服务；系统性、全局性、一时不能解决的问题，耐心做好解释，借助网络问政平台激发草根智慧，探讨解决之道；对于建设性的批评建议，表示感谢并以此改进工作。

课题组：广东省总工会已经建立起一套以问题为导向的网络工作机制，目前这些工作机制运行效果如何？

许平坚：在开办“工人在线”的过程中，广东省总工会逐步建立了一套以问题为导向的工作机制，包括线上的职工诉求表达机制、线下的职工反映问题办理机制、每月重点关注事件的发布机制、劳资关系舆情分析研判机制、工会律师团办案制度、紧急事件三级（省、市、县）应急处置机制、职工手机律师服务、工会新媒体的运行机制等。这些工作机制不但保证了“工人在线”网上综合服务平台的正常运行，而且成为广东省总工会加快转型的有力抓手，带动了全省上下由活动型、福利型工会向维权型、服务型工会的转型发展。

近五年来，“工人在线”在线访谈活动除了在直播间举行，还先后走进广州市地下铁道总公司、中建四局建筑工地、广东华隧地下隧道挖掘工地现场、省工人文化宫等地，面对面地与职工互动交流，以职工为中心，让职工当主角，进一步拉近工会与职工的距离，赢得了工人群体的热捧和点赞。

据统计，每场活动通过“工人在线”平台、南方报业网络问政系列平台、南方网、微博、微信等多种渠道参与和关注“工人在线”有千万人次，“工人在线”业已成为广东省总工会通过“互联网+”服务职工群众的知名工作品牌。2014年3月20日，《人民日报》以“3400万职工的‘网络贴心人’”为题，报道了广东省总工会的相关做法。

专家视点

“工人在线”仍然大有可为

为进一步了解广东省劳动关系现状以及进城务工人员融入城市问题，课题组围绕“工人在线”近五年来的发展情况，对华南师范大学经济与管理学院教授、博士生导师、人力资源研究所所长谌新民，中山大学社会学与人类学学院社会学系副教授、劳工研究与服务中心主任万向东，“工人在线”观察员刘乐进行了采访。以下是他们的观点。

课题组：广东省有3400万职工，他们在劳动就业等方面面临的主要问题是什么？集中体现在哪些领域？

谌新民：广东是我国的经济大省、人口大省、就业大省。广东省3000多万工人中有相当一部分是外来劳动者，也有相当一部分是基层员工。目前，工会在处理劳动关系问题时，除了要注意完善内部管理、改善工作流程外，还须特别关注党的十九大对我国社会基本矛盾变化的表述。当前，我国劳动力供求关系、人口的供给、市场对劳动力的需求已经发生变化，这个情况会深刻地影响到工人权益。

自2010年左右出现大规模用工荒后，广东省近年来大力进行产业结构调整和转型升级，劳动力供求的数量、质量、结构和趋势都发生了新变化。这些对于劳动者就业、劳动者权益维护以及劳动者对未来的期许都有着深刻影响。另外，国际贸易形势也发生了变化。现在，美国总统特朗普发起的贸易战使得中美贸易关系不稳定，对于依赖出口型贸易企业吸纳就业的广东来说，部分劳动者的权益可能会受到重大影响。我国社会的基本矛盾要求我们在发展经济的同时要不断保护劳动者利益和权益，并促进劳动者的发展。在这里，我特别要强调，工会系统要大力促使工人阶级提升自身水平。

课题组：广东省是外来务工人口大省，目前这个群体在劳动就业、融入城市方面的主要问题是什么？

万向东：广东作为进城务工人员流入的大省，面临就业和城市融入的问题。从面上看，第一个是进城务工人员的就业进入、就业条件和就业效果问题。从市场需求角度看，用工荒问题仍然存在。现在，高层次、高学历劳动力的需求量比较大，学历偏低、技术含量不高劳动力的需求量可能会偏小。总体来看，劳动力的供应结构仍然是金字塔形的。劳动力市场积累到现在，60后会渐渐退出，70后、80后数量仍然不少，90后已经渐渐成为主力，00后也已经进入劳动力市场。每一代人里，技术比较缺乏、学历不太高的劳动力仍然占大多数。这种劳动力供应和劳动力需求是市场问题，不是工会可以解决的，但也确实是工会必须面对的问题。

第二个面上的问题是进入就业市场工人的劳动条件和劳动效果。比如说，安全问题、卫生问题和加班问题仍然一直存在，工资问题、社保问题会是劳动争议甚至劳动冲突的主要来源。随着产业形势、经济形势的变化，劳动争议、劳资矛盾可能会在小微型企业越来越多，大规模的劳资冲突、斗争可能性相对较低。就劳动效果来看，更大的问题是社保问题。现在，有些50后、60后已经到了退休年限，但很多人还没买够15年社保。这里有一些政策性问题，但仍然需要积极面对。

关于进城务工人员融入城市方面的问题，个人观察，举家迁入城市的许多进城务工人员不仅是外省人员，粤东、粤西、粤北也有很多。我在天河区新塘街道城中村做社区服务时发现，来自梅州、韶关、潮汕、湛江、茂名、阳江地区的务工人员是一家都住在这里，而且这样的情况很多。他们面对的最大问题是子女教育问题。首先是适龄儿童入学政策需要梳理，享受不到政策的只能读收赞助费的学校，交不起赞助费的就只能读价格非常低廉的进城务工人员子弟学校。这是进城务工人员融入城市过程中最大的问题，存在着巨量教育服务需求。如果从工会系统来支持的话，一个是影响政策，另一个是在流动人口比较集中的城中村、产业园区提供一些教育相关的社区服务。

课题组：许多进城务工人员通过"工人在线"维护了自身权益，您如何看"工人在线"在调节劳资矛盾等方面发挥的作用？

万向东："工人在线"对于维护工人权益、支持工人就业、解决工人生活困难、提供服务信息等方面发挥了非常大的作用。从新闻传媒角度看，"工人在线"起到很大的传播、示范作用。希望将来有更多的工人包括进城务工人员能够参与进来，扩大"工人在线"的影响力。另外，通过新闻传播的干预、介入，直接对解决社会问题产生正面影响。当然，解决劳动关系问题可能更多的是需要多部门的联动，比如联合共青团、妇联、社会组织等共同解决社会问题，比如在党委领导下推动政府部门直接介入到问题的解决中去。

课题组：您如何评价"工人在线"近五年来发挥的作用，它对于政府治理创新有何意义？

谌新民：我一直关注"工人在线"，也亲自参与了很多期《直播访谈》栏目。我认为"工人在线"是维护工人权益的一个创举，是利用现代媒体技术维护工人利益的创新途径，也是促使政府治理创新、促使全社会维护劳动者权益的重要平台。通过"工人在线"平台，利用政府、社会、媒体、专家和工会的力量，能够大大提升维护工人权益的效果。

我希望"工人在线"未来能够更多关注十九大对工人维权、劳动关系以及和谐社会的若干表述。同时，"工人在线"要继续创新途径增强传播力，吸引更多受众。此外，要进一步发挥专家的力量，利用好现代传媒手段、工具，更好地发挥"工人在线"的作用。"工人在线"选题过去比较多关注工人维权问题，现在开始比较多关注一些热点问题，这些都是有必要的。但作为一个高端、大气、上档次的媒体，希望以后能提前预测与工人权益维护有关的趋势性变化。

刘乐："工人在线"开创了传统政府职能和网络媒体相结合的新模式，对于传统政府职能的转变和政府治理的创新，树立了一个成功的范例。

课题组：作为媒体人，您如何看工会的"工人在线"平台与广东省总工会职能结合所发挥的独特作用？

刘乐：俗话说，工会是工人的娘家，广东省总工会就是全省工人的娘家。广东作为全国第一经济大省，拥有上千万产业工人，而这些产业工人在日常工作和生活中难免会遇到各种各样的困难。帮助工人们排忧解难，也正是广东省总工会最主要的职能之一。而“工人在线”平台，就是在工人和广东省总工会之间架的一座沟通桥梁，倾听工人心声，反映工人诉求，尽可能解决实际问题。

课题组：近五年来，“工人在线”帮助职工解决了很多实际问题，也帮助政府化解了许多负面舆情，甚至促进地方政府建立更合理的制度。请分析一下能做到这些的原因是什么，有没有经验推广价值?

刘乐：相对于传统媒体平台，网络媒体具有受众广泛、传播速度快、影响力强等特点，也可以说是最接地气的媒体。经过四年多的摸索和实践，“工人在线”已经形成自己独特的模式和风格，省略了一切不必要的环节与客套，直达问题本身。现场倾听、现场解决，暂时不能解决的问题就现场反映，这种“件件有回复、事事不拖延”的模式确实有推广的价值。

课题组：依托“工人在线”，广东省总工会形成了一套行之有效的问题回应、催办、调节机制，您觉得还需要在哪些方面继续完善?

谌新民：目前，广东省总工会依托“工人在线”形成了一套交办、催办的工作流程，已经做得很不错。当然，未来还可以继续创新机制、体制，创新工作方法和途径。比如，要注意通信方式改变对工人表达诉求渠道的影响，特别需要关注工人利益诉求发生的变化。“工人在线”实际上也是一个非常重要的在线调查平台。通过“工人在线”，我们可以了解工人的诉求、期盼以及他们对未来工作和生活的关注。如果“工人在线”能够跟人社系统进行合作，通过在线方式提高劳动者技能，提升人力资本的存量，那么就会在实际上保护工人权益，提高工人收入。如果“工人在线”能在这些方面有所作为，那真是善莫大焉。

刘乐：广东省总工会主办的“工人在线”访谈迄今已经举办了50期，经历了不同的场合，面对了不同的群体，解决了不同的问题，机制已经日臻成熟。希望下一步能够针对新兴产业和新兴工人群体，扩大覆盖面，力争百分百全覆盖。同时，针对可能出现的新问题提前做好各种预案。

第三章

03

新东莞：创新政府舆情工作机制

案例
介绍

从唱响新东莞到舆情处置“三化”体系

一、唱响新东莞

近年来，东莞以习总书记关于宣传思想工作的系列重要讲话精神为指引，先后围绕“精彩东莞”“活力东莞”等年度主题，对外讲述“东莞故事”，宣传推介东莞“每天绽放新精彩”的城市形象。经过多年努力，2015年、2016年年初，又分别提出了“不一样的东莞”“创新东莞”年度主题，全市上下围绕该主题积极开展工作，挖掘、展示、推介东莞在不同领域或不同行业的新亮点、新故事和新面貌，让外界看到一个鲜活而又“不一样的东莞”，呈现出“国际制造名城”“国家文化名城”“现代生态都市”的新形象。

2014年以来，东莞少数企业出现关停外迁的情况，被外界误读为“东莞再现企业倒闭潮”。为积极引导舆论，有效回应并澄清外界的质疑和误解，2014年10月至今，东莞主动策划，组织中央、省、市及境外等重点媒体到东莞实地采访调研，分别开展了“经济好不好，基层看一看”、2015年前三季度经济形势分析会、“海上丝绸之路沿线国家主流财经媒体”集体采访市长、“主流媒体走进世界工厂”、“经济活力看广东·转型升级”、中央重点主流媒体团“东莞调研行”共六次大型主题调研和采访活动。

2014年至今，东莞围绕“不一样的东莞”“创新东莞”两大主题，紧扣创新驱动、“东莞制造2025战略”、机器换人等重点工作，加强统筹，主动策划，讲好“东莞故事”，推介

"东莞亮点"。

2015年，东莞相继举办了苏迪曼杯、加博会、漫博会、海博会、智博会、国际科技合作周等30多项重大活动。依托这些大型赛事和活动，东莞精心准备主题热点，统筹整合宣传资源。以苏迪曼杯为例，赛事期间共邀请了13个国家和地区的110家媒体共304名记者来东莞采访报道，协调各媒体刊播苏迪曼杯相关原创稿件8000多篇。

为营造良好发展氛围，东莞在舆论引导上持续抓好舆情监测、突发处置、正面宣传和队伍建设四方面工作。一是安排专人每日监测、汇编媒体及网络涉莞舆情，并以短信、微信、《舆情信息专报》等方式上报，确保及时掌握舆情的最新动态。二是针对突发事件和敏感舆情，完善和强化舆情处置机制，提前介入，提早处置，大力协调境内外媒体客观报道，保持舆论态势平稳有序。三是对社会关注度高的涉莞问题保持高度敏感，及时澄清回应，消除误解，引导舆论客观中立。四是通过专题授课、模拟演练、实地考察等方式，全面提高东莞市各级新闻发言人的实战能力和水平。

二、东莞舆情处置"三化"体系

2016年以来，东莞市委宣传部以习近平总书记关于宣传思想工作的系列重要讲话为指引，建立起舆情处置"三化"体系：应对前置化、处置深入化、引导专业化。在舆情应对处理中牢牢坚持三个原则：一是封堵舆情如同掩耳盗铃，及时公开真相是最好的防腐剂；二是迟报信息如同定时炸弹，要及时公布真相回应舆论关切；三是次生舆情如同雪上加霜，要注重应对过程中的方式方法，以防应对工作导致次生舆情。

在坚持这三个原则的基础上，东莞市委宣传部有效应对处置突发或敏感事件150余宗，尤其是在"东莞再现企业倒闭潮"、麻涌"4·13"事故、东莞"空城论"、回应驳斥低俗恶搞歌曲等事件中，针锋相对，有力回击，通过前置化、深入化、专业化的方式，在复杂多变的舆情新形势下牢牢把握话语权，打赢"舆情反转"翻身仗。

在日常的舆情监测中，不断完善沟通机制，调动有关方面充分开展网络舆情动态监测、管控和分析研判，随时掌握网络舆情的发展特点、动向和趋势，及时发现苗头性、倾向性问题，为积极有效引导网络舆论做好基础性工作。主要有以下三个方面经验。

一是舆情监测全覆盖机制。近年来，全力推进舆情监测全覆盖、新闻发言人全覆盖，确保第一时间发现舆情。目前，东莞40多个镇街、园区、单位使用舆情监控软件，基本实现舆情监测全覆盖。

二是舆情风险评估机制。完善部门协作沟通，要求对重大项目可能存在的舆情风险进行预判评估，将工作中发现的重要信息、有害信息第一时间通报宣传部门。

三是舆情通报协作机制。进一步加强与重点部门的沟通协调，强化舆情应急处置部门间的联动合作，召开舆情研判会，建立信息共享平台，搭建各种交流群。确保舆情监测动态一致、实体处置步调一致、公开回应口径一致。

在及时发现、掌握舆情的基础上，如何及时公开真相、做好回应，需要找好角度与技巧。例如，2017年春节期间，网上发布了2017年春节“空城指数”，称春节期间全国空城率最高的城市第一名便是东莞。一时间，网上质疑声与谣言声四起，有人说因为东莞工厂倒闭、经济不行了，还有人说东莞实行“机器换人”，大量工人失业离开……

面对谣言，必须回应以真相。2017年2月3日，大年初七，东莞市委宣传部紧急联系东莞市统计局等相关部门，提前整理2016年的经济成绩，将东莞地区生产总值增长8.1%等经济成绩梳理成通稿，联系主流媒体发布。在发布口径上，主动将“空城论”热点作为新闻由头，在报道中说明，春节期间东莞有近七成（69.26%）的人返乡离开，当选春节期间全国最“空”的城市。能吸引如此高比例的进城务工人员，与东莞经济的积极增长、提供丰富的就业机会分不开。《人民日报》《南方日报》等主流媒体均第一时间引用文章内容。

从“空城”到“吸引力之城”，不仅有效击碎谣言，还通过热点话题及时传播了东莞的经济发展成绩，为东莞节后招工等工作提供了良好的舆论氛围。这样的事例还有很多，诸多负面舆情转变为做事创业的正面能量。

案例研究

网络时代政府舆情生态建设

——基于“东莞市创建舆情处置新机制”的思考

一、引言

城市是人口聚集、产业密集、财富聚集的重要区域，对整个国家的经济、政治和文化等方面起着举足轻重的作用。世界经验已经证明，城市化是人类社会发展的必然趋势，是现代化的基本进程和重要标志，是现代化不可逾越的发展过程。在城市化的进程中，城市面临着更多的不确定性，保障城市系统运行的复杂程度与日俱增，风险无处不在。1986年，贝克在其经典著作《风险社会》一书中提及人类已经步入风险社会，“生产力的指数式增长，使危险和潜在威胁释放达到一个我们前所未有的程度”①。

当前，我国正处于社会转型与城市化加速发展时期，公众日益增长的美好生活需要与不平衡不充分的发展之间的矛盾依旧突出，公共危机或者社会性的突发事件早已不是罕见之物，而是触手可及的现实。“与传统社会的风险相比，现代城市风险呈现出密集性、连锁性、叠加性和圈域性等新特点。”②此外，风险的传播速度也更快、影响更为持久，对于城市的政治

①乌尔里希·贝克著，何博闻译：《风险社会》，南京：译林出版社2004年版，第15页。

②钟开斌：《国际化大都市风险管理：挑战与经验》，《中国应急管理》2011年第4期，第14—19页。

稳定、经济发展和社会繁荣来说，无疑是巨大的威胁。

网络技术的进步，也为公众提供了表达利益诉求的平台。“始料不及的风险和危险不再是由工业社会的物质化生产过程中所生产，而是从信息领域、从生物技术领域、从通信和软件领域产生出新的风险和危险。”①过去，由于长期深受“臣民意识”的浸淫，多数公众的脑子里缺乏“公民意识”，也缺乏参与社会事务的治理、维护公共利益的意识，行政权力体系在社会发展中占绝对支配地位。不过，随着网络媒体以及自媒体的兴起，这种情形发生了天翻地覆的变化。公众的权利意识逐渐觉醒，他们开始关注与自身利益相关的公共事件，甚至助推社会问题产生和矛盾激化。此外，网络空间中信息传播的匿名性、碎片化、去中心化等特点也使得网络舆情的不确定性大大增加，网络舆情环境日趋复杂。种种因素作用之下，网络舆情危机频频爆发。

改革开放以来，东莞坚持打基础、办实业、走正道，从一个传统农业县跃变成一座新兴的现代化工业城市，创造了地方经济发展的奇迹，赢得了“国际制造业名城”的美誉，受到国内外广泛关注。随着产业结构的转型升级，东莞不断受到所谓“企业倒闭潮”“空城论”等谣言式舆情的侵扰。东莞一次次被推至舆论场的风口浪尖，“唱衰”东莞的声音不绝于耳。“血汗工厂”“东方斯巴达”“倒闭潮”“性都”……这些标签被反复提及，污名挥之不去。短短数年内，东莞的城市形象一落千丈。2014年2月9日，在央视对东莞市部分酒店经营色情业的情况进行报道后，东莞这座包容的城市，形象一度跌至谷底。当提及东莞这座“多事之地”时，外界更多是戴着有色眼镜去看待，冷嘲热讽中带有浓浓的调侃意味。一些东莞本地市民也觉得脸上无光，羞于向外界介绍家乡。更有家长千方百计阻挠子女到东莞工作。

面对危机，东莞选择了主动出击。为了提升东莞城市形象，早在2010年，东莞就在全省率先启动了系统的城市品牌塑造和推广工程，并于2011年年初正式确立了以“活力”为核心价值、以“每天绽放新精彩”为整体宣传口号、以莞香花为设计原型的东莞城市标识系统，并形成了《东莞城市形象

①斯科特·拉什、王武龙：《风险社会与风险文化》，《马克思主义与现实》2002年第4期，第63页。

总体规划工作方案（2011—2015年）》。2016年，东莞又在上一个五年规划的基础上，提出了《东莞城市形象传播工作规划（2016—2020年）》，把加强外界对东莞的正确认知作为首要目标。近年来，围绕这一目标，东莞市委宣传部通过主动设置议题、策划组织驳斥报道来领跑舆情导向，城市形象日趋良好。

2017年4月，东莞市委宣传部主创的“创建舆情处置新机制”舆情案例入选第四届“粤治——治理现代化”舆情引导优秀案例，并在全省7个舆情引导优秀案例中获得最高评分。这是继2016年东莞市“唱响新东莞”首次入选第三届“粤治——治理现代化”舆情引导优秀案例之后，再一次获得此项殊荣。“积极引导社会情绪、正面处理现实问题、妥善处置次生舆情”，这三句箴言正是东莞舆情引导和处置机制的生动写照，同时也是东莞这座城市提升舆论形象的重要抓手。

二、舆情监测：前置化

“舆情”一词古已有之，含义与“民情”“民心”相通。古时候，虽然执政者高高在上，但他们都通过一定的方式和措施收集舆情，如“谏鼓”“朝议”“吏民上书”“民谣”等。互联网技术的发展，极大方便了公众的表达。此外，网民数量的剧增也在一定程度上助推网络舆情迅速升温。

网络舆情虽然无形无影，却是一支不可小觑的强大社会力量，有时候甚至直接影响着某些公共事件的发展过程、处理过程以及处理结果。“网络舆论已成为一股重要的‘主流’建设性力量，在近七成重大舆情事件中起到推动政府解决问题的正面作用。”[①]然而，网络舆情犹如一把双刃剑，在助力政府提高工作效率的同时，也产生一系列不容忽视且亟待解决的问题，如虚假言论、不实言论和恶意言论肆意传播等，这对于政府权威、经济发展和社会

①张然：《社科院报告称：近七成事件由网络舆论推动政府解决》，《共产党员》2011年第15期，第49页。

稳定来说是一种威胁。

网络舆情就像是反映政府治理的晴雨表，在新形势下网络舆情已经成为政府治理社会的一个重要的组成部分，是检验各级政府部门治理能力的一把重要标尺，各级政府部门越来越意识到其重要性。因此，积极的网络舆情处置成为各级政府部门的必然选择。

在许多人眼里，网络舆情危机往往给人感觉来势汹汹，难以应对。事实上，网络舆情危机绝非一朝一夕形成。研究普遍认为，“网络舆情危机的形成包括萌芽、发展、爆发、消退四个阶段”[①]。一般来说，网络舆情危机只有到了爆发阶段，才会成为全民关注的焦点，在此阶段之前或之后并不会产生多大的影响力。不过，等危机到了这个阶段才着手应对，往往为时已晚。

在网络舆情危机萌芽阶段，负面信息散布在茫茫的信息海洋里，还没有受到网民广泛关注。因此，在应对网络舆情危机时，最理想的状态显然是做好网络舆情信息的收集工作，并时刻监控舆情走向，然后对危机进行预判。这样一来，进可防患于未然，将危机扼杀于襁褓之中；退亦能亡羊补牢，把损失减到最少。

东莞经济的高速发展使其成为海内外关注的焦点，同时也成为众多媒体挖掘新闻的“富矿”。在相当长的一段时间里，东莞总是给人一种经济繁荣、文化滞后的印象，因而外界也习惯将东莞比作“文化沙漠”“血汗工厂”“东方斯巴达”。或许一些事件发生在其他城市能被消弭于无形，在东莞却可能被无限放大。这些极端现象的出现，实际上是人们对东莞产生的刻板印象，这与东莞这座城市过去给外界留下的不良印象有着密切联系。这座标签众多、褒贬不一的城市，一举一动都受到外界广泛关注。在这种情形下，做好前置化的舆情监测，意义自然是非同一般的。

为了在处理网络舆情危机中赢得先机，东莞市委宣传部成立了舆情信息中心，由该部门负责监测把握网络新闻及论坛、搜索引擎、即时通信工具等网络信息，对网上涉莞舆情及时收集研判报送，提出网上重要舆情应对方

①赖胜强、唐雪梅、张旭辉：《政府部门网络舆情回应能力的构建》，《电子政务》2017年第7期，第2—9页。

案，组织涉莞网络舆论引导。此外，东莞市的40多个镇街、园区、单位也用上了舆情监控软件，基本实现舆情监测的全覆盖。提早做好准备，这样一来，当舆情危机发生时，东莞市委宣传部也就能够更为从容地应对。

三、舆情处置：深入化

当前，国家正面临社会转型和矛盾凸显的特殊历史时期，网络舆情更是纷繁复杂，既有理性、建设性的，也有情绪化的甚至别有用心的。舆情处置是一个复杂的系统性工程，除了有赖于前置化的舆情监测，做好深入的应对也是非常重要的一环。东莞市委宣传部一方要坚持正面应对原则，另一方面也要拿出有力的数据支撑观点。

（一）勇于“揭盖子”

新闻舆论工作虽无模式可袭，但有规律可循，有方法可学。“新闻舆论工作各个方面、各个环节都要坚持正确舆论导向。”[①]用正确的舆论引导人，这是新闻工作的根本任务。要完成这一任务，最基本的一条就是坚持新闻的真实性，这是提高引导能力、正确引导舆论的重要保证。离开真实，导向就只是一句空话。

在当前的舆论环境中，封堵舆情的做法无疑是掩耳盗铃，迟报信息如同埋下不定时炸弹，而衍生出的次生舆情对事件处置来说更是雪上加霜。“一壶已经烧开的水，如果还使劲捂着盖子，结果只能是连壶底都被烧穿；而盖子一揭，尽管有可能会烫着自己的手，但沸腾的民意也就会变为蒸汽慢慢消散。”[②]现实中，许多政府部门明白这个道理，但他们还是会冒着壶底被烧穿的风险使劲捂着盖子。“真话不说，谣言登场；大道不畅，小道必猖。”[③]伴随公共事件的发生，公众监督的热情十分高涨。在真相公布之前，事件的起

①赵振宇：《就事论“势”，据“势”行事，以事成“势”——学习习近平在党的新闻舆论工作座谈会上讲话》，《新闻战线》2016年第9期，第10—12页。
②陈力丹：《解析中国新闻传播学》，北京：人民日报出版社2010年版，第207页。
③葛倩：《掌握信息的人越封堵谣言越盛行——对武和平的专访》，《南方都市报》2012年4月9日第SA1版。

因、经过等内容往往引发舆论热议，捕风捉影、夸大歪曲甚至编造事实的负面信息不断涌现。一方面是公众翘首以待真相大白，另一方面却是相关政府部门基于某些原因的封堵舆情。

东莞市是一座极具争议的城市，舆情多发的特点在这座城市上表现得淋漓尽致。东莞市虽然只是地级市，却有20多家中央、省级媒体进驻，6个地方版报纸、5万多家网站、400多万个微博账号、2万个多微信公众号在此落地生根；此外，东莞市还有上百家影响力较大的自媒体活跃在民间。过去的许多舆情危机事件已经证明，无论政府部门如何拼命“捂盖子”，最终还是会被揭开。在传统媒体时代，当舆情危机出现时，一些政府部门总是习惯联系报社、电视台澄清“真相”，因为毕竟是“自家人”，说起话、办起事来也方便。而到了网络时代，公众无论是在信息获取方面还是在参与信息传播方面，都越来越便利。面对这样的趋势，政府部门在应对危机事件时，必须从“捂盖子”思维向“揭盖子”思维转变。在处理舆情危机时，真诚沟通是最有效的方法，从某种程度上来说，“揭盖子”的行为正是展示了政府部门的真诚态度。

2016年4月13日，东莞市麻涌镇中交四航局预制厂某厂区发生龙门架倒塌事故，共造成18人死亡、33人受伤。从早上5点多事发，短短的几小时内，境内外80多名记者就云集现场，舆情形势空前严峻，稍有不慎就会让东莞市委宣传部的局面陷入被动。东莞市委宣传部深知真实、及时的信息发布对于处置舆情的重要性，因而在事发当天的8个小时内就组织了3场新闻发布会，发布5篇新闻通稿，并滚动发布最新的救援动态。此外，东莞市委宣传部还在距离事发地1公里左右的地方设置了媒体工作区，方便现场的新闻媒体及时发布新闻。正是东莞市委宣传部这样的主动、公开、透明应对，此次重大安全事故才没有衍生为负面舆情事件，真正意义上做到了“零负面”“零杂音”。

东莞市委宣传部在多年的处置舆情实践中总结出了这样一套应对流程：“第一，事发后及时与相关部门沟通，了解事情发生原因、人身财产损失等基本情况，主动满足媒体第一时间报道需求。第二，积极参与事件处置，将媒体和公众感兴趣的话题归纳整理，在事件处置过程中积极建言献策，确保及时反映并回应媒体和公众诉求。最后，要及时归纳总结事件处置过程，为舆情应对提供经验范本。”[①]

（二）用数据说话

“数据的魅力就在于以客观平实的方式展示媒体的观点，通过创新方式使用海量数据，可以发现数据背后隐藏的观点。”[②]评价地方经济发展得好不好，即使夸得天花乱坠，依然是缺乏说服力，而最终还是要靠数据说话。近年来，“唱衰”东莞的失实报道如狗皮膏药一般，难以甩掉，难以摆脱。2015年下半年，东莞企业出现“倒闭潮”的声音充斥于媒体报道之中。“一年关闭4000家企业”“世界工厂不好当了”“经济衰退”……面对这些无中生有的传言，最好的方式就是拿出有力的数据，让传言不攻自破。

东莞此前有八大支柱产业，分别是电子信息制造业、电气机械制造业、纺织服装制造业、家具制造业、玩具制造业、造纸及纸制品业、食品饮料制造业和化工制品制造业。这些产业曾经是支撑东莞地区生产总值增长最重要的部分。近年来，随着国家产业升级，一些高能耗、高污染、低产出、低附加值的产业越来越不适应市场经济的发展，企业倒闭的现象时有发生，这是市场选择的必然结果。市场有自己的指挥棒，市场能解决的，政府一般就不会去干预。另外，企业在濒临倒闭时，并不是坐以待毙，而是不断加强创新和自主研发，通过自创品牌，向终端延伸以提升企业的市场竞争力。一些企业倒下去了，另外一些企业又发展起来了。比如前些年东莞的服装企业非常多，但随着东莞人力成本的提高，许多服装企业开始转移到生产成本更低的地区去。与此同时，东莞的电子信息制造业的发展势头更猛了，大疆、华为等大型科技企业纷纷进驻东莞。虽然整个国家的经济增长速度放缓，但东莞的企业并非报道所说的出现大规模倒闭现象，东莞依旧是我国经济发展水平较高和发展速度较快的城市。

是任由“唱衰”的报道一次次诋毁东莞的城市形象，还是选择正面应对呢？东莞市委宣传部选择了后者。不过口说无凭，拿不出事实和数据为东莞

①李业珅：《变革理念　完善机制》，《南方日报》2017年4月29日第5版。

②高金萍：《大数据与西方主流媒体涉华报道议程设置》，《湖南大学学报（社会科学版）》2014年第2期，第131—134页。

正名，外界自然不会相信。为此，东莞市委宣传部迅速组织经信、商务、统计、工商等部门调查摸底，把各个部门的数据收集起来进行研判，发现东莞的整体发展其实还是非常强势的，“制造业基地”的称号也是站得住脚。有了事实和数据的支撑，东莞在对外发声过程中自然是底气十足。

“经济好不好，基层看一看”“媒眼看东莞经济形势”“主流媒体走进世界工厂”“数读东莞经济”等一系列大型主题调研和采访活动随即展开。包括人民日报、新华社、经济日报等单位在内的10多家媒体来到企业进行现场采访报道，零距离感受东莞的发展速度。《“世界工厂”转型的阵痛与希冀——作为一个GDP超过6000亿元的经济体，莞企关停外迁数量在合理范围内》《东莞用热辣数据喊冤：明明增速领先何来外资撤离》《个案频被误读，“倒闭潮”传言屡袭东莞》等报道出来后得到了各大主流网站的转载，总点击率超过500万次。对于报道的内容，众多网民也通过留言表达自己的心声：“企业倒闭体现了优胜劣汰”“高污染企业倒下了，新兴产业又起来了”“东莞制造优势和底气还在”。

得益于多个政府部门沟通协作，东莞在数次舆情应对中不仅向外界展示了经济发展稳中向好的情况，而且还在一定程度上提升了东莞的城市形象。倘若东莞不予正面回击，拿不出有力的数据进行佐证，或者敷衍地发一则通稿了事，这些“唱衰”东莞的报道恐怕还会卷土重来。

四、舆情引导：专业化

舆情是民情、社情的综合反映，是矛盾、冲突发展到一定阶段的必然现象。对任何一个单位或政府部门来说，舆情引导直接关系到改革、发展与稳定的大局，具有极其重要的理论意义与现实意义。对待舆情，既不能采用鸵鸟心态、视而不见，也不能以好恶视角审视或者扭曲舆情。实际上，舆情引导并非无章可循，用对方法就能达到事半功倍的效果。

（一）组建舆情引导队伍

2016年2月19日，习近平在北京主持召开党的新闻舆论工作座谈会并强调：“媒体竞争关键是人才竞争，媒体优势核心是人才优势。要加快培养造就一支政治坚定、业务精湛、作风优良、党和人民放心的新闻舆论工作队伍。”[①]舆情引导的效果好坏与成败与否，与舆情处置人员的处置能力密不可分。

组建一支专业化的舆情处置团队对舆情引导来说至关重要。当舆情危机出现时，谁来回应、什么时候回应、如何回应、通过哪些渠道回应等都是舆情处置人员应当思考的问题。很多时候，没有经过专业训练的舆情处置人员遇到这些危机就慌了神、乱了阵脚，更不用提舆情引导了。“在舆情处理中，信息发布混乱和矛盾往往是舆情危机进一步发酵的推动力。”[②]倘若在舆情引导的过程中，舆情处置人员不注意“口径”问题，就很可能被网友抓住“话柄”，甚至被无限放大，引发更为严重的危机。例如，在2011年“7·23”甬温线特别重大铁路交通事故中，当时的铁道部新闻发言人王勇平的一句“不管你信不信，反正我是信了”引发了舆论的强烈谴责，铁道部的形象在这次危机中严重受损，而王勇平自己也因失言被调职。在这种环境下，受过专业化训练的舆情处置人员则能够在很大程度上避免出现类似的问题。

得益于东莞市委、市政府高度重视舆情处置工作，东莞在全市范围内组建了一支专业化的新闻发布队伍。目前，设立新闻发言人和助理的市直单位、镇（街）已经扩大到200多个，新闻发言人数量超过420人，基本实现了新闻发言人在市直单位和镇（街）的全覆盖。除了在日常工作中实战训练，东莞每年还组织新闻发言人分批前往全国知名高校回炉深造，学习专业化的舆情引导方法。

“曾经历过40通电话催不来一则突发事件信息的焦虑与尴尬，到如今，2小时内主动上报新闻通稿已成为自觉的职业行为；有的新闻发言人从遭遇舆情束手无策到越来越沉着淡定地自主应对；舆情从易发酵恶化疲于应对到为实体工作推进创造良好的舆论环境。”[③]在短短的两年时间里，东莞的新闻发

①杜尚泽：《坚持正确方向创新方法手段　提高新闻舆论传播力引导力》，《人民日报》2016年2月20日第1版。

②陈文定：《面对舆情危机，如何掌握应对主动权》，2016年9月1日，http://www.oeeee.com/html/201609/01/416925.html。

③陈冀：《“东莞创新舆情处置新机制”优秀案例如何炼成——以“宣传执政力”撬动一座城市“舆情反转”的探索与思考》，《中国记者》2017年第7期，第37—40页。

言人队伍快速成长，舆情引导的能力更是突飞猛进。

（二）打造全方位宣传矩阵

作为一种重要的社会资本，媒体融资讯、文化和意识形态于一身，具有很强的调动和整合资源的能力，可以通过自身功能的延伸与角色的转变，来建构区域政治与经济品牌①。“2016媒体公信力调查”显示，媒体信用在“最受公众关注的五大信用领域”榜单中位列第四②，可见媒体在公众心目中依然占据重要地位。在这样的背景下，媒体通过持续报道某一事件或者有意识地引领公众关注事件的一方面，往往是会取得成功的。政府想要在复杂的舆论环境中，传递出主导社会舆论的声音，发挥“领唱”作用，必须打造全方位、立体式宣传矩阵。

当前，互联网已经成为公众获取资讯的最主要渠道。新媒体平台以其即时性、广泛性和交互性等特点，弥补了传统媒体的一部分缺陷，在信息传播中起着举足轻重的作用。“面对新媒体这个阵地，我们不占领，别人就会占领；我们不去说话，别人就会乱说话；我们不及时准确地披露‘突发事件’‘偶发事件’‘负面事件’的真相，就可能出现真假难辨、无法厘清的后果，甚至会出现黑白颠倒、是非倒置的恶果。”③客观来说，新媒体对政府治理构成挑战的同时，也给政府带来了机遇——越来越多的政府部门以高昂的姿态进军新媒体。2016年全年，东莞自媒体和公众号推出传播东莞好形象、推介东莞正能量的原创作品超过300条，累计点击阅读量超过2000万次，东莞的城市形象得到了显著提升。

虽然新媒体发挥了巨大的作用，但比起传统媒体，新媒体在公信力方面还是稍为欠缺。在媒体形态更加多样化的今天，传统媒体面临着严峻的挑战，论时效性、互动性，传统媒体处于明显劣势，但其仍然能够拥有一席之地，原因就在于自身所具备的公信力、影响力。纵然信息传播的形式千变万

①王丽：《城市传播：媒介与城市互动的视角》，北京：社会科学文献出版社2014年版，第95页。

②尤蕾：《2016媒体公信力调查：微博比微信更受人信赖》，《小康》2016年第15期，第81—83页。

③左世忠：《告别新媒体恐惧症》，《人民日报》2013年9月12日第20版。

化，但万变不离其宗，媒体的公信力依然是各类媒体的竞争核心。许多人会认为新媒体更具公信力，但相关研究表明事实并非如此，传统媒体的影响力依旧存在。由于中央、省、市、境外的重点平面和广电等传统媒体具有较高的权威性和影响力，因而它们依旧是宣传东莞正面形象的首选媒体。

舆情引导是一项复杂的系统工程，必须充分调动各类媒体资源，齐心协力打好这场战役。既要积极搭建微博、微信、移动客户端、网站论坛等新媒体平台，“多管齐下”全方位开展宣传报道，又要充分发挥传统媒体在舆情引导过程中“定海神针”“中流砥柱”的作用，这样东莞才能牢牢掌握舆论工作主动权。

（三）培养意见领袖

拉扎斯·菲尔德在1944年出版的《人民的选择》一书中，最早提及“意见领袖”的概念，即“那些活跃在人际传播网络中，经常为他人提供信息、观点或建议并施加个人影响的人物”①。这些在网络空间中拥有众多粉丝的“大V”，常常被称作“意见领袖”，他们深受粉丝信赖，是“二级传播”理论中的关键人物，往往会扭转舆论场对某一事件的传播定调。

微博上有一句戏言：“你的粉丝超过1万，你就好像是一本杂志；超过10万，就是一份都市报；超过100万，则是一份全国性报纸；超过1000万，那就相当于电视台了。”②在网络舆论引导实践中，普通网民的言论很难对舆论产生影响，而一些有较大影响力的网民，哪怕仅是只言片语也能影响舆论的走向，甚至不同程度地引导着舆论。一般而言，培养意见领袖有两方面的作用：一方面是在关键时刻发挥救火作用，当遇到突发事件时，通过这些意见领袖有理有据地回应公众的质疑，可以迅速把控网络舆情态势，占领舆论高地，为东莞正名；另一方面，在平时也可以通过设置“议程”的方式，借助这些意见领袖为东莞宣传造势，提高东莞的城市美誉度。

虽然这些年来东莞市委宣传部非常重视提升城市的形象与话语权，但由

---

①保罗·F. 拉扎斯菲尔德、伯纳德·贝雷尔森、黑兹尔·高德特著，展江、彭桂兵、唐茜译：《人民的选择——选民如何在总统选战中做决定》，北京：中国人民大学出版社2011年版，第43页。

②张晓娜：《中国大V们的“网络寒冬”》，《民主与法制时报》2015年1月11日第7版。

于种种原因，东莞在网络话语权方面仍然依旧处于弱势地位，依旧饱受外界诟病，在提升城市形象方面依旧面临着严峻的挑战。因此，东莞市委宣传部除了积极打造舆情引导团队、建立媒体宣传矩阵之外，也十分重视在日常工作中与意见领袖保持沟通。

在《东莞城市形象传播工作规划（2016—2020年）》中，东莞市人民政府决定邀请意见领袖到东莞考察参观，在进一步了解东莞的真实形象后，形成舆论引导、舆论召唤，为东莞发声，形成东莞城市形象传播的聚合力。

五、结语与反思

2017年5月25日，《第一财经周刊》“新一线城市研究所”发布了最新一期的城市商业魅力榜单，东莞成功跻身“新一线”城市之列，从侧面证明了这座城市的不凡实力。经验与现实表明，与其被动无奈地被各种负面炒作牵着跑，不如主动出击领跑舆情导向。近年来，在回应外界的质疑声音时，东莞积极创新舆情引导和处置机制，打造“回应型城市”形象成效显著。面对舆情危机，“疏”胜于“堵”，但要避免舆情频发，还须从源头抓起，解决城市发展过程存在的问题，并充分了解个体利益诉求。城市治理并非一蹴而就，舆情危机频发正是反映了当前城市治理存在诸多问题。做好城市治理，东莞需要调动一切积极因素，凝聚一切积极力量。

案例访谈

在机制创新中把握舆论主动权
——东莞市委宣传部工作访谈

我们已经进入高度“媒介化”的风险社会，高效的舆情引导对于城市形象建设显得异常重要。近两年来，面对严峻复杂的舆情形势，东莞市委宣传部一方面开创新思维，积极向外界推介“东莞故事”“东莞亮点”，使城市形象呈现出“不一样的精彩”；另一方面，东莞通过创建舆情处置新机制，牢牢把握话语权，打赢“舆情反转”翻身仗，传播东莞正能量，有力地提升了城市形象。东莞市委宣传部连续两年获得“粤治——治理现代化”优秀案例奖，其中“东莞创新舆情处置新机制”在南方舆情数据研究院众多专家严格评选中以最高分获得广东省2017年度舆情引导优秀案例。为深入了解东莞在城市形象塑造、舆情引导方面的工作情况，课题组于2017年6月28日走访了东莞市委宣传部。

主动出击且领跑导向

课题组：连续两年获评“粤治”优秀案例，说明东莞在宣传、舆情应对工作上成绩很突出，能简单谈一下东莞相关的工作情况吗?

东莞市委宣传部（以下简称“宣传部”）：改革开放以来，东莞经济的高速发展使其成为海内外关注的焦点，同时也成为众多媒体挖掘新闻的沃土。东莞虽为地级市，但放在全球产业坐标系来看，却承载着“世界工厂”的角色定位：全球每5部智能手机就有1部产自东莞，全球每5人就有1人穿东莞毛衣，全球每10双鞋就有1双来自东莞制造，全球八成知名家具品牌集中于东莞。因此东莞经济在某种程度上具有世界性，其一举一动就有可能引发全球关注。

东莞是舆情大市，也是媒体大市。虽为地级市，但较高的关注度使东莞进驻了20多家中央、省级媒体，开办了6个地方版报纸，拥有5万多家网站、500多万网民、400多万个微博账号、2万多个微信公众号，还有上百家活跃在民间具有较大影响力的社会自媒体。这意味着东莞舆论环境十分活跃复杂。是否能足量高质地满足媒体需求直接关乎政府宣传是否能有效抢占主流传播空间。

由于东莞邻近香港、澳门两个特别行政区，因而多家港澳媒体甚至是海外媒体也在此安营扎寨。随着我国经济结构战略升级，产业转移过程中部分企业的生产调整吸引着境内外媒体。2015年，东莞少数企业出现关停外迁的情况，部分境内外媒体开始大肆报道，甚至不惜以“企业倒闭潮”为题目吸引外界眼球。这些没有建立在实地调查基础上的报道被外界误读，严重影响了东莞城市形象，对当地的产业发展也极为不利。我们就此及时组织媒体展开实地采访报道，澄清了所谓“倒闭潮”的误读。可以说，类似这样的传闻报道，每年都会如“四季歌”一样响起，众口铄金，以讹传讹，甚至身在其间都会以为然。东莞是一座知名度很大的城市，但是在美誉度方面还有不小的提升空间。人们对东莞形成的刻板印象仍然没有消除，加之一些境内外媒体不时借机反复恶炒，无限增加了东莞的负面信息，给城市本身也造成了伤害。我们所处的舆论环境并非天然友好，但是我们已经在实践中找到有效的应对之道，即通过用“揭盖子”、摆数据等方式，拿出强而有力的事实，与这些“唱衰”东莞的负面言论针锋相对，从而否定这些负面言论。

课题组：从近几年的情况看，东莞面临什么样的舆情状况，舆情事件主要集中在哪些领域?

宣传部：应该说这几年东莞陷入被反复恶炒的尴尬被动境地：好声音传不开，传播了没人信；负面舆情被无限放大炒作；旧闻恶搞像“牛皮癣”一样挥之不去；不绝于耳的负面炒作挫伤城市精气神，许多干部群众感到脸上无光，进城务工人员甚至不愿承认自己工作、生活在东莞。

总体来看，东莞近年来出现的舆情事件主要集中在三个方面：一是涉及东莞经济发展，如刚刚提到的“倒闭潮”，另外还有“空城论”“台资撤离潮”等。实事求是地讲，在转型升级时期，工厂倒闭现象确实存在，但这些倒闭的工厂主要是高污染、高耗能以及劳动密集型企业。实际情况是这些年来越来越多的高科技企业入驻东莞。就拿手机行业来说，华为、vivo、OPPO都已经在东莞设立厂区，现在全世界每5部手机当中，就有1部是在东莞生产的。二是一些突发事件，比如龙门架倒塌事故、东莞追砸运钞车事件等不可以预测的舆情事件。三是未发展成舆情事件的事件。也就是说，有些事件在报道前，我们已经依法合理处理，主动避免出现舆情事件。

课题组：您刚才也提到，公众对东莞存在刻板印象，甚至有“妖魔化”的情况。从这两年的舆情监测看，上述状况有哪些变化？

宣传部：我们就拿“扫黄”这件事来说吧。大家都知道近两年来东莞开展了铁腕“扫黄”，经营性涉黄的场所全部被关停，当时也成为轰动全国的新闻。在我们看来，这个行动对于东莞的长远发展是有百利而无一害的。从现在的执法情况看，东莞在这个工作上可谓下足了功夫，如果在某辖区内发现“涉黄”现象，所在辖区的警官及公安分局的领导立刻就地免职，然后再做进一步处理。东莞在这方面的工作上已经设置了高压线。百度公司的大数据分析显示，东莞的“涉黄”现象已经明显改观。

除了在执法上加大扫黄力度，我们也在新闻宣传上下足功夫，引导舆论走向，主动策划了丰富多彩的活动。近年来，东莞围绕“不一样的东莞”“创新东莞”两大主题，紧扣创新驱动、“东莞制造2025战略”、机器换人等重点工作，加强统筹，主动策划，讲好“东莞故事”，推介“东莞亮点”。2015年，东莞相继举办了苏迪曼杯、加博会、漫博会、海博会、智博会、国际科技合作周等30多项重大活动。依托这些大型展会，东莞精心准备主题热点，统筹整合宣传资源，对外树立了东莞“国际制造名城”“国家文化名城”“现代生态都市”三个方面的形象定位。

值得一提的是，东莞近几年来也连续举办苏迪曼杯、亚欧乒乓球全明星对抗赛、东莞国际马拉松赛等多项国际体育赛事，并与果壳网共同制作动漫片介绍东莞，努力让更多人看全面的东莞。以苏迪曼杯为例，赛事期间共邀请了13个国家和地区的110家媒体共304名记者来东莞采访报道，协调各媒体刊播苏迪曼杯相关原创稿件8000多篇。体育运动向人们传达健康向上的理念，也进一步冲淡了人们的所谓“刻板印象”。据说，一些来过东莞的人都调侃东莞是全中国最干净的一个城市，因为现在走在大街上，甚至连按摩店都找不到。不过，还是有一些“不明真相的群众”会给东莞贴标签，比如当别人问你从哪里来，而你说从东莞来时，他们可能会投来异样的眼光。从我们舆情监测的数据来看，近年来外界的这些刻板认知正在不断改善。

课题组：东莞在打“舆论反转”攻坚战时，遇到的最大障碍是什么？又是如何克服的？

宣传部：在这场没有硝烟的战斗中，东莞充分认识到主动出击领跑舆情导向是摆脱被动局面的有效举措。然而，在推进实施过程中坎坷不断。最大的障碍在于各种杂音中呈现出来的观念心态各异，舆论要么悲观地认为企业倒闭了一大片无力驳斥，要么低调务实地认为“哪管窗外风云事，只顾忙碌眼前活”……可是，在空前开放多元的舆论环境下，新闻宣传工作既不能人云亦云、随波逐流，也不能采用鸵鸟心态、视而不见，更不能退避三舍、唯唯诺诺，而应像战士一样理直气壮地驳斥反击、澄清事实、明辨是非，这是新时期宣传工作的使命、职责与担当。

立足事实且善于雄辩

课题组：还是想再聊一下前面所说的“倒闭潮”，实际情况是怎样的，能否说一下当时的舆情应对情况？

宣传部：东莞此前有八大支柱产业，分别是电子信息制造业、电气机械制造业、纺织服装制造业、家具制造业、玩具制造业、造纸及纸制品业、食品饮料制造业、化工制品制造业。这些产业曾经是东莞地区生产总值增长最重要的部分。近年来，随着国家产业升级，一些高能耗、高污染、低产出、低附加值的产业越来越不适应市场经济的发展，企业倒闭的现象自然就出现了，这也是市场选择的必然结果。市场有自己的指挥棒，市场能解决的政府也就不会去管。企业面对倒闭的风险也并不是坐以待毙，他们自身也在加强创新，加强自主研发，通过自创品牌，向终端延伸以提升企业的市场竞争力。一些企业倒下去了，另外一些企业又发展起来了。比如前些年东莞的服装企业非常多，而这几年许多服装企业转移到生产成本更低的地区了。与此同时，东莞的电子信息制造业的发展势头更猛了，大疆、华为都进驻东莞了。

2015年年底，一些境外媒体开始“唱衰”中国的经济发展，东莞被推向风口浪尖。在世界经济整体不乐观的情况下，东莞能够一枝独秀吗？这时候，拿东莞来说事，炒作东莞“倒闭潮”，也是在预料之内的。于是我们牵头要求每个政府部门把真实数据收集起来，然后对这些数据进行整合分析，结果发现东莞产业发展情况良好，完全可以挺直腰杆说话。有了底气，我们亲自到现场调研、踩点，搜集有代表性的素材和典型案例，然后进行全面的布局，争取集中把东莞的新形象、亮点展现出来。

随后，我们密集策划组织“经济好不好，基层看一看”“媒眼看东莞经济形势”“主流媒体走进世界工厂”“数读东莞经济”等一系列大型主题调研和采访活动，媒体通过深入走转改，亲身经历，纷纷抛出深度报道——《东莞用热辣数据喊冤：明明增速领先何来外资撤离》《个案频被误读，“倒闭潮”传言屡袭东莞》《“世界工厂”转型的阵痛与希冀——作为一个GDP超过6000亿元的经济体，莞企关停外迁数量在合理范围内》等，各大主流网站纷纷转载，总点击率超过500万次，广大网民也纷纷留言对报道内容表示认可，认为“数据全面底气足，很有说服力”“企业有生有死，除了大环境因素，还有经营不善、产业调整的问题，这是优胜劣汰的一个过程”“没有竞争力的倒下了，敢于创新突破的留下了，剩者为王，这就是东莞的活力”。东莞驳斥“倒闭潮”的宣传策划后来多次被作为经典案例经验进行通报。之后，我们还组织了包括美国广播公司（ABC）在内的境外媒体对东莞经济转型进行报道，保证了报道的效果和说服力。

课题组：网上时而还会出现一些对东莞不利的网络歌曲，这些歌曲是部分网民的无聊之作，还是后面有什么因素推动？

宣传部：拿《暴走漫画》节目组和王尼玛团队来说，他们改编东莞版本的《成都》用隐晦的歌词肆意嘲笑东莞所谓的“黄色行业”。他们用3年前的视频资料来诋毁今天的东莞，本身就是非常荒谬的事情。事后，我们发现这种地域黑行为的背后不仅仅是玩笑、调侃，更多是基于自身商业利益的驱使。

因为这首歌对东莞城市形象的损害是相当大的，而且传播范围也非常广，我们应对的力度也相应加大。我们当时考虑过发律师函，但一座城市是没有名誉权的。于是，我们开始耐心跟进这个事情，打出了一套组合拳，分步骤、分层次地进行。首先是东莞当地的老百姓发声，接着东莞的网络协会也开始谴责，再加上一些民间“大V”主动出来发声，最后我们新闻办微信、微博出面共同发声，一锤定音，引导网络舆论转向风清气爽。东莞政府这些年来一直在努力提升东莞的城市形象，也正在不遗余力地改善存在的不足，这都是需要过程的。我们同时也希望媒体在报道东莞时，不要刻意地将东莞的城市形象污名化。

课题组：在追砸运钞车舆情事件中，你们是如何应对相关舆情的，处理这类舆情有什么规律?

宣传部：在我们看来，处理追砸运钞车这类舆情要坚持实事求是原则，还原事件真相，给当事人公道，消除公众的质疑。事件发生后，公众肯定有质疑，但质疑的并不是事件本身，而是质疑政府怎么说。我们就要提供公众想要看到的东西，比如广泛搜集事发时的视频资料以还原事件过程。当时我们与公安部门仔细观看视频资料，找到其中的逻辑关系，实事求是地进行推演，把事实交给公众。

面对当时不断发酵的舆情，东莞市公安局也是在第一时间公布了案发时的视频资料。这些未经人工合成的影像资料，本身就带有很强的说服力。视频一被公布出来，公众的一些质疑也就自然而然地被打消了。

这个事件涉及了一些敏感的地方，比如持枪、运钞、死亡等，各路媒体也是从不同角度持续解读。公安的调查取证是需要时间的，所以我们在当天的新闻发布会上也只能大体介绍情况，尽可能地提供公众关心的信息。在我们看来，应对类似突发舆情事件，关键是自己端正态度，坚持不遮掩、不拖延、不偏袒，在公安调查清楚之前不做任何猜测。我们同时也会就此与一些媒体进行沟通，建议他们在事件调查清楚以前谨慎发声，更不要乱加猜疑，避免打自己的脸。在处理这类舆情过程中，宣传部门要尊重办案部门，及时与他们沟通，保持与相关媒体密切联系，适时向公众公布事件进展，基本能够把握舆情的走向。

尊重规律且坚持创新

课题组：从今年“东莞舆情处置‘三化’体系”案例看，东莞的宣传工作更加注重细微之处，舆情应对更加有针对性，似乎与去年的相对宏观有所区别，您是如何看待舆情工作以及这些变化的呢？

宣传部：我们首先有个清醒的认知，即在社会转型阵痛中，舆情发生不可避免，但舆情发生后，第一时间发现掌握、及时科学研判妥当处置，不让舆情出现炒作发酵等杂音是宣传部门的职责所在。至于是在宏观层面还是在微观层面地应对舆情，则需要看具体的语境。在实践中，这两种情况是交替进行的，可谓左右开弓。比如在城市形象传播中，我们既要着眼长远，又要善于利用具体的活动进行城市营销。

正如习近平总书记所讲：“党的新闻舆论工作是一门科学，必须按照规律办事。时、度、效是检验新闻舆论工作水平的标尺。不管是主题宣传、典型宣传、成就宣传，还是突发事件、热点引导、舆论监督，都要从时度效着力、体现时度效要求。”这为基层舆情处置工作确定了科学正确的方法路径。东莞目前正处在社会转型期、利益调整期、矛盾凸显期；经济建设高速运转，而社会管理相对落后；800多万常住人口中，外来人口占到600多万人，本地户籍人口与外来人口比例严重倒挂导致公共服务配套短缺……这些因素客观上导致东莞舆情不可避免地处于密集高发态势。据不完全统计，全市年均处置舆情300多宗。

我们现在逐步形成了一套行之有效的工作思路，在这里简要说一下东莞的新闻发布工作。我们自设一个目标，每个月不少于两场，选择与民生密切相关的议题，联合相关政府部门，以市政府新闻办的名义召开新闻发布会，就社会热点发声，及时介绍相关事务的进展情况。2016年，我们召开了36场新闻发布会，把市委的决策和政府的声音及时向省内外发布，收到了良好的效果。为确保组织效率，我们要求全市各部门之间，二级单位全部设立新闻发言人和发言人助理。目前，全市共有各级新闻发言人180个、发言人助理400人，确保有指挥、有执行，形成了一个全市联动的舆情应对格局。

课题组：在互联网时代，您认为政府宣传部门应如何应对新媒体环境，这两年摸索出了什么经验和规律？

宣传部：在互联网时代，政府宣传部门需要分秒必争、主动发声、快速回应，避免出现“沉默成了默认”。经过这几年的实践，我们深深体会到，舆情发现早一个小时，处理的效果就会好很多。以我们的网络科为例，它主要有三方面的工作：一个是负面信息的监测，这个科室除了每天查看国内外新闻外，还要十分关注微博、微信、网络客户端上的信息。可以说，东莞发生的事情，这个科室应该是全东莞政府系统最快知道的。一旦发现舆情，我们会直接找到相关负责人，把相关信息发给他们。另外，我们还给舆情进行分级，比如重大舆情事件要求相关负责人在规定时间内回复，回复的效率要纳入年终考核。二是加强与舆论领袖沟通，成立网络协会。经过长年累月的接触，我们与本地甚至外地的媒体、自媒体的“大V”已经建立起良好的沟通渠道，在很多舆情事件面前他们基本能够尊重事实，理性发声。我们在2008年就成立了东莞网络协会，培养他们的社会责任感，基本实现了良性互动。三是引导自媒体参与政府举办的社会活动。

重点谈一下网协。在苏迪曼杯羽毛球赛期间，网协做了一款网络游戏，3天时间吸引了超过19万人一起来玩。经过层层PK，进入了决赛的网友在东莞最高楼的LED屏幕进行了比赛。这个活动取得了良好的效果，但这些工作如果让政府部门操作起来是很难的，因此我们也在尝试充分运用社会的力量。还有一个例子，2014年“扫黄”时，全国舆论声音几乎是一面倒，东莞承受了很大的压力。我们和网协的人一起设计海报，从工业技术、餐饮服务等方面向外界介绍真正的“莞式服务”，网民的点击量超过千万，普通老百姓也开始在网络上主动发声为东莞正名，这对于扭转东莞城市形象一定是有帮助的。在这个海报推出的第四天，《人民日报》针对这件事发表了评论，并提到了网协的作用。

在我们看来，政府宣传部门与民间的自媒体并非对立，在社会向好价值理念上是一致的，也有很多的合作空间。这些年来，面对舆情我们很少会去删帖，而是从直面问题、解决问题的思路出发，因为我们知道删帖不是最好的处置方法，这种表面的“减法”，不仅不利于解决舆情，还可能引发更大的危机。

课题组：东莞的宣传、舆情应对工作未来有哪些计划？

宣传部：总的方向是通过不断总结归纳，形成一整套成熟的应急机制。一方面是要提高应对的速度、效率。我们希望能够建立较为敏感的舆情应对体系，并逐步在镇、社区、工业区中推广，争取能及时把握舆情，把矛盾解决在萌芽状态，防止出现全国性的舆论事件。另一方面要充分运用大数据应对舆情工作。我们非常重视大数据的应用，在不同的渠道上也投入很多力量，建立我们自己的“今日头条”，即基于LBS定位系统和用户阅读习惯向民众推送有效信息。

第四章

04

家园网：城市治理的互联网逻辑

案例介绍

深圳罗湖社区家园网打造交互型社区

2007年4月28日，罗湖社区家园网（简称“家园网”）正式开通。这是全国首家由区级党委政府创建，立足社区，面向居民，以交互式论坛为主要互动平台的社区网站，网站的日常维护与管理工作由罗湖区委宣传部负责。

罗湖是深圳最早的建成区，市场经济相对发达，群众的权利意识比较强，对政府行政效能的要求比较高。罗湖区利用互联网快速便捷、互动性强、覆盖面广的特点，顺势而为，搭建了一个“党委领导、政府主导、社会协同、公众参与、服务高效”的开放式社区网络服务平台。

经过十多年的发展，家园网逐步探索建立了“主网+子网”的模式，形成了以1个主网为核心，以83个社区子网群为触角，上下互通、覆盖全区的社区公共服务网络体系，服务内容涉及居民诉求、网上办事、教育医疗、求职就业、休闲购物、社区公益、文化娱乐等与群众生活息息相关的方方面面，成为罗湖党政社群齐抓共享的“社会建设主平台，服务居民新家园”。

家园网坚持办老百姓自己的网站，网站架构突出服务社区功能。一方面，依托家园论坛，开设了覆盖全区10个街道83个社区和700多个小区的开放式网络服务平台，居民有什么意见建议，身边有什么想不通的事、不愉快的事或值得分享的事，都可以拿出来放到这个开放式平台上，摆一摆、议一议、管一管、帮一帮，实现“邻里乡亲，守望相助”。另一方面，所有社区的工作站、党组织、警务室、居委会、党代表工作室、人大代表工作室、物业管理处、业主委员会、志愿者、楼长等，都在网上贴出各自的服务内容和服务方式，他们既可以直接在网上为居民提供各类服务，也可以利用这个平台和居民进行有效互动，实现社区共治共享。

网站内容和互动方式突出草根特色。为了及时传递政府和民间的声音，家园网专门设置了一位活泼可爱的动漫人物“罗雪儿”做形象大使，担当“网上导游”，全天候带领网民“逛”罗湖，改变了居民对官方网站呆板、枯燥的固有印象，每天点击量超过10万人次；网民的投诉、意见和建议则按属地原则由街道、社区、小区分别予以跟进，语言表达方式减少“官”味，让“社区”和“家园”的形象更加具象。同时，通过建立网络发言人制度、一站式舆情处置平台、多层次议事规则、网络文化服务体系、绩效考核机制等，让网站变得实用、管用和好用，居民爱用。

罗湖区主要领导说：“在罗湖，政府想和居民对话，要找一个能容纳全区140多万居民的大广场是不可能的，但家园网做得到，而且一年365天、每天24小时都可以进行。”

案例研究

互联网逻辑下参与式治理的探讨
——基于深圳市罗湖社区家园网的分析

一、引言

习近平多次指出要“让互联网更好造福国家和人民”，进一步“发挥网络传播互动、体验、分享的优势，听民意、惠民生、解民忧，凝聚社会共识”。党的十八届三中全会通过《中共中央关于全面深化改革若干重大问题的决定》，提出把创新社会治理体制作为推进国家治理体系和能力的重要内容。创新社会治理更多地强调国家权力向社会的回归、社会建设参与主体的多元化以及各治理主体之间的合作与协商，要坚持系统治理，加强党委领导，发挥政府主导作用，鼓励和支持社会各方面参与，实现政府治理和社会自我调节、居民自治良性互动。电子政府作为一种响应现代化管理转向的需求及技术驱动下的政府自觉，在互联网推动下日臻完善。深圳市罗湖社区家园网是国内首个由政府搭建的政务网站，体现政府追求变革的决心。本文通过对家园网架构的分析，为其他政府网站的发展提供经验借鉴。

二、互联网逻辑与参与式治理产生共振

互联网作为一种先进的技术引入中国，并非改变了中国的

社会问题，而是改变了整个国家的思维模式和治理模式①。其中最显著的是互联网技术的发展使社会结构日趋扁平化，社会关系相互渗透，现实世界与虚拟世界联系日益密切②。互联网背景下，政府治理领域逐步向网络空间延伸，体现为治理工具、治理方式和治理理念的网络化转型，反映出来就是治理的互联网逻辑。互联网逻辑指的是基于“以人为本”的理念对传统线下服务进行流程再造和模式重构，使政府服务更为开放、透明，并为政府的现代化管理与合法性提供支撑。互联网逻辑包括在线（online）、连接（link）、开放（open）、互动（interaction）四个要素。在线是指政府为公民提供全天候、不间断的服务来“连接一切”，实现网上政府服务的应用互连、数据互连和服务互连。在这个过程中，政府开放数据与民共享，打造平台让服务部门与公民积极交互沟通，并鼓励公民参与到线上政府服务体系之中③。互联网逻辑使得不论是自上而下还是自下而上的对话交流都变得轻而易举，天生与参与式治理存在着高度的契合性，对拓宽政治参与的意义不言而喻。互联网逻辑主要体现在以下三个方面：

一是技术赋权性。互联网作为一种不同于传统媒介的“高维媒介”，以技术赋权的效能变弱连接为强连接，使得整个社会的“操作系统”全面升级。互联网激活了社会底层的元素级基础，使它焕发出完全不同于传统社会的新样貌。最直接的影响是，基于互联网技术和社会模式基础，每个个体所蕴含的资源、价值和能力为之发现、激活、利用和整合④。互联网改变了以往以“机构”为基本单位的社会传播的格局，取而代之的是以“个人”为基

①李良荣、方师师：《互联网与国家治理：对中国互联网20年发展的再思考》，《新闻记者》2014年第4期，第22—25页。

②Thomas P. The Communication Rights in the Information Society (CRIS) campaign applying social movement theories to an analysis of global media reform, *International communication gazette*，Vol.68,No.4,2006,pp.291-312.

③李征坤：《互联网+政务服务：开启智慧型政府新时代》，北京：中国铁道出版社2017年版，第31—32页。

④喻国明：《互联网是一种“高维”媒介——兼论“平台型媒体”是未来媒介发展的主流模式》，《新闻与写作》2015年第2期，第41—44页。

本单位的社会传播，由此形成了传播领域的种种“新常态”①。这种“新常态”表现为互联网在国家和社会之间搭建一座互通桥梁：首先，互联网对国家和社会都进行赋权，都从互联网的发展中受益。国家运用互联网提升治理效能，而提升治理水平则对社会有益无害；其次，互联网的发展产生分权效果，有助于中下阶层也就是我们所说的边缘群体通过互联网改善自身经济条件和社会福利；再者，互联网为国家和社会靠近（或摆脱）对方创造了一个新的基础结构；最后，互联网在国家和社会之间制造了一种递归关系，相互改造二者之间的互动②。政府利用互联网思维、技术和资源实现融合创新，通过“化学反应”和“基因再造”重构管理流程，重塑政府公共产品及服务模式，实现政府服务体系的“升级与重塑”，重树政府的“善治”形象。

二是虚实空间互照性。互联网为人类的社会活动提供一种非正式、虚拟的社会空间结构，它是现实社会在网络空间中的体现，通过互联网实现的沟通交流和信息传递，对现实社会治理来说无疑具有划时代意义③。互联网构建的虚拟空间并非现实空间的简单投射，而是拥有自己的游戏规则、组织结构和实现价值。每个个体是虚拟网络中的一个节点，通过“连接”的特性建立社会交往圈子，在技术的纽带作用下，圈子无限扩展，反过来影响现实的社交关系。换言之，个体在虚拟空间进行网络传播前或者开始进行传播就存在某种预定的社会关系，反映出现实的社会交往结构，这有利于建立起较为经常和稳定的关系。因此，当社会现实服务需求移植到虚拟社会时，公民广泛参与其中的积极性就得到提高，在虚实空间之间身份切换自如。互联网中的虚拟空间在一定程度上反映出现实社会阶层分化的特征和趋势，摒弃了传统社会治理的统治模式，推进了现实社会的“管理再造”过程。与此同时，互联网创造了一种去介质的移动交往空间，“互动”的特性使得公民随时随地

①喻国明、张超等：《“个人被激活”的时代：互联网逻辑下传播生态的重构——关于“互联网是一种高维媒介”观点的延伸探讨》，《现代传播（中国传媒大学学报）》2015年第5期，第1—4页。

②郑永年著，邱道隆译：《技术赋权——中国的互联网、国家与社会》，北京：东方出版社2010年版，第15页。

③范如国：《复杂网络结构范型下的社会治理协同创新》，《中国社会科学》2014年第4期，第98—120页。

动动手指就可以实现参与。于是，在互联网技术中和作用之下，政府实现现实社会和虚拟社会的角色切换与价值裂变，将对国家治理现代发展产生深刻影响。

三是多元主体参与性。网络社会由若干个相互依赖、相互作用的智能型社会主体构成，并通过主体之间的相互作用来凸显社会系统的整体性。不同的现实社会的主体，在虚实空间的场域中逐渐从现实主体向虚拟主体转变，并在网络社会中频繁互动，给社会治理方式带来深刻而巨大的影响。互联网的“开放”特性顺应了新时代下多层面、多方面的信息连接和信息渗透需求，在互联网所构造的新的媒介生态中，政府的角色不再是一个高高在上、一元单向的“大家长”，而是作为其中一个行动主体，从“管理组织”进化到“共建生态”，实现以政府为主导，充分调动涉及公民利益的各单位、社会组织，将零散的力量凝聚到网络平台，鼓励公民反应社区动态，积极与政府部门交流互动。在此基础上，政府应相信社会与公民的力量，通过不断的教育、培养、赋权，引导公民增强理性运用互联网的能力，进而与媒介生态中各个主体成为“战友”[①]。

互联网逻辑与参与式治理（participatory governance）的内核有异曲同工之妙。参与式治理指的是与政策有利害关系的公民个人、组织和政府一起参与公共决策、分配资源、合作治理的过程。参与式治理作为一种新型的治理模式，是参与式民主在治理中的运用[②]。与一般治理理论不同的是，参与式治理的独特理论要义和精神内核在于公民赋权以确立公民参与主体资格，核心在于民主协商以保障公民在场表达利益，基础在于自主治理以建构公民主体性社会[③]。具体而言，体现在三个方面。一是主体多元，即去政府独裁统治和单向传播，充分挖掘公民主体或社会组织的潜力，形成多主体治理格局；

①喻国明、张超等：《“个人被激活”的时代：互联网逻辑下传播生态的重构——关于“互联网是一种高维度媒介”观点的延伸探讨》，《现代传播（中国传媒大学学报）》2015年第5期，第1—4页。

②陈剩勇、赵光勇：《“参与式治理”研究述评》，《教学与研究》2009年第8期，第75—82页。

③李波、于水：《参与式治理：一种新的治理模式》，《理论与改革》2016年第6期，第69—74页。

二是互动多向，原来政府作为元治理主体，大多以单向模式呈现，参与式治理要求政府充分尊重公民的主体身份，并鼓励公民及社会组织打破上下等级的单向垂直关系，实现多维度互动的局面；三是目标一致，参与式治理最终是公民与政府通过协商等方式达成公共政策共识的过程。一言以蔽之，参与式治理更加注重探索公民参与的内在逻辑，回应公民面临的各种公共议题。

参与式治理有助于提高政府决策的质量，优化政府过程，转变政府职能，培育公民社会，构建良性互动的政府与公民关系，从而由“善政”导向“善治”①。俞可平认为善治的基本要素有七个，分别是合法性、透明性、责任性、法治、回应、有效、稳定。这七个要素的实现程度越高，善治就越有可能②。纵观我国政府，在城市治理上，虽然引入了参与式治理的理念，但由于历史和体制层面等原因，以政府为主导的“单中心”治理模式仍然是目前较为常见的一种形式，公民和社会组织对城市或农村的治理缺乏主动性，常常是被动参与。“单中心”治理模式及我国长期的二元对立形态，使得公民和社会组织参与城市治理的方式和界限较为模糊，体现为参与人员的有限性、参与效果的有限性以及参与渠道的有限性③。长此以往，一方面不利于培养公民的参与治理意识，另一方面不利于政府树立良好的形象。很多学者呼吁在“城市治理过程中，政府要积极引导，鼓励多主体参与城市治理”④，改变参与式治理中“渠道失灵”局面，提高公民参与城市治理的效能感。政府改变以往“单中心”“大家长”思维，引入“互联网逻辑”，将政府、公民和社会组织紧紧维系在一起，逐步构建一个完善的“民政共同体”，增强公民社会的认同感，实现政府的现代化转型。

①赵光勇：《政府改革：制度创新与参与式治理——地方政府治道变革的杭州经验研究》，杭州：浙江大学出版社2013年版，第11页。

②俞可平等：《中国离“善治”有多远——“治理与善治”学术笔谈》，《中国行政管理》2001年第9期，第15—21页。

③杨冬梅：《“互联网+”时代公众参与城市风险治理探析》，《行政论坛》2016年第6期，第103—106页。

④计永超、焦德武：《城市治理现代化：理念、价值与路径构想》，《江淮论坛》2015第6期，第11—15页。

三、互联网逻辑下参与式治理探索：家园网经验

2007年，深圳罗湖社区率先引入互联网平台，成立家园网，成为全国首家由区级党委政府创建，立足社区，面向居民，以交互式论坛为主要互动平台的社区网站。自成立以来，家园网逐步探索建立了“主网+子网”的模式，形成了以1个主网为核心，以83个社区子网群为触角，上下互通、覆盖全区的社区公共服务网络体系，服务内容涉及居民诉求、网上办事、教育医疗、求职就业、休闲购物、社区公益、文化娱乐等与群众生活息息相关的方方面面，成为罗湖居民的“精神家园”。十年之后，复旦大学发布“2017年中国网络理政十大创新案例”，充分肯定了罗湖社区家园网，认为家园网充分运用互联网逻辑，打造交互式平台，整合各类信息资讯，积极发挥社会组织、公民等在社区治理中的协作主体作用，强化居民自治，形成多元主体共治的社区网络治理，成为利用多媒体平台强化社区治理的典型。

（一）交互式平台：培养公民主人翁意识，形成“民政共同体”

交互性是互联网最为明显的特征，即改变原来传统媒体的单向传播模式，实现受众与媒体交流与对话。家园网通过“LuooHu—家园论坛”充分抓住互联网的交互式特征，构建一个去介质的移动交往空间，赋予社区公民及社会组织等主体以主人翁身份，鼓励其积极参与到社区相关利益及政策制定、发布过程之中。“LuooHu—家园论坛”是家园网的交互核心。家园网按照层级、区域的划分，共83个社区700多个小区，覆盖了整个罗湖社区的每个角落，力求使得每位居民都能在论坛中向政府传递诉求，政府也能将信息抵达到各居民处，以此形成良性交流互动圈。论坛内容包罗万象，发布涉及居民诉求、网上办事、教育医疗、求职就业、休闲购物、社区公益、文化娱乐等服务内容和使用方式。论坛在为民办实事上标新立异，设置“小区—社区—街道—区”四级网络发言人，鼓励居民积极反映社区动态，以便网络发言人及时搜集和整理居民的合理诉求，推送给相关部门进行解决。为了直观显示诉求处理进度，家园网引进了“LuooHu—舆情热图”，用红色、黄色、绿色分别代表处理不同情况，力求提升政府行政效率和治理的透明性。多年

来，家园网论坛形成了交互式的治理模式，如图4.1所示。在这个模式中，政府通过网络平台上“网民诉求”版块来放权于公民，逐步树立公民参与治理的意识，共同维护罗湖社区的和谐。

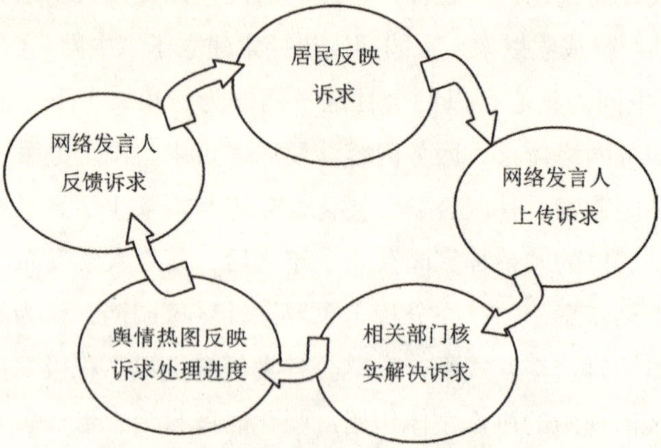

图4.1 家园网论坛交互式治理模式

近几年来，微信发展势头迅猛，截至2017年12月，手机网民规模达7.72亿人，手机网民占比达97.5%，移动互联网主导地位强化①。相比于传统的桌面互联网，移动互联网打破了既有的时空边界，从而在微观个体层面的社会交往、中观群体层面的社会表达、宏观结构层面的社会分化等多个维度起到形塑社会的独特作用②。为了适应时代发展，家园网在2013年5月开通了微信公众号，并设置“LuooHu—微信发布”版块，实现手机和网站的实时对接，充分发挥移动媒体特性，掌握居民使用媒体的心理，直接对接“家园论坛”，居民动一动手指就可以随时随地迅速反映诉求，进入交互式治理模式，提高互动效率。在新媒体实践过程中，为了让更多居民参与到“网络问政”中，2014年家园网率先在微信公众号上开通《民生微实事》栏目。《民生微实事》主要是在网络上对民生项目进行公示，包括社区各项

①第41次《中国互联网络发展状况统计报告》，http://www.cac.gov.cn/2018-01/31/c_1122346138.htm。

②王迪、王汉生：《移动互联网的崛起与社会变迁》，《中国社会科学》2016年第7期，第105—112页。

建设的预算等内容。当中主要是问需（需求）、问计（对策）、问政（相关项目）、问效（效果）四个过程。《民生微实事》成为政府培养居民主人翁意识的新招，有利于公民参与主体资格的确立，即公民享有决定与之相关事务的权力。除此之外，家园网设置"LuooHu—专题活动"版块，一改以往政府全权安排社团活动下基层的情况，将文化自主权交还给百姓，先通过线下筛选，再将深圳几百个社团的节目单放置于线上让居民投票来选择所喜欢的文化形式。家园网负责人表示，在2016年投票中，共收到70多万张虚拟票数。投票过程不但利于社团宣传和传播自身特色，更有利于提高居民互动参与的积极性，在虚拟投票中践行主动权，通过网络平台完成主人翁身份的建构。

（二）整合式思维：融合新旧资讯平台，消除信息孤岛

目前学界的一个普遍共识是，当前的媒介社会已进入所谓的"Web 2.0 时代"，网络不再仅是知识生产平台的直接转移，而且是一个整合性的平台，发挥不同媒介的性质，使不同资讯耦合，并注重个体用户之间的互动参与。有学者认为，家园网可以被视为中国基层政府在寻求治理模式创新过程中利用媒介融合所做的一次尝试[①]。笔者认为媒介融合是表象，即通过不断吸纳和运用各种融合媒介整合的方式，持续提高政府和社区信息的透明度和流通度；同时，新媒介的使用，尤其是网络媒介和移动媒介的使用，较为有效地嵌入到现实社区的治理和建设之中，从而促进了政府与公民的互动沟通，力求使双方在一种创新的治理模式中达致良好的共识。一直以来，政府与民众的矛盾尖锐点在于信息不对称。打破僵局，政府首要任务便是转变家长的管理姿态，放下身段，做好信息的传播，为民众提供切实有效的资讯。家园网整合传统媒体资源（《南方日报》专版、《看罗湖》、《罗湖社区家园报》、电视台），吸纳各种新型媒介形式（电子杂志、E电视台等），多元整合，全方面传递政务信息，在内容维度上打破以往的"信息孤岛"局面，如图4.2所示为社区治理再添亮色。

①张志安、范华、刘莹：《新媒体的社区融合和公民参与式治理——以深圳市罗湖社区家园网为例》，《社会治理》2015年第3期，第111—119页。

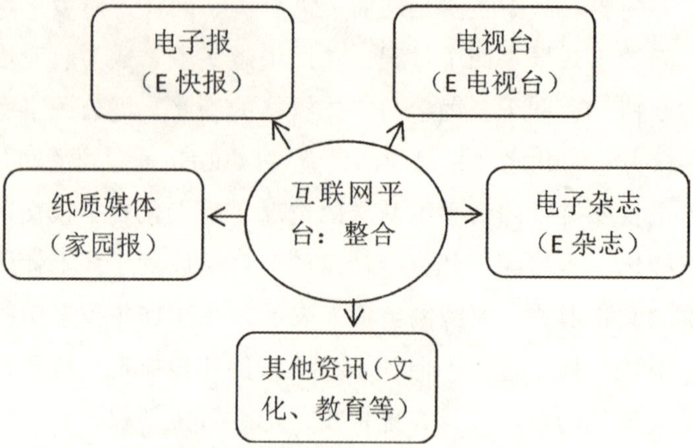

图4.2 家园网多元媒体整合模式

家园网首创《政务报道》栏目，去又红又专且形式化的报道，走“平民化”路线，报道内容并不局限于政府常规活动或漂亮的政绩，还同时关注民生动态、社区文化活动等。政务报道风格的转变，其实也是罗湖社区家园网积极跟进“改文风”的实践以及亲民近民的尝试。其中，“LuooHu—E快报”版块整合《南方日报》等纸媒资源，聚焦罗湖经济和社会的全面发展，从新闻专业主义进行解读，为公民提供权威资讯。“LuooHu—E电视台”版块，相当于一个小型的电视节目制作机构，其中新闻栏目《罗湖聚焦》是罗湖区唯一一档电视新闻类的主打栏目，涵盖整个罗湖辖区内的电视新闻报道；其新闻的选题很多来源于民众，充分调动了民众取材的积极性。“LuooHu—E杂志”一改杂志静态风格，以电子版形式形象展示社区衣食住行等切合居民生活的信息。E杂志包含很多元素，如声音、图片、视频、动画，且横跨报纸、电视、网络平台，内容丰富，形式活泼，适合年轻人阅读。在整合各类资讯平台过程中，家园网充分尊重各类媒介的性质，最大限度地发挥传播价值，消除行政信息闭塞之嫌。此外，家园网设置“LuooHu—文化罗湖”“LuooHu—健康罗湖”“LuooHu—时尚消费”“LuooHu—教育社区”等，从不同维度、层面打造一个资讯的“集散中心”。

（三）协助式联动：搭建公益组织平台，促进多元共治

党的十八届三中全会以推动国家治理体系和治理能力现代化为目标，提出“改进社会治理方式”“激发社会组织活力”的要求，强调要加快实施政社分开，适合由社会组织提供的公共服务和解决的事项，交由社会组织承担等[①]。社会组织逐渐发展壮大并以其自身优势与特点积极参与社会治理，在维稳工作中凸显了巨大作用。政府运用互联网的自组织性特征，协助民间社会组织宣传自身特性，提高权威性，扩大影响力，吸引公民参与其中，由此充分发挥社会组织维稳“减震器”的功能。社区社会组织是基层社会领域中最为重要的组织形式之一，在社会管理中可以发挥积极的协同作用，从而推动社会管理新格局的形成[②]。在家园网上，一些网友自发创办了“罗湖区罗溪社会服务社”“罗湖社区家园网义工队”“罗湖区绿色出行志愿者协会”“罗湖区文化志愿者协会”等多个社会组织，成员有数千人，成为罗湖社区公民协助社区自治的重要力量。这些自发成立的社会组织，依托于家园网的权威性，在论坛或专题板块中发起活动，吸引公民参与社会公益活动，并将活动取得的成果或经验“晒”到网站上，将家园网当作组织宣传的主阵地，不断地扩大其社会影响力，在化解社区矛盾和促进社区自治上起到重要的作用。

为了扩大社会组织的影响力，罗湖区委、区政府出谋划策，为社会组织搭建宣传平台，并为其“正名”。大多社会组织创立之初力量薄弱，号召力不强，政府考虑到社会组织的重要性，专门在家园网上为其“独辟天地”。为了方便骑行队宣称绿色出行理念，家园网专门为其开辟一个主页，用实际行动支持社会组织的发展。社会组织的成立及政府的“推波助澜”，使得其影响力不断扩大，反过来有利于公民协助政府实现社区自治。以绿色出行者协会为例，他们一方面依托家园网与公民进行互动，另一方面逐渐成为家园网的一员，及时反馈社区环境问题，协助相关部门解决，大大减少政府工作量，同时提升政府阳光形象。参与式治理的核心问题是治理主体的多元化。在社区层面，治理的主体除了政府、公民，还有一个重要主体就是社会力量。社会组织作为社区治理的重要参与主体，日益发挥着重要作用。而且这

①《全面提高政府社会治理能力》，《人民日报》2015年7月20日第7版。

②郁建兴、金蕾：《社区社会组织在社会管理中的协同作用——以杭州市为例》，《经济社会体制比较》2012年第4期，第157—168页。

种作用的发挥，不仅是作为参与者，更重要的是作为治理的主体，并且是社区发展有关决策具有话语权的主体。也就是说，多元共治发展的一个很重要的标志就是以社会主体对社区公共政策制定的参与程度来衡量的。社会主体对公共政策制定参与度越大，越能说明真正的社区共治的日渐实现①。随着社会力量的成长，政府可以逐渐退出某些领域，有助于推动社区自治的实现，由此形成社会组织协助式治理模式，如图4.3所示。

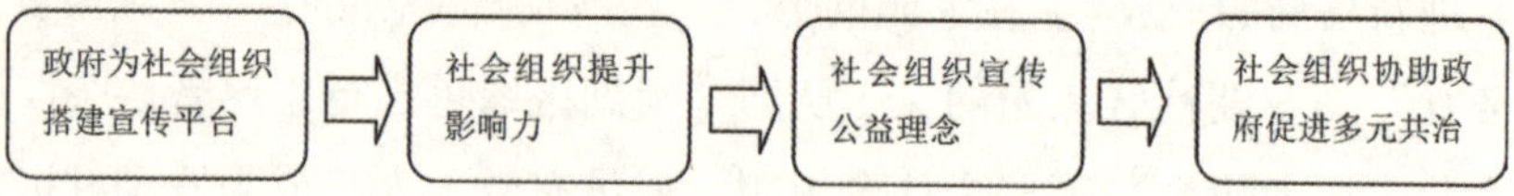

图4.3 社会组织协助式治理模式

四、互联网逻辑仍须深入与延展

在推进现代化国家治理体系中，加强社会管理创新，倡导参与式治理，一方面需要在国家/政府层面向社会自上而下地赋权，另一方面则有赖于社会层面民间组织和公众自下而上地积极参与，在双方互动的过程中，实现国家/政府与社会双向的协同与合作，达致公共事务的善治。而互动、协同与合作的重心则在于基层社会：以地方性的知识与经验，建构公共事务管理与服务的行动机制与目标体系，使管理与服务获得民主化的动力机制②。当前，参与式治理处在探索阶段，家园网在推进社区治理过程中，充分地把握了互联网逻辑，并取得了很好的成效。但整体来看，我国大部分政务网站仍然没有充分发挥互联网带来的技术动能，互联网逻辑仍须深入和延展。

（一）政府向公民赋权不足

一直以来，政府以“家长”姿态占据管理高位，参与式治理意味着对传统权威管理模式的挑战。政府向公众、社会赋权与社会积极行动相辅相成，

①翟桂萍：《社区共治：合作主义视野下的社区治理——以上海浦东新区潍坊社区为例》，《上海行政学院学报》2008年第2期，第81—88页。
②孙柏英：《当代地方治理——面向21世纪的挑战》，北京：中国人民大学出版社2004年版，第56—59页。

换言之，足够的政府赋权才能保证充分有效的社会公众参与。互联网带来了一场声势浩大的革命，深刻改变了信息生产方式、传播与互动模式及交往方式和行动逻辑，前所未有地改变了公民与政府、社会以及自身之间的关系模式，产生了“参与式治理2.0”“政府2.0”等新的治理概念。美国学者约瑟夫·奈（Joseph Nye）指出，“网络时代的速度意味着所有政府对议程控制的减弱，政府不得不与更多参与主体共同处理公共事务。以互联网为核心的信息革命正在改变着权力的本质，加速着权力的分散。政府权力的分散是21世纪一个最重大的政治转折”①。互联网技术发展对政府权力的分配产生巨大冲击，有学者提出“赋权器”概念，指出从赋权到赋权器再到赋权，实际上进行的是组织机构赋权，通过技术赋权，实现社会赋权②。参与式治理鼓励公众获取权力，互联网实现分权，两者本来可以实现良好结合。在家园网中，政府通过互联网实现部分公共事务的赋权，使得公民能参与部分与之利益相关的处理。然而这部分赋权还未达到参与式治理所提倡的共治要求：从治理实践的要求来看，政府不可能在所有公共事务上完全赋权社会，政府应该在适当的公共事务空间恰当赋权，推进恰当的公共参与类型。在具体实践过程中，政府的执政理念与领导方式由“官本位”到“人本位”转变，政府治理组织结构由“封闭式”到“开放式”转变，治理行为模式由“领导者”到“服务者”转变③。

（二）社会行动力不足

参与式治理提倡“公众参与的核心环节是政府与公众的互动”，目的是在政府与社会双重维度的民主化过程中寻求平衡与发展。然而，民主的展开需要坚实的社会基础：一系列物质、文化、制度、社会心理与民智等方面的条件④。换言之，只有在有利的社会条件基础之上，政府自上而下的赋权才能

①刘叶婷、唐斯斯：《大数据对政府治理的影响及挑战》，《电子政务》2014年第6期，第20—29页。

②师曾志：《新媒介赋权视阈下的国家与社会关系》，载程曼丽主编：《北大新闻与传播评论》（第八辑），北京：北京大学出版社2013年版。

③王山、奉公：《技术赋权、创造性破坏与以人为本——新媒体时代的政府治理创新》，《东北大学学报（社会科学版）》2016年第18期，第63—67页。

④科恩著，聂崇信等译：《论民主》，北京：商务印书馆1998年版，第102—107页。

够真正地落实到自下而上积极的社会行动之中。罗湖区作为改革开放的前沿阵地之一，文化经济制度等各方面发展迅速，公民具备一定的社会行动资本及话语权。罗湖区委、区政府引入互联网逻辑，希冀公民及社会组织在互联网平台上实现创造性与自主性的自我，通过自我性的大众沟通使参与更具有政治上的意义①。不可否认，互联网提供了强大的交互平台，使得社区公民拥有麦克风及更多话语权和表达权，然而公民及社会组织力量相对较弱，互动上缺乏有力均衡。一方面，公民及社会对政府的依赖心理，限制了社区公众参与能力的扩展；另一方面，社区社会组织系统发展缓慢，无法形成与政府对话局面。我们谈及互联网逻辑具有技术赋权特性，但赋权论者强调公民在参与式治理中的能力问题，这种能力受制于经济资源、获得信息以及低度的教育②。具体而言，公民要具备足够的社会行动力，包括具备足够的话语建构能力，具备足够的财政资源并能不依附于地方政府的福利计划③，否则赋权于民只是一只空壳：边缘群体依旧声音微弱，在互联网上被重新边缘化，沦为少数人的参与狂欢，互联网这一“精英公共空间”只能是线下统治势力的新殖民地④。互联网的交互特性有助于公众实现参与治理是存在前提条件的，不可能自动地带来不同主体的平等话语权。

（三）治理主体合作基础不明确

在参与式治理的模式中，讲求多元主体共治格局，然而政府、公民、社会组织等不同治理主体之间合作的基础是什么？目前学术界大多认为是利益的支撑，然而利益是一个复杂的话题，涉及政府决策的公开透明效度、相关政策的利益倾向、公民对政府的理解等。政府引入互联网逻辑，大力提倡各类政务信息的开放性，呼吁不同主体在虚拟空间协商共治以解决线下现实问题。互联网承载了巨大的参与期待，然而技术革新速度快，如何警惕唯技

---

①Castells，Manuel. *Communication power*, Oxford，England: Oxford University Press,2009,p.414.

②Krishna，Anirudh. Poverty and democratic participation reconsidered: evidence from the local level in India, *Comparative politics*，Vol.28, No.4,2006.

③张紧跟：《参与式治理：地方政府治理体系创新的趋向》，《中国人民大学学报》2014年第6期，第113—123页。

④高岩：《公共空间2.0——论Web2.0视角下网络公共空间的转型》，《新闻与传播研究》2011年第5期，第29—33页。

术主义而忽略相应制度的调试及改革[①]，调动不同主体对社区公共事务的主动性，提高参与公共事务的能力，强化参与式治理绩效，政府需要进一步将互联网逻辑合理地运用到政务改革中去，拥抱新技术，让技术更好地服务于民，解决不同利益主体和谐共处的问题。具体而言，就是通过政府向社会赋权，来激发社会自主性成长，从而重新平衡地方政府与社会的关系；通过吸纳社会多元力量，使政府与社会的互动走上更加制度化的轨道；通过探索政府对社会的合理嵌入机制，使社会从依附性自治走向有嵌入的自治[②]。在迈向政府现代化管理进程中，有学者提出，“公共行政官员不是公共利益的单独主宰者。相反，公共行政官员应该被视为一个包括公民、团体、民选代表以及其他机构在内的更大治理系统中的关键角色”[③]。政府作为统筹不同主体的主导者，应该注重掌舵基础上的服务，应确定各主体参与的公平、公正原则。从这个层面而言，家园网在一定意义上实现了融合政府与公众协同共治的初衷，但面临的挑战并不少。家园网作为基层政府的一次改革尝试，提供了一个高效的公众参与空间且逐步引导市民向更理性及更有建设性的政治参与发展。

五、结语与反思

城市的发展离不开社区治理能力的提升。能否有效地激发公民、社会组织参与社区治理是衡量一个城市治理成败的关键指标。本文以深圳罗湖社区家园网为例，从互联网逻辑切入分析参与式治理的理论基础和实践可能，认为家园网通过打造交互式平台、提倡整合式思维及推行协助式联动有效地调动公民及社会组织的政治活性，得到了社会的广泛认可。现阶段家园网也面临着不同问题及挑战，即政府在创新社会治理体系进程中如何将互联网新

①钟伟军、沈荣华：《Web2.0时代的参与式治理：争议与反思》，《中国行政管理》2014年第5期，第69—72页。

②汪锦军：《政社良性互动的生成机制：中央政府、地方政府与社会自治的互动演进逻辑》，《浙江大学学报（人文社会科学版）》2017年第9期，第1—13页。

③珍妮特·V. 登哈特、罗伯特·B. 登丹特著，丁煌译：《新公共服务：服务，而不是掌舵》，北京：中国人民大学出版社2004年版，第81页。

兴技术纳入治理的框架，助推新一轮行政改革进程。近些年来，学者们提倡“维基政府”概念，套用“维基百科”模式，以公民为中心，强调平等的民主自荐和参与；开放决策，打破原有相对封闭的政府管理模式；合作治理，营造良好的社会协作生态；鼓励大众创新，激发群体智慧，群策群力，推动公共决策、公共治理能力的提升①。需要指出的是，“维基政府”“合作型政府”等探讨是否适合我国政府转型环境并衍生出本土化的发展模式，还值得我们进行更深入的思考。

①宋刚、万鹏飞、朱慧：《从政务维基到维基政府：创新2.0视野下的合作民主》，《中国行政管理》2014年第10期，第60—63页。

案例访谈

城市善治从沟通开始
——深圳罗湖区电视网络制作管理中心主任杨建军访谈

互联网的出现为社区治理工作创新提供了技术条件，也为实现城市善治创造了机遇。深圳罗湖社区家园网（简称“家园网”）是全国首家由区级党委政府创建，立足社区，面向居民，以交互式论坛为主要互动平台的社区网站。自成立以来，家园网逐步探索建立了“主网+子网”的模式，形成了以1个主网为核心，以83个社区子网群为触角，上下互通、覆盖全区的社区公共服务网络体系。服务内容涉及居民诉求、网上办事、教育医疗、求职就业、休闲购物、社区公益、文化娱乐等，成为罗湖居民的“精神家园”。为切实了解罗湖社区家园网发展的来龙去脉，深入考察深圳罗湖区政府如何借助互联网平台实现高效社区治理，2017年7月7日，课题组赴深圳罗湖区政府，采访了罗湖区委宣传部电视网络制作管理中心主任杨建军。

通过互联网赋权于民

课题组：2017年，家园网已经10岁。当初为何要创建这个网站，当时的背景是怎样的?

杨建军：2007年的互联网并不像今天这么发达，但由于罗湖是深圳最早的建成区，市场经济相对发达，群众的权利意识比较强，对政府行政效能的要求比较高，导致原有的政府管理方式不太适应互联网的发展。当时的天涯论坛是国内第一大论坛，可谓非常火热，成为当时众多网民宣泄的平台。然而，网民宣泄抱怨过后，社会问题依旧存在，没有得到解决。意识到这个情况后，我们在2006年10月就开始准备上线家园网。在此之前，罗湖区委等部门的工作人员深入街道的每个社区进行调研，了解民众所需。家园网也是论坛性质，并且真正想为民众办实事。现在看来，2006年，我们创办由基层党委政府主导的社区论坛网站是比较超前的行动，区委、区政府承担了一定的风险，也背负了很大的压力。论坛的性质是交互性的，意味着政府直接面对网民的各种声音。比如城管这个话题，以前大家在天涯论坛上反映过，但长时间没有得到回应。家园网不同，居民反映问题后，就会有相应部门去处理，并且什么时候反映、什么时候解决，处理的进度一目了然。所以，家园网建立后极大地提高了政府的回应能力和工作效率。在创建后的两年半时间里，我们发现群众在反映问题时，总体上持理性态度；反映的问题当中，90%是政府应该去解决的；而这些问题70%是可以解决的。家园网在发展过程中，很好地锻炼了各个部门、各个街道工作人员解决问题的能力，我们也摸索出一套独特的沟通交流方式，即放下政府人员高高在上的身段，平等对待每位居民。由此，我们建立了一支成熟的队伍，建立了一套有效的预防机制，能够高效地解决社区的大小问题。

课题组：作为国内首家基层党委政府创建的社区网站，家园网最初的定位是什么，10年的发展过程中做过哪些调整？

杨建军：家园网从成立到现在经历了几个阶段的转变。最初创办时，家园网就是想为民众和政府搭建一个沟通的桥梁，借助互联网平台让民众发声，让政府了解民众的需求。因此，2007年提出的口号是“为政府说话，替百姓办事”。“为政府说话”指的是传递政府管理理念，解读与民众相关的政策，促进民众对政府的了解和理解；“替百姓办事”就是政府通过互联网平台倾听民众心声，借助邻里乡亲的力量，一起帮助居民解决问题，由此让居民感受到政府为民办实事的理念。

到了2012年，整个社会大力提倡社会建设，由此家园网进入第二阶段转变，提出了“社会建设主平台，服务居民新家园”的宗旨，旨在将家园网打造成罗湖市民的“精神家园”，进一步增强市民的归属感。在那几年中，社会组织能够迅速发展，主要是平台发挥了重要的作用，提供了很多的支持。每年家园网的“专题活动”会开展很多场社团入社区的演出活动。活动结束后，社团通过论坛进行风采展示，吸引了大批居民浏览。有些精彩的社团表演往往能够获得数万次的跟帖和点击量。这一方面扩大了社团的知名度，另一方面也实现与居民间的良性互动。

随后的几年探索里，我们设定了不同的目标，做出了相应的调整。在第三阶段，我们又把家园网打造成了一个“营销平台”，即罗湖区市民不用外出，通过网站便可以解决衣食住行等问题。第四阶段，紧跟时代发展，我们又将家园网打造成一个网络“问政平台”，即政府通过网络平台透明办公、阳光执法，市民通过网站“参政”“议政”，进一步提高政民互动。第五阶段，我们尝试建立一个“资源链接平台”，囊括市民所需要的一切信息，最终成为罗湖区的信息“集散中心”。历经几个阶段的变化，现在我们将其定位为新闻宣传、舆情引导，解决群众困难，实现城市治理的网络平台。

课题组：城市治理是当前我国学界的热门话题，家园网在罗湖区10年的治理过程中扮演了什么角色，对政府的日常施政产生了哪些影响？

杨建军：经过这么多年的探索，我们发现利用网络平台进行社区治理效果非常好。社区治理要求政府主导，各个单位、社会组织积极配合，因此在家园网创办之初，由政府牵头并充分调动其他部门参与，利用互联网这个平台把所有零散的力量全部凝聚到一起。家园网论坛是一个交互平台，我们是分层级、按区域来设计的，各个层级论坛的网民都可以进行沟通交流。因此，从社区自治的角度来说，这些网络治理是非常有效的途径。以前小区要搞的活动传播范围很窄，但有了小区论坛后，大家的交流就方便多了。

一直以来，家园网坚持为民办事的宗旨，充分抓住互联网平台交互、高效、快速等特点，实现社区全民参与。与热闹的天涯论坛不同，我们要通过解决公众在家园网论坛上提出的问题，体现服务型政府的治理理念。“创建服务型政府”是这些年来我们一直追求的，可以说网络平台帮助我们完成了这一身份的转变。家园网作为政府与民众沟通的“主渠道”，在提供民众所需信息服务之外，还承担及时了解民意、处理网络舆情的工作任务。现在网络舆情事件不断增多，及时公开政务信息、透明办公、积极疏导民众愤怒情绪、引导民众合理表达显得尤为必要。从城市治理的角度看，城市是由小区组成的，如果小区的问题解决了，那么很多问题也就迎刃而解了。

借助互联网服务于民

课题组：互联网兴起为“网络问政”提供了条件，家园网作为一个网络平台，它的主要作用表现在哪些方面?

杨建军：首先，贴近民意，倾听市民的需求。这可以从家园网版块的架构设计上体现出来。经过这么多年的摸索，家园网开设了覆盖全区10个街道83个社区和700多个小区的开放式网络服务平台，疏通了居民表达的渠道，也为他们提供参与公共事务的渠道，确保了公众的知情权和参与权。为了体现家园网的亲切感，我们把每个街道设计成一棵树的形状，83个社区紧密地分布在这棵“树”了。

其次，及时传递资讯。一直以来，政府和民众之间信息不对称容易产生误会。为了避免这种情况，我们在网站上进行政府工作情况预告，比如以视频形式直播政府工作报告。2007年，我们就开始了此类直播，比新华网还早。除了视频直播，家园网在其他传播形式上也花了很多功夫。例如，“一句话图片新闻”以图片为主，滚动展示社区政府的日常工作及重要活动，简明扼要地报新闻，让市民对政府工作一目了然；“LuooHu—E快报”整合纸媒资源，重点报道罗湖要闻，并首创《政务报道》栏目，及时有效地呈现政府会议活动具体信息。“LuooHu—E杂志”一改杂志静态风格，以电子版形式展示社区衣食住行等切合居民生活的信息，很好地体现政府的服务意识，获得市民的认可，点击率持续上升。另外，我们还设置了“LuooHu—文化罗湖”“LuooHu—健康罗湖”“LuooHu—时尚消费”“LuooHu—教育社区”等版块，从不同维度、层面来打造一个资讯的“集散中心”。

再次，及时反馈和沟通。随着微信的快速发展，我们在2013年5月开通了微信公众号，在网站版块上设置了“LuooHu—微信发布”，实现手机和网站的实时对接，充分发挥移动媒体的特性，直接对接“家园论坛”，市民动一动手指就可以随时随地反映诉求，网站收到诉求后按照事件的复杂程度及时上传到具体的负责部门，促进问题解决，同时也及时回应市民，大大提高互动效率。另外，我们也非常注重讨论民众关心的话题。比如我们举行的“民生二维码”访谈活动涉及城区发展、产业转型、消费升级、医疗改革、教育提升等市民网友关心的民生热点问题。为此，我们事先通过家园网进行预告，征集参加访谈的人员。如果居民不能前来，可以在论坛里面留言，我们会进行筛选回复。这类活动很好地体现了政府与民众的互动，实现政民的良好沟通。

课题组：家园网主动策划网络问政活动，主要围绕哪些主题展开，这些活动的效果如何？

杨建军：家园网开通以来，我们共举办了400多场网络问政、宣传活动。以罗湖区公共文化超市为例，开展到现在近4年，很受欢迎。为促进社团文化活动，家园网开设了“专题活动”版块，改变了原先政府安排社团活动下基层的情况，将文化自主权交还给市民。深圳的社团文化丰富，社团组织极多，仅罗湖区就有上百个社团组织。为了给市民提供高质量的节目，我们联合音乐家协会专家等先在线下进行节目筛选，然后将几百个社团的节目放置于网上，让居民投票来选择大家喜欢的文化形式。投票的过程既是给居民选择的过程，也是宣传动员的一个过程。在每一场专场活动中，我们还会派出几名专家组成员到现场去参与打分。这样做的好处就是促进这些社团更好地提升表演质量，形成良性竞争局面。

另外，为了让更多市民参与“网络问政”，我们在微信公众号上开通《民生微实事》栏目。这个栏目主要是在网络上对民生项目进行公示，主要包括问需（需求）、问计（对策）、问政（相关项目）、问效（效果）四个过程。比如居民看到社区道路破烂，或者存在违规建筑，都可以通过手机平台将具体情况传达给政府。家园网工作人员会将问题迅速反馈到相应的负责部门，我们的工作人员就会到现场进行考察，确定解决方案。可以说，有关社区的各种问题，只要符合政策，都可以在《民生微实事》的平台上发布，并得到回应、解决。

课题组：家园网建立了“小区—社区—街道—区”四级网络发言人制度，这些发言人承担了哪些责任和义务，具体是如何运作的？

杨建军：原则上各单位的一把手是新闻发言人，但一般情况下由分管新闻宣传工作的副职领导担任。新闻发言人与具体的工作人员形成一个小团队，遵循“采写关—总把关—发布关”的模式。

首先，我们鼓励街区的新闻发言人把自己的工作动态发布到论坛。为了规范新闻发言人的发布内容，我们区专门给街道下发了政务采编的一些要求及文件，规定了政务新闻发布的具体准则，并对发言人进行相应的培训。家园网共有700多个小区，每个小区都设有新闻发言人，为了能够及时掌握社区动态，我们鼓励小区新闻发言人积极传达社区情况。为了形成良性竞争，我们将反映表现积极的街道小区情况帖子的在论坛中置顶，同时在每月总结及年终考评时实行加分奖赏。

其次，我们尽量做到及时处理民众诉求，接受自下而上的监督。家园网分为四个层级，其中“天天有话说”为总论坛，分为10个街道论坛，每个街道又细分为社区论坛，一共分为83个社区，社区下包含小区论坛，共计700多个。论坛的架构设置按照属地的划分原则，主要方便居民反映问题，同时也方便相关部门解决问题。比如小区的居民发布了一个问题，在小区论坛里面就能解决，就不用上报到社区论坛当中了。家园网创立之初，我们依靠小区发言人主动上网搜寻网民问题。随着居民需求增多，我们开发了舆情平台，可以把居民的问题直接推给新闻发言人，大大提高反馈民意诉求的效率。

为了让居民了解诉求处理进度，我们设置了“LuooHu—舆情热图”版块，用红色、黄色、绿色来分别表示诉求处理进度。比如，接到民众诉求后，我们一般会在7个工作日内进行回复，实际上很多时候根本用不到这么长时间。但遇到复杂问题，我们会酌情处理，组织相关部门尽快给出方案，给居民一个说法。为配合舆情平台的工作，我们设立了“每周一报”“每月舆情报告”“罗湖区重要舆情月报”，进一步提高工作效率。总体来说，舆情平台督促相应部门提高办事效率，同时实现小区自我管理模式的建立。

课题组：从家园论坛的发帖情况看，2017年7月1—4日共有网民诉求17个，这个数量相对于建网初期有什么不同，有没有相关的统计数据？另外，从这10年的发展看，网民诉求呈现出什么趋势？

杨建军：网民诉求是每个月300个左右，家园网的后台会及时更新并进行计算。网民如果就同一问题发了很多次帖只算一次，无效诉求不计算在内。和建网时相比，现在网民不会乱提诉求，他们渐渐知道哪些问题是合理诉求，可以得到解决。整体来说，10年以来，网民的诉求没有减少，但也没出现爆发性的增长。虽然数量上没什么变化，但是诉求内容有所改变，比如现在的城市交通、小区物业、治安环境等问题是大家比较关心的。

课题组：目前家园网在政府工作中处于一个什么样的位置呢？

杨建军：罗湖社区家园网只是解决了一部分的问题。我们罗湖辖区有140

多万人，很多人知道有这个网站，但不一定每个人会在上面反映问题，也会通过其他渠道来反馈，比如区长信箱、城管的12350电话等。目前我们还有个电子政务网，以后计划改成政府在线，以方便老百姓办事，比如养老证、公交车免费证的办理等。与电子政务网相比，我们家园网主要关注民生问题，偏向政民互动、舆情引导和新闻宣传。

在解决具体问题上，我们也常常依托网络平台。比如我们的微信公众号，不只是用来简单地推送资讯，用户可以在上面反映问题，各个部门也可以在上面回应居民的问题。通过后台技术的筛选，用户如果仅展示风采而不提出问题，那么信息就不会推送到相关单位负责人的手机端。如果相关负责人收到舆情平台的推送的问题，要回复他们，同时用户在论坛的“舆情热图”中也可以看到问题处理的进展情况。我们一般要求相关负责部门在7个工作日内解决问题。总体来说，群众反映的问题都会得到回应。各部门无法赖账，因为微信上能够跟踪诉求进展的情况，况且时限摆在那里。

课题组：家园网倡导平等包容，注重培育草根文化，社会公益组织建立。现在这些公益组织的活动开展得如何，与家园网的关系是怎样的？

杨建军：我们家园网除了传递民意诉求、传播社区资讯，还有一个很重要的功能是为市民及公益组织等提供展示平台。有一个绿色出行者协会，他们原先是一个骑行队，成立的目的就是倡导绿色公益等活动。他们经常在家园网论坛上发布骑行活动，号召市民绿色出行。为了方便他们宣称绿色出行理念，我们专门为他们开辟了一个主页。每次活动结束后，他们就把市民积极参与的照片等信息发布上去。这一方面积极肯定市民的公益行为，另一方面营造了一个绿色出行的理念氛围。除了发布协会的信息，他们看到社区内存在问题时也会及时把问题反馈上来，方便相关部门解决问题。绿色出行者协会是一个富有正能量的组织，他们一方面依托家园网与市民进行互动，另一方面也逐渐成为家园网的忠实居民。

依托互联网与民互动

课题组：政府治理创新是个持续的过程，家园网打造了一个政府与公众的沟通平台，取得了很好的效果。家园网未来的发展方向是什么？

杨建军：罗湖社区家园网刚创办的时候，不是一个部门在做，而是多个部门一起推动。互联网的出现，让我们意识到，管理模式要发生变化，要提高思想认识水平，要改变原有的工作作风，以适应新的互联网环境。这么多年来，我们一步步摸索，逐渐建立队伍、完善制度、理顺流程、开发平台，并得到认可。比如我们建立舆情平台时，收集了罗湖区各个单位、组织的联系方式，让269个单位或组织进驻了舆情平台。一旦收到民众诉求，我们就直接推送到相关部门。没有舆情平台时，我们用Excel表格来统计居民的诉求，工作效率很低。有了这个平台，我们就不用整天盯着家园网，大大减小了工作量。目前，舆情工作都已纳入绩效考核当中。遇到难以解决的问题时，就采取实质性的措施，为解决问题创造条件；遇到实在不能解决的，要给群众合情合理的解释，消除老百姓的误解，从而提升政府的公信力。总的来说，面对民众，首先要认真对待，态度要摆出来；其次，只要想解决问题，总会找到合适的处理途径。

对我们来讲，群众关注并使用家园网就是一种自下而上的监督；从内部管理来讲，家园网又形成了一种自上而下的督促。现在看来，家园网已经形成公开、透明、交互的监督。经过这些年的实践，我们的工作话语也发生了变化，开始用老百姓喜闻乐见的方式和他们进行交流互动。

课题组：家园网依托互联网技术发展而来，它现在如何应对诸如微信、网络直播等新技术的挑战?

杨建军：家园网紧跟互联网等技术发展，推出了微信公众号、电子政务等，取得了不错的工作成效，也获得了不少荣誉。比如我们相继获得了首届广东社会治理优秀创新案例、广东省“优秀地方网站”、深圳市第八届网络文化奖年度社区服务奖一等奖等。2016年，我们“家园网微信平台”获评第十届深圳市网络文化“年度技术创新奖”，获得深圳优秀政务新媒体“最有特色微信号”等荣誉称号。社会的认可对我们来说是一种鼓励，我们也在不断学习和完善。但是互联网发展速度太快，如何实现与新技术的对接也是我们正在思考的问题，同时也希望更多学者能够帮我们出谋划策。

第五章

05

马上办：调停作为媒体价值的新内涵

案例介绍

深圳“胶囊旅馆”事件报道促成“马上就办”

2016年8月29日凌晨，深圳沙井街道马安山社区永丰公寓发生火灾，致5人死亡，另有2人因逃生踩踏及坠楼送医院抢救无效死亡。随后，5名责任人被刑拘。在此背景下，《南方都市报》抓住深圳原特区内最大城中村——白石洲“胶囊旅馆”（多个房间被隔成小房间）火灾隐患进行深入调查，并在《南方都市报》深圳读本民生监督品牌栏目——《马上办》推出系列重磅报道，以报道督促政府部门“马上就办”。

报道刊发后，引发各界强烈反响。

中央政治局委员、时任省委书记胡春华，中央委员、省委副书记、时任深圳市委书记马兴瑞迅速批示。随后，时任深圳市市长许勤在时任南山区委书记姜建军、区长王强的陪同下，对报道中的“胶囊旅馆”进行视察，并现场指示：对安全隐患一定要尽快并坚决地整治，一定要确保群众安全。

同时，许勤还带去了时任深圳市委书记马兴瑞就此事的批示：有些违建该整治的就整治，该拆的就拆，怎么确保安全怎么去尽快整治。

许勤表示，城中村人口密度高，且用材、设计等没有规范，相关部门应该下定决心，对安全隐患进行集中整治。他以日前发生在宝安沙井的悲剧作为例子，称：“宝安的事就是没有对安全隐患进行整治。今天的隐患，就是明天的事故。”在整个视察过程中，许勤连连发言，指示各相关部门对安全隐患一定要加大力度进行整治。

此外，时任南山区委书记姜建军在现场也表示，前一晚曾在网上查询资料，发现深圳市住房和建设局曾有明确的规定，不允许“胶囊房”的存在，“原房子是什么样，就是什么样，不能随便乱隔”。他表示，针对城中村的治理情况，不仅要拆还要罚，“我们不能前脚拆完，他们后脚就又来隔，对这种情况首先就应该进行处罚，杜绝回潮”。

辖区街道办则迅速进行排查，发现69家旅馆有消防隐患。

沙河街道办公开回应，根据《南方都市报》深圳读本中《马上办》报道的白石洲农民房被隔断成廉价旅馆存在安全隐患一事，街道高度重视，迅速行动。安监科、执法队进行现场检查，发现该旅馆存在私自改造房屋内部结构、楼道间没装应急灯、房间没有逃生窗、缺乏安全指示、阳台隔成房间住人等安全隐患。8月30日，街道安监科对该旅馆二至五楼私自改变内部结构部分进行强制拆除，并依法对旅馆进行查封。

为维护好辖区公共安全，沙河街道办对辖区“胶囊旅馆”进行全面排查整改。8月30日晚，街道主要领导带领全体干部，按照挂点情况分赴各自挂点社区开展全面排查，截至8月31日8时，共排查旅馆84家，其中69家存在消防器材不足、逃生通道堵塞、逃生窗缺少、可燃材料隔出房中房等安全隐患。下一步，街道将集中力量开展“胶囊旅馆”专项整治行动，对存在安全隐患的将严格执法，依法顶格处罚，该拆除的坚决拆除，整改不到位的一律查封。

一座城市应对安全风险的能力和机制，反映了这座城市的整体文明水平和综合竞争实力。经白石洲“胶囊旅馆”事件后，南山区并没有因此松懈，而是下决心标本兼治。

南山区召开关于“房中房”整治的专题会议，会议提出在全市率先出台“房中房”问题长效管理机制，明确整治、监管、审批、执法四大责任主体，在全区各个街道全面开展整治行动，多措并举破解“房中房”难题，努力实现存量减少、增量为零的目标，切实保障辖区居民的居住安全，打造宜居城区环境。

在2017年年初的区委全会和两会上，南山区将安全发展列入2017年南山区八大质量提升目标，更把安全生产作为开展“城市质量提升年”的重中之重，以最严格的标准、最严密的制度、最严厉的处罚、最严肃的问责，持续做好安全生产各项工作，奋力打开世界级创新型滨海中心城区新局面。

案例研究

监督下的调停：网络时代传统媒体的价值变迁

——基于《南方都市报（深圳版）》的《马上办》栏目的个案考察

一、引言

新媒体的崛起渐渐分去属于传统媒体的市场，自从2005年中国大陆地区的报纸收入出现转折点以来，报纸媒体在互联网时代如何发展一直是新闻业界关心的热点问题之一。传统媒体有两个代表性的特征来区分于新媒体：一是传播技术，二是媒介价值。互联网技术的发展使得新媒体能够实现新闻信息的随时随地生产，以及使得用户生产内容成为可能，而传统媒体固有的采编流程使其无法在传播的速度上与新媒体比肩。但是报纸作为传统媒体所固有的新闻价值是新闻专业主义的源头，也是社会现代性的基本意涵。

当前，我国正在经历改革开放带来的社会阶层结构变迁。在此前的计划经济阶段，经历了国家对社会阶层的改造，传统社会结构被行政划分的“两个阶级一个阶层”（农民阶级、工人阶级和知识分子阶层）取代。改革开放后，中间阶层开始不断壮大，橄榄形社会结构正在形成。沃尔特·李普曼认为，大众传媒并不简单以镜像史来反映真实的社会，更加是通过对新闻和信息的选择、加工和报道，重新加以结构化形成“拟态环境"[①]。都市类媒体的兴起是对橄榄形社会的一种映射，哈贝马斯提出的现代意义上的公共空间是与大众媒介的兴起同步的，并提倡将公共领域作为一个历史范畴来加以讨论[②]。

传统媒体所代表的新闻专业价值仍然是今天新媒体所难以达到的，因此以都市报为代表的传统媒体开始转向本地新闻信息的价值深耕，探索传统媒体在互联网时代的独特价值。

二、互联网时代改变了报纸的媒介生态

（一）推动报业集团技术平台的构建

一直以来，传统媒体重采编和内容而在新媒体技术上有所不足，传统媒体往往是在互联网推出新产品后才进行跟进的，从早期的报纸上网到后来的手机报再到微博、微信平台和客户端等，传统媒体在技术更新上显得被动和滞后。

目前，已经有传统媒体认识到了技术创新的重要作用，浙报传媒在2011年启动的"传媒梦工厂"项目可以看作传统媒体弥补技术劣势的举措，2013年又联合阿里集团共同成立传媒梦工厂创投基金进行互联网早期投资，并先后投资虎嗅网等近30个新媒体项目，2014年启动"媒立方"媒体融合平台建设[③]。南方报业传媒集团从2012年起开始布局信息系统层面的研发，全力搭建一体化的信息平台和数据库建设，涵盖南方都市报在内的全媒体集群，筹建物理和技术层面的信息集成中心：集成系统和中控台，进行生产流程和组织架构等配套重组，谋求整体转型，构建起新的生产力、生产关系[④]。在新媒体平台的发展过程中，传统媒体开发的新媒体平台有利于资源整合。

在互联网时代，技术虽然不能决定一切，但技术之于信息传播如同交通

①沃尔特·李普曼著，闫克文、江红译：《公众舆论》，上海：上海人民出版社2006年版，第2页。
②哈贝马斯著，曹卫东、王晓珏、刘北城等译：《公共领域的结构转型》，上海：学林出版社1999年版，第12页。
③人民日报社：《浙江日报报业集团：用户即阵地》，载人民日报社编：《融合元年——中国媒体融合发展年度报告（2014）》，北京：人民日报出版社2015年版，第164页。
④曹轲：《媒介融合和南方报人的实践》，《中国广播》2014年第3期，第21—23页。

之于城市，属于基础建设，如果技术滞后，其他方面将无从谈起。传统媒体的资本布局也随之向技术方面倾斜，引入互联网公司的资金和技术，使得传统媒体在技术上不落后于新媒体。

（二）寻求政府合作深耕内容价值

与新媒介相比，政府与传统媒介的关系更加稳固。但是和过去相比，政府和传统媒介也在寻求新的关系，传统媒体相对于新媒体来说，有着与政府合作的天然优势。在受到新媒体冲击的今天，传统媒体除了依靠自己的力量实现技术跟进和创新，也自然而然地转向寻求政府合作。

目前报业集团和政府间的合作主要有几种模式：①“人民日报模式”侧重于影响力和引导力的提升，尤其是增强人民日报品牌在年轻一代中的影响力。②“上海报业模式”侧重于媒介的重新布局和话语权的争夺，进行了媒介生态的整合。一方面联手腾讯和百度等互联网公司，加深媒介本地化的“深耕细作”；另一方面依托不断更迭换代的新技术，打造新平台，整合现有的采编资源，追求新闻产品价值的最大化，其中有“上海观察”“澎湃新闻”“界面”等。③“南方报业模式”侧重于新闻信息新产品的开发和资本的多元化运作。一方面整合采编和技术资源继续守住现有的新闻阵地，另一方面重点打造南方舆情，利用数据挖掘技术和报纸深度解读的优势，为政府部门和企事业单位提供个性化定制的“工作内参”，包括舆情监测、舆情分析和舆情解决方案等。④“浙江日报模式”的突出特色是以收购来开拓资金链、数据库建设以及和政府部门的深度合作。数据库的建设理念是基于全方位的受众服务意识，包括用户数据库（目前已有6.4亿注册用户数据）[①]、专业化内容数据库以及云服务智能开放平台三方面的内容，目标是立足本地化，满足浙江用户的一切信息需要，如新闻、交通、就业、医疗、食宿、养老等各个方面。浙报集团与浙江省各地级市政府缔结为战略合作伙伴单位，开展新闻宣传、网媒合作、报业经营合作、产业投资合作等多方面合作，推出政府微博、微信，开设权威发布、政策解读、民生视角、便民服务等多个

①郭全中：《资本、技术和创投三位一体的融合道路——对浙报集团融合创新实践的分析》，《新闻与写作》2015年第8期，第45—48页。

项目①。下一步，浙报集团还将和浙江省政府展开合作，帮助浙江省政府建立医疗改革和养老金等方面的数据库②。

总体来看，政府还是偏向保守。有关政府部门宣传报道的第一选择仍然是报纸版面，其次才考虑用新媒体形式。究其原因在于，政府部门的新闻一般要有各级审核来确保安全，新媒体的即时性和交互性让政府觉得难以把握。

三、“马上办”简介

在20世纪90年代中期，都市类媒体开始崛起，都市类媒体多立足于本地社会新闻题材，广泛挖掘报道市民阶层感兴趣的热点问题，媒介监督成为都市类媒体实现其社会责任的主要路径。在传统媒体时代，媒体实现监督的主要方式是报道新闻事件并附上新闻评论，以引起社会的广泛讨论。但是在互联网时代，人人都是“记者”，记录和监督无处不在，传统的媒介监督形式遭遇了挑战。

自从都市类报纸兴起以来，类似《帮办事》的栏目一直存在。比如读者投诉街道电灯坏了，记者去反映一下，灯就亮了，多是媒体面对读者的两方关系。2015年10月改版时，《南方都市报（深圳版）》尝试对传统的监督类栏目做出调整，提出这类栏目加入新内涵，不仅要强化报纸与读者的关系，还要体现出报纸对政府的监督功能。推出《马上办》栏目，在报道事件的基础上，点名相关政府的责任部门，以引起重视，推进办事效率。《马上办》栏目的特色是每次要点名，不是把具体的投诉人点出来，而是把具体单位以及相关的政府部门点出来。后来，在此基础上，推出打分评价体系，因为打分体系更接近政府部门中的绩效评价系统，易于被政府部门接受。《马上办》栏目主要聚焦于当地城市发展和社区发展中的微观问题，一面代表当地

①浙江新闻：浙报集团与义乌战略合作 构建全媒体大型服务平台，2014年9月26日，http://zjnews.zjol.com.cn/system/2014/09/26/020275639.shtml。
②蒋国兴：《深化内部改革 加快融合创新》，2015年7月11日在暨南大学传媒领袖讲习班第八期的演讲。

居民发现政府处理当地事务过程中存在的问题，另一面从政府立场出发，提出一些可行性的建议，同时，又站在第三方立场上，对政府部门的办事效率和解决程度进行打分。这种新型的媒介监督形式，不再是一味地问责政府，而是强调监督与建议并重，从细微处将媒介监督落到实处。《马上办》栏目推出当年，就在深圳新闻奖评选中获得了优秀新闻奖。从《马上办》的案例可以看出，传统媒体的监督形式和监督价值在转向本地新闻价值的深层挖掘。

四、新闻从宏大叙事向微观叙事转变的价值取向

（一）固有的宏大叙事框架

宏大叙事也称“元叙事”，其特点是集中的主题、明确的目的、叙事的连贯性和自身内在的统一性，这种叙事方式具有垄断性、强制性。美国学者罗斯（Dorothy Ross）指出，“由于将一切人类历史视为一部历史，在连贯意义上将过去和将来统一起来，宏大叙事必然是一种政治结构、一种历史的希望或恐惧的投影，这使得一种可争论的世界观权威化”[①]。一直以来，在我国媒体中讲述事件的方式是采用官方话语体系，这种话语体系形成于宏大叙事的历史观之下。作为讲述社会事件的一种历史观，宏大叙事强调事物发生过程的客观性、目的性、机械决定论和本源主义等特征，重视历史进程的客观规律性，认为任何事物的发生都有一个最初本源和最终目的，历史事件发展中的任何活动、事件的发生都有其“因果关系”方面的依据，即具有客观必然性。长期以来，我国新闻报道的叙事结构、叙事主体、叙事语言等都受到宏大叙事的影响[②]，对新闻价值的判断标准与政策和政治环境高度相关，采访和关注对象的代表性、知名度越高，新闻价值就越高。

在现代媒介的叙事体系中，宏大叙事组成了一个无所不包的结构，这种叙事方式隐含了使某种世界观权威化、合法化的本质。但是，宏大叙事的讲

①Ross D. Grand narrative in American historical writing: from romance to uncertainity,*The American historical review100*,1995,p.653.

②肖一：《新闻传播：逐渐走出宏大叙事》，《新闻爱好者》2005年第10期，第29页。

述无疑是冒险的，因为未来的事件会疏离所讲的叙述路线①。利奥塔认为现代性就是一种宏大叙事，并将对宏大叙事的怀疑和解构看作“后现代”②。哈贝马斯认为大众媒介的兴起促成了现代意义上公共领域的产生，“17世纪后期的英国和18世纪的法国才真正有公共舆论可言，因此我们把公共领域当成一个历史范畴来讨论”③，并认为这个领域的主要功能是社会批判。随着我国经济和社会的发展，新闻叙事在逐渐摆脱“宏大叙事”的束缚，对原有的新闻观念、新闻理念、新闻价值判断进行重新思考和重新定位。

（二）新闻价值的再创造

杨保军认为，新闻价值关系指的是新闻价值客体之属性、功能对新闻主体的效应关系。新闻传播活动的主体具有双重性，即传播主体和接受主体，它们共同构成新闻价值的关系系统④。依据他对新闻主体和新闻价值活动对象间的价值关系，我们将分为三个类别讨论栏目的新闻价值关系。

1. 传播—接受主体与新闻事实间的价值关系

传播主体和新闻事实间的价值关系被看作是一种精神性的价值关系，新闻机构和新闻记者在进行新闻事实的选择时，依据的尺度是新闻事实蕴含的事实属性和功能信息，可以实现作为传播者的新闻价值追求和新闻价值追求为基础的其他价值⑤。记者在获取和筛选新闻线索的时候，通常会以新闻政策、利益、需要等为尺度，在只是以传者主体为衡量标准的情况下，传者主体需要一方面立足自身的价值和利益需要，另一方面扮演受者主体的角色，达到两种角色利益、需求等尺度的矛盾统一。在《马上办》栏目的新闻线索提供中，社区群众被发动为新闻线索的提供者，他们从受者主体的地位出发，为传者主体提供另一种价值视角。目前《马上办》栏目大概有10名记

①Ankersmit F & Kellner H. *A new philosophy of history (critical views)*, London: Reaktion Books.1995.

②让弗·利奥塔著，车槿山译：《后现代状态——关于知识的报告》，北京：生活·读书·新知三联书店1997年版，第10页。

③哈贝马斯著，曹卫东、王晓珏、刘北城等译：《公共领域的结构转型》，上海：学林出版社1999年版，第2页。

④杨保军：《论新闻价值关系的构成》，《国际新闻界》2002年第2期，第55—60页。

⑤杨保军：《新闻价值论》，北京：中国人民大学出版社2003年版，第44页。

者，他们经常深入社区，对社区的情况非常了解，与社区的群众沟通很多。群众如果有问题会通过电话、网络等各种方式爆料，也想引起媒体的关注以帮助解决问题。在这种情况下，记者能够在第一时间获得群众爆料。

接受主体对传播主体选择后的新闻事实进行再次选择，通过市场这只无形的手，对传播主体的选择行为产生影响。接受主体在接受传播内容时，会将传播主体蕴含在传播内容中的认知和评价内化为接受主体的精神内容，如果这种内化能够生成接受主体的精神动力和行动指引，接受主体就会成为传播过程中积极主动的参与者，成为有新闻价值的活动主体。有了《马上办》栏目后，特别是有了打分系统之后，政府部门就开始重视了。有些就算第一次报道时没有效果，第二次报道时政府部门就开始紧张了。后来政府部门主动邀请记者回访，不仅把被报道的问题解决了，还形成了配套文件，推动城市问题治理机制的建设。

2. 传播—接受主体与新闻文本间的价值关系

新闻文本的创制是传播活动不可或缺的一环，杨保军批判了把新闻价值仅仅看作记者选择新闻事实的标准的观点，而认为应该有更加丰富的内涵。他认为价值应当定义为客体属性、功能对主体的效应，即客体对主体产生的实际作用和影响。《马上办》栏目在刚创立的时候，只是用于刊登和政府部门有关的群众投诉事件，与传统的投诉类栏目并没有区别，直到后来设立了评价机制即打分体系，才开始受到政府部门的重视。

当新闻生产机构在使用相同新闻线索制作新闻时，由于文本表达和讲述方式存在差异，将会带来不同的新闻价值。杨保军认为在传播主体和新闻文本之间存在着一种尺度系统，包括主体尺度、客体尺度和一般价值尺度，这种尺度系统构成了传播主体和新闻文本价值关系的“中介价值内涵”。文本质量的高低在“中介价值内涵”中具有决定性的作用，因此新闻机构在制作文本时需要不断改版，不断优化新闻文本，使其形式和内容实现更多价值。《马上办》栏目刚开始的时候，有半年没有打分功能，有些被点到名的政府部门会想办法阻止稿件见报，或者说他们已经改进了，是不是再做一篇正面的。记者和编辑自身也难以衡量媒介的分数是否权威和客观，但报社判断这是媒介监督权的体现，从媒介的职能出发可以给政府部门评分。

3. 传播—接受主体与传播效果间的价值关系

传播效果的价值被认为是整个传播过程价值关系中的核心内容。传播效果被认为是可以通过测量得到的客观存在，其指标体系主要包括客体在接受新闻传播的内容之后思维、情感、行为、观念等变化的幅度和方向。接受主体对新闻文本的解读过程被看作是新闻文本对其价值观念、行为方式产生影响的过程，也就是新闻文本对接受主体产生价值内化的过程。在新闻文本的传播过程中，传播主体用尽各种技巧对新闻文本进行包装，让其最大限度地吸引目标受众的眼球，构建起传播主体—接受主体间的价值关系，使传者主体的价值观念导向受者主体。实行打分制度之后，记者反馈线上的政府部门负责人真的开始看栏目的评价体系，并认真考虑分数的含义。传播效果关系到主体传播目的的实现，因此会反过来影响传播主体，“更为重要的是，传播行为中的优长和缺陷在效果中会尽显出来，它为传播主体的后继传播活动提出了有效而宝贵的反馈信息”[①]。

五、媒体对政府评价的实现

在我国，一直以来，媒体和政府的关系被定义为“喉舌”，媒体内容更多体现政府意志，行政权力大于媒体监督权利。媒体对政府进行监督一直被各家新闻机构视为较难进行的操作，而《马上办》栏目在一定程度上实现了市场化媒体对政府部门的系统化监督，对其经验进行分析就有了一定的价值。

本研究认为，主要有三个方面的原因：一是监督政府层级的选择。在政府回应与抗争事件的关系的研究中，研究者发现政府层级与政府回应之间存在着一定程度上的因果关系，政府层级越高越容易得到回应，而政府层级越低则越难得到回应[②]；二是监督题材的选择。研究发现媒体在对冲突事件进行

①杨保军：《论新闻价值关系的构成》，《国际新闻界》2002年第2期，第55—60页。

②Yang D L. *Discontented miracle: growth, conflict, and institutional adaptation in China*, Singapore: World Scientific Press,2007.

报道时，会采取不同的框架，不同的框架存在不同程度的政治风险。传统媒体会采取框架整合的策略，在整合的基础上形成一个官方和民间都能接受的话语，这种话语常常以建议和倡导为基本内容，其目的是形成更加开放的公共参与和政治协商。三是提出问题和提出建议并重。斯诺（David A. Snow）等在其框架理论中提出，框架连接、框架放大、框架延伸、框架转换等策略的目的是连接潜在的参与者[①]。媒体努力构建的平台使得国家和社会能够在这个平台上展开平等对话和协商，从而对政府行为产生影响。换言之，媒体使用了一定的框架和话语策略，促进了官方和民间对话的产生。

总体来看，在我国目前的话语结构中，政府仍然处于强势位置。《马上办》栏目在报道和呈现过程中使用了一些技巧。首先，尽量选择与政府部门相关的，并且政府在这个问题中上能起主导作用的选题。其次，传播者要比较清楚政府哪些神经是目前不能触碰的。如果报道的影响面太大，就会在报道和解决问题之间寻找平衡，这就是所谓的戴着镣铐那部分。目前，南都App上打赏金额最高的纪录就是《马上办》提供的新闻线索。是一个关于水库建设拆迁的稿子，打赏金额有1800多元。记者发现，在实践中发现凡是这种和小区有关的投诉，读者特别舍得打赏。从中我们也可以看出，媒体存在的价值之一就是为公共议题出声，帮助群众向政府反映问题，督促政府解决问题。

六、传统媒体向“社会调停者”的转变

西方的政治学理论认为，现代社会是以向公民社会的转型为特征，国家治理的转型呼唤多种社会主体的参与，新兴传播技术的变革带来了多样化的参与途径，政治协商理论将参与视为社会公众实现权利的必要过程，参与提高了社会主体的价值。在我国，传统媒体的首要职责是承担党和政府的“喉舌”功能，随着政府“简政放权”措施的推行和社会事务的日益复杂化，社

①Mcadam D. *The Wiley-Blackwell encyclopedia of social and political movements*, N. Y.:John Wiley & Sons,Inc,2012.

会力量在公共事务中成为重要的桥梁。贝雷尔森认为，各种政治冲突可以被有效解决对于维持现代政治体系发挥作用至关重要[①]。分析近年来社会冲突事件的报道可发现，传统媒体在进行此类事件报道的框架整合中扮演着关键角色，它们通过凸显、过滤、改造和淡化等技巧，消除了民间立场和官方立场的对立框架，使得民间诉求能够在一定程度上被政府接纳和产生积极的回应[②]。佩特曼认为，“公民参与政治最恰当的领域就是与人们生活息息相关的领域，这是人们最熟悉和最感兴趣的领域”[③]。都市报是我国大众传媒领域市场化程度最高的媒体类型，在对其报道进行框架分析后发现，都市报在报道社会冲突事件时，大多抱持“民间立场”，并在具体议题中积极促成民间与官方两个舆论场的对话，成为政府和社会互动的中介[④⑤⑥]。栏目负责人认为：“我们在报道的时候，不能只是质问，还要找专家或者人大代表咨询一些建议，借他们的话提出一些可实操的建议。这样一来可以转移下焦点，二来可以让这个话题显得没有那么尖锐。有些工作应该是政府来做的，可能还需要其能力的提高，现阶段我们媒体可能就要承担一些。有时候，我们也在担心有些提议是不是太外行，但是作为媒体，你必须去提，我们自己必须首先有这个态度。”

政治态度与经济发展的调查数据表明，经济发展水平和政治及政治活动的兴趣度呈现正向相关关系[⑦]。哈贝马斯将传媒所代表的公共领域分为两个方面：一是公共关系，二是共同努力。大众传媒能够改变、创意性地拓宽和批

---

①Berelson B. *Voting:a study of opinion formation in a presidential campaign.*University of Chicago Press,1954.

②曾繁旭：《传统媒体作为调停者：框架整合和政策变迁》，《新闻与传播研究》2013年第1期，第37—50页。

③卡罗尔·佩特曼著，陈尧译：《参与和民主理论》，上海：上海人民出版社2006年版，第9页。

④李艳红：《大众传媒、社会表达与商议民主——两个个案分析》，《开放时代》2006年第6期，第5—21页。

⑤曾繁旭：《形成中的媒体市民社会：民间声音如何影响政策议程》，《新闻学研究》2009年总第100期，第187—220页。

⑥徐桂权、任孟山：《时评作为一种利益表达方式：传播社会学的考察》，《开放时代》2010年第2期，第115—132页。

⑦Berelson B. *Voting:a study of opinion formation in a presidential campaign.*University of Chicago Press,1954.

判性地筛选受外界影响的价值、观点[①]。20世纪90年代以来，各种社会抗争事件在环境保护、消费者权益保护、妇女儿童权利维护等领域不断出现，媒介参与使得这些事件迅速在社会中产生影响，提升社会对某一类型事件的关注度，有些会促进政府部门对相关政策进行调整。中国传统媒体在2000年后经历了“理性”“建设性”调整的过程，并将这个过程与新闻实践相结合，将其看作中国特殊的公共参与形式[②]。

七、结语

就传统媒体探索的改革路径而言，《马上办》有其独特的存在价值，既有媒体监督的传统功能，也有与政府合作的媒体意识。公共舆论一直以来被看作实现媒介监督的基础，大众传媒被看作公共舆论的重要组成部分。但是哈贝马斯指出，不能把大众传媒看作公共舆论的完全代言人，相反，他认为大众传媒由于政治和经济的原因。甚至可能损害公共舆论。追溯公共舆论的起源，必然要与公共领域相联系起来。从社会结构的角度分析，公共领域被看作来自市民社会的批判和国家权力机关产生妥协的一个虚拟空间，因此这个空间中的两个要素被认为是至关重要的：一是参与，二是讨论。由于我国政治与西方政治存在诸多相异性，公共领域的概念并未照搬到我国的政治社会中来，但是仍然有很多可以借鉴讨论的地方。

在新媒体时代，公众意见被更加以“显像”的形式呈现出来，不妨把舆论看作社会空间中次场域空间的存在，其中包括若干相互刺激的因素，这些空间相互碰撞交织、容纳或者相斥。主要包含三个要素：一是同一空间的人群密度，二是交往频率，三是舆论场的开放度[③④]。舆论场的热度和开放度会

①哈贝马斯著，曹卫东、王晓珏、刘北城等译：《公共领域的结构转型》，上海：学林出版社1999年版，第2页。

②曾繁旭：《形成中的媒体市民社会：民间声音如何影响政策议程》，《新闻学研究》2009年总第100期，第187—220页。

③邢彦辉：《两个“舆论场”的张力与融合》，《中国记者》2012年第12期，第101—102页。

④周培源、姜洁冰：《官民舆论场的特点及其互动》，《青年记者》2012年第24期，第30—31页。

左右讨论的充分程度。官方和民间两个基本的舆论场相对独立又不可避免需要信息的交换和观点的融合，这将为新时期的媒体赋予更加丰富的内涵，媒介的桥梁作用和沟通技巧是需要日益强调的内容，从舆论场的角度展开进一步的媒介监督研究是未来值得努力的方向。

案例访谈

当好政府与社会的“调停人”

——《南方都市报（深圳版）》的《马上办》栏目负责人戴越访谈

2016年8月29日凌晨，深圳沙井街道马安山社区永丰公寓发生火灾，致5人死亡，另有2人因逃生踩踏及坠楼送医院抢救无效死亡。《南方都市报（深圳版）》的《马上办》栏目迅速跟进报道该事件，引起广东省各级政府高度重视，有效推动了“胶囊旅馆”问题的解决。《南方都市报》以监督报道闻名，《马上办》栏目关注的更多是城市发展议题，与传统的宏大叙事有明显的区别。随着新媒介技术的兴起、传统媒体的转型、官方媒介的生态变化，我国的媒介监督将呈现何种面向？在城市治理实践中，媒体作为政府与社会的中介环节，如何发挥其“调停人”作用？《马上办》是《南方都市报（深圳版）》的名牌栏目，近几年来在媒介监督环节做出了许多新的尝试，课题组带着上述问题于2017年6月27日在南方报业传媒集团采访了该栏目负责人戴越。

课题组：《马上办》栏目开办之初，报纸对其是一个什么样的定位，实际解决了哪些问题？

戴越：这么多年来，类似《帮办事》的栏目一直都是有的。比如读者投诉街道电灯坏了，记者去反映一下，灯就亮了，这种情况更多是媒体面对读者。2015年10月改版时，报社领导提出对这类栏目加入新内涵，不仅要强化报纸与读者的关系，还要体现出报纸对政府的监督功能。具体操作也比较常规，比如《马上办》栏目每次要点名，我们不是要把投诉人点出来，而是把具体单位以及相关的政府部门点出来。

记得《马上办》第一期做的是关于城中村的房子存在火灾隐患的选题，周一就见报了。由于那个周一之前，深圳刚刚发生一场城中村的大火，正好是个舆论关注的热点，《马上办》第一期发表后，报道效果很好，读者反馈也很积极，那个与城中村大火相关的街道办就很紧张。《马上办》第一期就做出了影响力，让我们没有想到的是第二期、第三期的《马上办》竟然获得时任深圳市市长许勤的批示。“马上就办”也是时任深圳市委书记马兴瑞大力提倡的，《马上办》的一些报道也得到他的肯定和批示。

有了肯定和支持，我们就开始放手去做了。特别是打分体系建立之后，《马上办》栏目慢慢在政府系统里面有了影响力。在当年深圳新闻奖的评选中，《马上办》栏目还获得了优秀新闻奖。回头看看，通过《马上办》栏目解决的问题还是挺多的，像“胶囊旅馆”、小区拆迁、道路交通管理等。有些事情我们几年前就报道过，并没有引起政府部门的重视，有了《马上办》栏目后，特别是有了打分系统之后，政府部门就开始重视了。有些就算第一次报道没有效果，第二次报道政府部门就开始有动作了。后来他们主动邀请记者进行回访，有时候不仅把被报道的问题解决了，还形成了一套文件，推动一些城市问题治理机制的建设。

课题组：《马上办》栏目的打分有一个具体的标准吗？

戴越：我们建立了10分的评价体系，包括响应速度、处理速度、难度评价参数等，具体形成了一个成文的指标体系。这些年坚持下来，《马上办》在报纸版面上的权重也在不断增加，现在只要有《马上办》的新闻肯定是第一个见报的。《马上办》的价值就是体现在媒体对政府的监督上，它能够实实在在发挥作用，能够让政府行动起来，能够解决问题。对于媒体来讲，这也是媒体社会责任感的体现。根据这些年来的经验，如果一些问题需要媒体去推动解决，多半是老百姓实在没有办法解决的事情。在这个情况下，媒体去监督政府，拍拍板子一般都不为过。我们选择的也都是这种问题比较迫切的题材，通过媒体的监督推动问题的解决，以达到政府与社会的某种平衡。对于媒体来讲，在这个过程中如何选题，如何报道，如何把握分寸显得尤为必要。如果是短期内根本无法解决的选题，报道的价值就会打折扣；如果报道夸张，甚至失实，那报纸的专业水准就会受到质疑；如果报道只是一味揪住问题，不去寻找解决问题的途径和方法，监督效果也可能不如预期。总体来看，媒介监督完全可以旧瓶装新酒，不断提高监督水平，在城市治理的细微之处发现政府发现不了却又是政府职责所在也能够解决的问题，媒介监督在盘活这类新闻资源的同时起到政府与公众问题调停人的作用。

课题组：政府部门对于你们给出的分数认可吗，对此会有哪些反应？

戴越：这是个相互信任的过程，当发现你这个栏目不是故意找茬，而是帮助解决问题的，政府是愿意与媒体合作的。政府对于我们打出的分数比较在意，如果他们不认可，会通过记者接洽我们。他们有时会问，为什么你们报道的问题已经解决，但还是给我们打一个及格的分，不应该8分吗？正是在这种相对宽松的环境下，我们才能不受干扰地继续做好这个栏目。我们报社领导有时也会被政府邀请去讨论政府现代治理能力，而且都是让他以《马上办》来做一个讲解的切入点，说明政府对这个栏目是认可的。

我觉得《马上办》在寻找一些选题尤其是老大难问题、政府盲点问题还是挺成功的。政府有一些工作盲点，平时不会意识到。如果这一类问题平常没有影响到谁的利益，可能公众也不会主动去反映，我们的机会就来了。比如，《马上办》有一期报道深圳的一条无名路，这条路在高架桥上，并不是很偏僻，加之这条路的尽头是一个交警大队，还停满了“僵尸车”。我们的记者为了求证这一条路到底是谁负责管理，把周围的部门全部问遍了，包括街道、居委还有交警。结果是所有部门都说不知道，我们继续深入调查，发现这一条路的确是在无形当中形成的，也没有划入任何部门的管辖范围，被很多人用来做了垃圾场、停车场。我们的报道出来后，城管和交警两个部门正式接管了这条路的保洁和交通秩序工作，算是推动了政府工作盲点的解决。《马上办》的记者能够深入到城市的各个角落去，总会发现一些城市治理的盲点，这些对于政府的工作还是很有价值的，也逐渐获得了政府的肯定。

课题组：你们打分最低的一次是多少？

戴越：有打过0分的。比如刚才说的无名路，因为我们问遍附近的部门，就在交警大队门口的路，政府部门却说不清由谁负责，这是说不过去的。当然0分只是我们推动问题解决的方法，而不是目的。看到我们发现的问题得到圆满解决，事实上我们也很有成就感，政府的行政效能也获得了提高。我们打分最终是追求双赢，通过这种形式上的监督，推动实际问题的解决。

课题组：在报道过程中，政府部门是否有不认可的情况，会不会直接找到你们？

戴越：应该说只要我们的报道见报，一般就会有政府部门的人员与我们联系。从之前的经验看，城管部门找我们找得比较勤快。这也可以理解，毕竟目前我国的城市管理工作处于矛盾的高发期。我们应对这种情况有自己的原则，政府有不认可的权力，我们也有报道问题的权力。如果我们媒体的报道失实，我们内部自己就会处理；如果报道没有失实，报道把握的度也没有问题，这种情况下如果政府不满意报道，我们是尽量不管的。实际工作中，像城管、住建这样比较强势的部门可以直接对媒体造成干扰，但《马上办》栏目还是能够坚持做自己。长远来看，推动问题的解决是报纸和政府的利益结合点，这是双方合作的基础，也是媒体监督得以实施的保障。

课题组：有没有被压下来的案例？

戴越：我没有发现被压下来的案例，但是会有一些缓报的案例。比如深圳某小区的业主委员会和物业管理之间有了矛盾，物业派人把业委会砸了，动手期间派出所和街道都有人在，但是没有人制止。报道期间，街道跟我们商量能不能缓一下，有了调查结果再报，所以我们晚了一两天。但是最后报道内容是没有打折扣的，街道最后也给了我们一个详细的调查结果。

课题组：《马上办》栏目有多少记者，他们是如何获得新闻线索，你们是如何选题的？

戴越：目前《马上办》栏目大概有10名记者。这群记者经常深入社区，对社区的情况非常了解，与社区的群众沟通也很多。群众如果有问题会通过电话、网络等各种方式爆料，他们也想引起媒体的关注以帮助解决问题。在这种情况下，记者能够在第一时间获取群众爆料。我们也是尽量选择与政府部门相关的，并且政府在这个问题中上能起主导作用的选题。比如小区里面业主和开发商的矛盾，我们做过几次，如果是工程质量问题，那么住建局的责任是避无可避的，我们会选这样的；但如果是市场本身的问题，政府最多帮助协调的，就尽量不选了，除非这个案例很特别。

现在南都App上到目前为止打赏金额最高的纪录就是《马上办》的新闻报

道。那是一个关于水库建设拆迁的稿子，打赏金额有1800多元。我们在工作中也发现，凡是这种和小区有关的投诉，读者都特别舍得打赏，他们希望媒体能够帮他们解决问题。我们从中也可以看出，媒体存在的价值之一就是为公共议题出声，帮助群众向政府反映问题，督促政府解决问题，从而真正做好政府与社会利益“调停人”的角色。除此之外，《马上办》栏目也在开发新产品，比如我们会以月榜、季度榜、半年榜和年度榜进行舆情指数分析，发现容易发生投诉或产生利益纠葛的领域，为政府决策提供一些参考。

课题组：听说这几年在深圳两会上，《南方都市报》都会提出自己的民间提案，《马上办》栏目在其中发挥了什么作用，能否介绍下这个情况?

戴越：南都在每年深圳两会都会提一个民间提案，到今年是第九个了。《马上办》栏目的出现，为我们提供日常接触政府部门的机会，以至于现在很多人大代表和政协委员会主动过来替我们梳理问题、提供观点。

2017年，南都的民间提案与共享单车有关。这个民间提案是有民意基础的，很多代表也想就这个事情发声。民间提案一般都是靠调查来推动的，正好我们记者发现城中村的共享单车乱停乱放问题严重，加之保安又把所有车扔到一块空地，在空地上累积起来变成一座几十米高的山。相关的照片拍出来迅速成为朋友圈的热点，于是今年提案我们就把“单车山”问题提出来了。这个提案还是引起了重视，深圳市交通运输委员会等部门在大概半个月后有了回应，说已经研究通过了共享单车发展指导意见的草案。这个指导意见要求以后修路必须配自行车道，并且以一个规划形式确定下来。这个提案的效果还是引发了共鸣，以后共享单车如何修理、如何停放都有明确和细致的规定。可以说，当深圳市已经将共享单车停放等问题上升到人大提案的时候，其他城市都还没有意识到这个问题。

课题组：《马上办》栏目似乎只有深圳版在做，深圳本地报纸似乎也没有像《南方都市报》一样把这种监督性质的栏目做成体系的，能否简单谈谈这个情况?

戴越：是的，《马上办》栏目目前只有深圳版在做。《南方都市报》作为都市类媒体，是需要市场和读者的，也是需要靠产品吃饭的，因此我们做栏目就需要不断创新。这种自我创新也是《南方都市报》的一个传统，而且我们对于媒体监督也有新的认知，也就是说，媒体与政府之间除了监督与被监督的关系，还有一种合作的关系。这种合作是之前大家很少提到的，而这一点正是我们能与政府达成一致的关键环节。

具体到操作层面，我们刚开始做的时候，有半年是没有打分的，有些被点到名的政府部门会想办法阻止稿件见报，或者他们说工作已经改进了，是不是再做一篇正面的。我们自己也感受到压力，也在考虑我们打分是否权威，是否要找一个委员会来评判，但这样操作起来是比较难的。还是我们的领导顶住压力，要求我们不管怎么样先给出一个媒体的分。实行打分制度以后，情况也发生了变化，一些记者反馈他们线上的政府部门负责人真的开始看我们的评价体系，开始琢磨7分是什么意思、多少分是及格等。现在，我们这个打分的体系算是建立了起来，当然我们报社的领导确实顶住了很大的压力，坚持不压稿件。

课题组：现在《南方都市报》的新媒体做得怎么样？

戴越：从目前媒体技术发展的趋势看，新媒体是不得不做的。随着一些新媒体形式的尝试，我们发现开发新媒体的过程可以调动更多的资源。比如做直播，开始时我们很外行，我们的新媒体编辑都是一边开会一边学。南都的部门多，内部竞争也非常激烈，除了《马上办》，我们部门今年必须开创新的栏目、新的项目，才能在报社内部立足。

课题组：随着新媒体形式的出现，你觉得政府部门对于传统媒体和新媒体的态度有什么不同？

戴越：我觉得还是有些不一样。总体来看，政府还是偏向保守。我们可以举个例子，现在南都已经有一些新媒体形式，除了做报纸版面，还有直播和视频。我们在报道政府新闻的时候，与政府部门商量可否使用一些新媒体的形式，结果政府部门还是倾向于版面。政府部门的新闻，一般要有一个审核体系。对于新媒体，政府觉得还是把握不了。随着新媒体形式的进一步普及、政府治理能力的不断提高，将来的政府新闻还是有新媒体发挥的空间的。

课题组：你觉得现在媒体和政府打交道的时候面临的困难是什么，监督类栏目如何有效存活，《马上办》的未来会如何？

戴越：总体来看，政府仍然处于强势位置。《马上办》栏目其实还是很有技巧的，比较清楚报道的度。如果报道的影响面太大，我们会有自己的考虑，也会在报道和解决问题之间寻找平衡，这就是所谓的戴着镣铐的那部分。我们在报道的时候，不能只是质问，还要找专家或者人大代表咨询一些建议，借他们的话提出一些可实操的建议。这样一来可以转移一下焦点，二来可以让这个话题显得没有那么尖锐。有些工作应该是政府来做的，有时可能还需要外力推动，现阶段我们媒体可能就要承担一些参谋工作。有时候，我们也会担心有些提议太外行，但是作为媒体，你必须去提，必须首先有这个态度。

在媒体的监督上，我觉得传统媒体可以做得比以前更细，越往细里面走越能够得到重视。报纸会经常改版，一般的栏目能红一年就不错了，但《马上办》栏目还是有其独特的生命力，还是要做下去的。其实，《南方都市报（深圳版）》还有一个“口碑榜”，其历史更早，是于2012年创办的。2016年，我们想到利用《马上办》这块资源，把两者结合起来，来评价政府部门的具体办事能力。今年“口碑榜”的黑榜部分是《马上办》提供的。“口碑榜”现在是一个王牌了，四年做下来真的不容易。《南方都市报（深圳版）》是一个地方读本，我们不介意做小事情，城市治理水平的提高就是从解决这一件件小事情开始的。《马上办》有其独特的存在价值，既有媒体监督传统功能，也有与政府合作的媒体意识。我相信这个栏目能够继续创新发展，也能够在新的媒体环境中保有自己的一席之地。

第六章

06

三元里：让外来人口与城市共融

案例介绍

三元里城中村融合社区建设

广州在工业化、城镇化快速发展的进程中，形成了大量的城中村。据广州市来穗人员服务管理局不完全统计，截至2013年年底，广州实际居住的流动人口达837万人，广州常住人口为832万人，广州人口结构第一次出现流动人口反超常住人口的格局。其中，仅136个城中村就聚集着363万外来进城务工人员。由于城乡二元体制等因素制约，进城务工人员在就业、社会保障、教育培训、住房、户籍管理、家庭生活等诸方面与城市居民仍然存在较大差距。三元里村既是全国历史文化名村，又是一个典型的城中村，有4.6万常住户籍人口，约有5.8万外来流动人口。该村在社区建设和社区治理方面面临着两大难题：一是进城务工人员在社区融入方面存在诸多困难，二是三元里居民从农民到市民转型中的自身发展问题。

在这个历史背景下，广州市来穗人员服务管理局、广州市社会组织管理局会同白云区社工委和三元里街道党工委，充分依靠和发挥社会组织在社区治理中的作用，在三元里开展了“三元里融合社区”的创建工作。

（一）2015年创办全国首家植根城中村为进城务工人员服务的三元里社区大学和广州市来穗人员融合学堂

社区大学和融合学堂自成立以来，主要为进城务工人员提供如何过好城市生活、如何融入社区的相关知识和训练，通过开办夜校、周末课程等方式，为进城务工人员和本地居民量身定制多样化的社区融合教育课程，让进城务工人员能在社区就近学习、随时学习、事事学习，有效改善了进城务工人员社区教育严重空缺的局面。仅2016年，参加社区大学和融合学堂各项培训和活动的进城务工人员和居民就有7615人，总共达25,943人次。

“垃圾不落地”环境教育：进城务工人员对社区最不满意的是环境脏乱差，社区大学开办“垃圾不落地”环境教育班，培训三元里街13个居委会主任、18个经济联社社长、50多名社区志愿者。随后“垃圾不落地”课程又走进三元里小学、广铁第一小学，为1000多名小学生授课，每个参与培训者都签署了“垃圾不落地”承诺卡。2015年，端午节又举办环保知识金点子大赛，200多名进城务工人员和居民参加活动，收回100多份建议书。现在环保意识和“垃圾不落地”习惯地行为正在进城务工人员和居民中开始养成。

进城务工人员写作班：“写出你的故事，让世界倾听”，写作班是社区大学为进城务工人员量身定制的特色课程。第一期35名进城务工人员报名参加写作班，通过给进城务工人员讲述写作技巧和知识，鼓励大家写出在广州这个城市里生存、发展、扎根的生活故事和创业故事。写作班不仅提高了他们的写作能力，也增强了他们的自信心，还培养了社区骨干，也让社会看到进城务工人员的艰辛、坚持和坚守，看到他们的贡献，改变社会对城市外来打工者的刻板印象和偏见。社区大学把大家的文章结集成册，受到媒体的广泛关注。

留守儿童暑期成长班：居住在三元里社区的进城务工人员，其中60%以上的儿童留守农村，每年暑假期间近千名留守儿童来到松柏岗社区，家长忙于生计又无法顾及这些孩子，一到夏天大街小巷都是小候鸟的身影。为解决进城务工人员之忧，社区大学每年开设留守儿童暑期成长班，先后招收95名留守儿童，为他们量身定制心理健康课、青春期性安全教育课、走社区绘制社区地图、摄影课、理财知识课、文明礼仪课、人生规划课等，培养留守儿童的自信心，引导他们积极面对人生。

进城务工人员亲子早教班：从2014年起，先后招收了420名流动儿童和家长，每学期16周课程，帮助流动儿童在音乐、艺术、社会、运动、认知五个方面开发潜能，帮助家长提高育儿知识和技能，培养打工妈妈担任早教班的授课老师，为打工妈妈提供就业发展机会。亲子早教班使流动儿童和家长能享受到高质量、普惠的早期教育，目前已成为社区大学的品牌项目，享誉全国。

社区骨干培训班：社区大学先后举办多期社区骨干培训班，先后培训社区骨干、社区共治议事会代表、小巷巷长、社区志愿者300多人。特别是社区共治议事会代表和小巷巷长培训，增强了他们参与社区治理的意识和社区公共事务管理能力，被《人民日报》、人民网等多家媒体报道，在社会上产生较大影响。

流动青少年生活与就业能力培训班：流动青少年由于户籍屏障，无法与城市孩子一样升入高中，他们初中毕业后或回老家读高中，或进入职业学校，或直接就业，这些生活境遇常常让他们迷茫和困惑。从2015年起，社区大学先后对198名流动初中生开展生存发展能力培训，通过开设心理健康、领导力、沟通方法与技巧、青春期性安全、理财知识等课程，编写发放流动青少年青春期成长手册，让流动青少年能习得社会融入的生活技能和进行人生规划。

进城务工人员商务英语班：三元里从事皮具、化妆品、印刷三大支柱产业的大多是进城务工人员，他们的涉外业务逐年增长，但很多人苦于不懂英语，在商务交往中感到困难。应进城务工人员要求，社区大学开设了进城务工人员商务英语班。第一期参加学员达40人，社区大学聘请广州市开放大学英语教授为他们量身定制英语课程，先后开设基础英语、口语课等课程。参加学习的大多数进城务工人员英语能力得到提升，他们说："不用翻译，我们也能与老外谈生意了。"

流动妇女美容彩妆技能培训班：2006年，社区大学开设"美丽事业，美好人生"班两期，培训流动妇女80名。该培训主要面向失学、失业、贫困等相对弱势的流动妇女，为她们提供包括美发、彩妆和护肤等领域的免费专业技能培训，增强她们的自信，帮助她们更好地融入社会，找到属于自己的一席之地，更好地掌握未来。

百场健康教育进社区：从2014年开始，社区大学与广东省中医院合作开展"百场健康教育进社区"活动，先后开展了突发病急救、预防登革热、妇女健康知识、男性性健康、防止儿童腹泻、"三高"慢性病预防与救治、妇女更年期知识、妇女生育知识、健康饮食、食育课堂等讲座，并每年定期在社区组织大型义诊活动，持久开展创建健康社区活动，参加讲座和义诊有2000余人。

创建平安无毒社区知识讲座：近年来三元里吸毒贩毒人群呈增加趋势。特别是极少数流动青少年因找不到工作而被贩毒分子引诱走上吸毒贩毒邪道，而且年龄呈低龄化趋势。社区大学开设社区禁毒教育和安全教育课程，编写教材和禁毒宣传手册，组织远离毒品展览和禁毒知识竞赛，培训社区禁毒骨干宣传员和社区志愿者，发动和组织外来人员和本社区居民主动参与禁毒活动，参与人数有600余人，增强了社区居民和进城务工人员远离毒品的防范意识，并探索出了进城务工人员和社区居民参与群防群治创建平安无毒社区的经验。

（二）成立白云区首个社区共治议事会：构建多元共治的社区治理格局

参与是融入的最高层次，为发挥进城务工人员在社区治理中的作用，广州市来穗人员服务管理局和三元里街道办事处在制度设计中充分吸纳社会组织的建议，在议事会代表培训中让社会组织唱主角，目前议事会代表能力培训已经成为社区大学的核心课程。

2016年4月，白云区成立了首个共治议事会——三元里社区共治议事会。议事会共设代表13名，分别是6名本地居民、6名来穗人员，以及由1名街道民政科负责人兼任理事长。议事会遵照“一事一议”的原则，负责上引下联，组织召开议事会议，由社区居民与来穗人员共同协商解决社区社会性、区域性、群众性、公益性事务，并协助居委会、街道开展相关工作。自成立以来，议事会共召开四次会议，通过了“建立社区微公园”“建立巷长责任制”“建立社区志愿服务日”三份议案。社区居民以共治议事会为对话机制和平台，直接参与社区管理，实现了“社区事务大家谈、社区治理大家议、社区决策大家定”。

“共治议事会制度让居民成为社区建设的话事人，让外来人变成自家人。”进城务工人员代表、议事会成员刘红艳对议事会制度给予了积极的评价，“我在社区已经生活了18年，作为一名进城务工人员，从一开始的没有归属感，到现在成为一名社区义工，参与社区的事务，我相信我只是众多外来人员的一个缩影。”让进城务工人员参与社区治理，有效填补了外来人口参与属地社区自治共治的“制度空白”，是基层民主政治建设的重大突破。

（三）建立来穗人员党支部：破解流动党员管理难题，在服务中发挥流动党员先锋模范作用

过去流动党员普遍反映找不到党组织，没有归属感，被称为“口袋党员”“休眠党员”。在借鉴外地流动人口党支部成功经验的基础上，三元里街道建立起了全国首个由社会组织负责人担任进城务工人员党支部书记的来穗人员党支部，广州市法泽城市与公益研究中心理事长吴治平当选第一任党支部书记。来穗人员党支部不但解决了来穗党员找不到党组织、不知道到哪里交党费、没地方过组织生活等问题，还积极组织来穗党员上主题党课、开展“两学一做”学习教育、参观三元里抗英纪念馆等爱国主义教育基地，使其党员意识、党性意识和归属感得到进一步提升。

此外，党支部还积极探索流动党员参与社区活动报告制度，建立来穗党员微信群，团结不同地域来穗流动党员，成立来穗党员志愿者服务队，支持三元里街道的社区建设，深入社区开展矛盾纠纷调解、社区环境整治、社会治安巡逻、特殊群体慰问等服务活动，充分发挥来穗党员在创建融合社区中的骨干带头作用。由社会组织负责人担任来穗人员党支部书记，负责所在地的流动人员党建工作，创新了流动党员服务管理机制。

（四）三元里创建融合社区的成效与社会影响

三元里创建融合社区中，探索的政府部门和社区组织协同治理的做法收到很好的效果，2016年，在白云区“干净整治平安有序”街镇示范考评中，三元里街名列全区第一，并深受进城务工人员和社区居民好评。目前，在三元里，进城务工人员与本村居民携手共建“经济立足、文化认同、邻里相亲、守望相助”融合社区的效果开始显现。三元里创建融合社区的探索先后获广州市委、市政府、白云区委主要领导批示，并写入《广州市来穗人员融合行动计划（2016—2020年）》中。《人民日报》、人民网、新华社、中央人民广播电台、《求是》—《小康》杂志、《中国社会组织》杂志及广东省各大媒体共对此进行50多篇重头报道，同时百余家主流媒体对报道进行转载，国家民政部、国家卫生和计划生育委员会和中国社科院专家先后实地考察后称之为“三元里经验”。

案例研究

可沟通城市视域下流动人口治理研究

——以广州市三元里社区大学为考察对象

一、引言

改革开放以来，我国大规模的人口流动持续保持活跃。根据《中国流动人口发展报告2016》，2015年年末，中国流动人口规模达到2.47亿人，占总人口数的 18%，且呈现出平均年龄明显上升、家庭化流动趋势加强、居留稳定性持续增强、在流入地生育比例快速提高、流动老人规模不断增长等特点[①]。一方面，由于中国城乡二元体制，来自农村的流动人口短暂流动再回流的现象十分普遍，而流动人口家庭化和稳定性增强等趋势则有助于城市化建设。另一方面，由于户籍制度的限制，许多城市对流动人口和非流动人口给予差别化社会基本服务。诸如子女教育、基本医疗等的不平等，将城市流动人口与流入地户籍居民人为地进行区分。一方面，流动人口在流入地形成聚居和散居并存的居住形态，地缘因素导致同乡抱团居住，使得聚居区大量存在；另一方面，流入地户籍居民与流动人口的居住在城市空间上分化，包括物质实体、经济、交往、文化等存在较大的差异，流动人口处于一种相对隔离的状态；再者，外来流动人口所从事的工作高度集中，对当地经济发展的影响较

①吴少杰：《〈中国流动人口发展报告2016〉发布》，《中国人口报》2016年10月20日第1版。

大，这些使得流动人口聚居区域社会风险增大[①]。特别是因社会收入差距大而带来的流动人口与本地居民之间文化、教育的差异，使得流动人口聚居区的治理问题变得更为复杂。

《中华人民共和国城市居民委员会组织法》指出，中国城市居民实行社区居民自治制度，凡年满18周岁的本居住地区居民，不分职业、家庭出身、教育程度、财产状况、居住期限等，都有选举权和被选举权，参与居民自治和社区治理[②]。多地也据此法推出具体的实施办法。然而，从实际情况来看，流动人口对流入居住地归属感不强，参与度不高，无法融入，社区自治权利局限于本地人，随着一些城中村中本地居民的搬离，流动人口人数居多却不享受自治权利的情况更为严重[③]。这使得城市流动人口之间、流动人口与户籍地人口之间缺乏沟通，存在着社会鸿沟，不利于城市的良性发展。基于此，本文试图研究这样一个问题，即在人口大规模流动的过程中，如何在城市社区这个公共交往空间里，以主体为基点建立沟通体系，并对此进行制度化和组织化，从而保持这个沟通体系的有效性、可持续性，以社区为单位建立文化、社会的认同感。

广州在工业化、城镇化的快速发展进程中，形成了大量城中村。据广州市来穗人员服务管理局不完全统计，截至2013年年底，广州实际居住的流动人口达837万人，广州常住人口为832万人，广州人口结构第一次出现流动人口反超常住人口的格局。其中，仅136个城中村就聚集着363万外来进城务工人员。由于城乡二元体制等因素制约，进城务工人员在就业、社会保障、教育培训、住房、户籍管理、家庭生活等诸方面与城市居民仍然存在较大差距。三元里村既是全国历史文化名村，又是一个典型的城中村，有4.6万常住户籍人口，约有5.8万外来流动人口。该村在社区建设和社区治理面临着两大难题：一是进城务工人员在社区融入方面存在诸多困难，二是三元里居

①郭秀云：《特大型城市流动人口的社会风险及其治理》，《探索与争鸣》2014年第8期，第26页。

②参见《中华人民共和国城市居民委员会组织法》第八条："年满十八周岁的本居住地区居民，不分民族、种族、性别、职业、家庭出身、宗教信仰、教育程度、财产状况、居住期限，都有选举权和被选举权；但是，依照法律被剥夺政治权利的人除外。"

③李锡伟：《浅谈流动人口的社区自治管理》，《公安研究》2012年第1期，第36—37页。

民从农民到市民转型中的自身发展问题。

在这个历史背景下，广州市来穗人员服务管理局、广州市社会组织管理局会同白云区社工委和三元里街道党工委，充分依靠和发挥社会组织在社区治理中的作用，在三元里开展了“三元里融合社区”的创建工作。2016年，广州市法泽城市与公益研究中心筹资100多万元在三元里办起我国第一家社区大学。围绕着社区大学的建设，三元里社区建立了首个由社会组织负责人担任进城务工人员党支部书记的来穗人员党支部，并面向外来流动人口和本地居民，建立起共治议事会，协商讨论社区公共事务。相关举措促进了流动人口与户籍地居民之间的沟通与融合。社区大学针对流动人口需求，通过开设进城务工人员亲子早教班、留守儿童暑期成长班、进城务工人员商务英语班、社区骨干培训班、进城务工人员写作班、演讲口才班等课程，提高他们的发展能力和生活质量；社区共治议事会则由6名本地居民、6名来穗人员加上1名社区居委会主任组成，对社区的公共事务等具有社会性、群众性、区域性、公益性的议题进行讨论和决策，进而实现流动人口和本地居民对社区的共同管理；来穗人员党支部通过团结社区内的流动党员，发挥他们的先锋模范作用，成立志愿服务队，积极参与社区建设，调解矛盾纠纷，整治社区环境及社会治安，慰问特殊群体，以此服务社区群众，提升党员的党性意识，并提高流动人口对所在城市的归属感。广州三元里融合社区建设在我国流动人口治理中具有典型意义，社区大学在其中发挥了关键的媒介化作用，本文对此进行深度考察并进行理论性总结。

二、相关研究综述

城市的空间结构和沟通、治理体系应该怎样？城市社会学对此有过研究。而城市化导致的社会变迁和社会重组问题，“由经济增长、人口聚合、劳动分工、社区重组、人际互动、时空隔离所决定的城市生存方式”是城市社会学研究的主要的内容[①]。相较于传统的城市社会学研究，可沟通城市

①吴予敏：《从“媒介化都市生存”到“可沟通的城市”——关于城市传播研究及其公共性问题的思考》，《新闻与传播研究》2014年第3期，第8页。

（communicative city）的概念从人的沟通的视角出发，探究和重构不同社会环境下信息流动背后不同阶层的观念，以沟通的方式建立起具有共同体意义的新的城市秩序。2007年，美国传播学者哈姆林克（C.Hamelink）首次提出这个概念之后，相关概念不断得到新的阐释。这甚至被认为是一个有望打通“建筑/规划/地理”“媒介/信息”“历史/文化”三个传统城市研究领域的概念[①]。就流动人口治理而言，在城市的空间背景下“沟通”这一传播研究范式如何基于所在地地理空间特点，协调流动人口、户籍居民、政府三者之间的关系，成为以往研究关注的焦点。

（一）创造沟通的机会

城市是一个陌生人社会，改革开放后社会管理体制的变革使管理从“工作场合”向“生活场合”转变，单位对人的控制性减弱，社区的意义提升[②]。对于改革开放之后快速增长的流动人口而言，职业的流动性和城乡二元体制使得他们在“单位”和“社区”的视野中均难以被找到，缺乏参与社会沟通的机会。秦欢欢认为，20世纪80年代在西方兴起的“治理”理论，正是在市场、政府双双失灵之后，通过推动社会管理转变为社会治理，强化政府的服务职能，将自上而下的模式变成参与式的模式，培育社区功能，重塑治理主体[③]，赋予更多人参与社区治理的机会。在社区之外，对于流动人口而言，当前地缘和血缘等关系促就的流动人口聚集占有相当大的比重。陈菊红、谢志强即认为，流动人口以自组织的形式，先行建立起联系，以同乡会为基础，基于共同的就业、维权、住房、子女教育、精神生活的诉求凝聚起来，将产生更大的力量来推动问题的解决[④]。梁鸿、许非认为，还必须打破只能依靠亲朋好友传播就业等信息的局面，建立起生活服务信息网络，针对流动人口进

①复旦大学信息与传播研究中心课题组、谢静：《可沟通城市：网络社会的新城市主张》，《新闻与传播研究》2015年第7期，第16页。

②郑杭生：《破解在陌生人世界中建设和谐社区的难题——从社会学视角看社区建设的一些基本问题》，《学习与实践》2008年第7期，第5页。

③秦欢欢：《社会治理视野下流动人口管理模式探讨》，《山东行政学院学报》2014年第5期，第70—73页。

④陈菊红、谢志强：《流动人口自我管理的动力问题研究》，《科学社会主义》2014年第1期，第108—111页。

行思想教育、公德教育、法制教育、技能教育、文化培训，提高他们的能力和素质，增强适应性[①]，从而在流入地更好地生活。赵宇峰持有类似的观点，他认为城市信息网络并未将流动人口很好地纳入到服务系统中来，进而导致社会的“层次化、分裂化、对立化”，只有将社会的可交往化作为切入点，创建交往平台，实现市民、社区、社会组织、政府之间的接触和交往，才能更好地建设可沟通城市[②]。

（二）建立沟通的范式

而对如何建构起有效的沟通模式，许多学者认为应从政府、社会组织和流动人口三者出发协同推进。王永志提出，需要实现政府、社会组织以及流动人口角色的转变，使得政府从“无限管控”变为“有限治理”，社会组织从“被动参与”变为“主动参与”，流动人口从“无序流动”变为“有序自治”，实现关系的优化[③]。赵继伦、赵放进一步指出，优化这种关系需要从制度、体制、机制的三维视角来审视社会治理模式的变革，对非政府组织、民众等参与社会治理的权利与义务进行确认，建立起针对社会治理的监督机制和社区自治规范，同时针对政府的业绩、责任等制定合理的制度性社会评价指标，从而对效果进行有效监控[④]。顾东辉对此有不同的观点，他认为，多元主体平等治理就是要将不同主体间的责任界限模糊，而非明确，流动人口治理问题重要的是“人在场景”失衡所导致的“权能不足”，应对场景困境进行解决，尤其是对流动人口进行“增能”，同时使他们建立起网络，互动对话、相互依赖，进行“伙伴式合作”，从而实现公共利益最大化[⑤]。对于沟通的缺失和重建沟通模式的选择，穆光宗、江砥认为平等的社会公共服务是关

①梁鸿、许非：《打造流动人口社会治理的柔性机制》，《探索与争鸣》2003年第9期，第32—33页。

②赵宇峰：《城市治理新形态：沟通、参与与共同体》，《中国行政管理》2017年第7期，第65页。

③王永志：《从无限管控到有限治理——社会治理视域下流动人口服务和管理创新研究》，《中共天津市委党校学报》2015年第4期，第98页。

④赵继伦、赵放：《确立社会治理的三维视阈》，《东北师大学报（哲学社会科学版）》2014年第4期，第39—43页。

⑤顾东辉：《“治理型增能”：治理理念在流动人口增能中的应用》，《西北师范大学学报（社会科学版）》2015年第3期，第11—15页。

键，保障消除歧视是最终的目标，因为当前“社会接纳的是流动人口的‘劳动能力’，社会排斥的是流动人口的‘国民待遇’”，“这种针对流动人口分裂的社会态度说明了城市社会对人口的选择性和政策的功利性”。总之，流动人口在流入地的社会融合中，要经历一个“社会融入—社会接纳”的过程①。

（三）创新沟通的文化

除了沟通模式的建构，还有学者从文化的角度去理解流动人口在流入地的交往行为。张运红认为，社会网络等社会资源伴随着流动人口流动，是一种重要的社会资本，中国几千年来的儒家思想和宗法制度所造就的人情社会，更是赋予了社会资本作为生存发展方式的重要意义，流动人口在流入地的“再社会化”改变他们传统的社交圈，有助于推动流动人口的融合、沟通②。王海洋也从社会资本的角度出发，发现流动人口社区存在着“关系网络弱化”“规范缺失”“信任不足”等情况，与传统社区有着明显的差别，认为应通过公共文化空间的搭建，让大家走进彼此的内心世界，通过普及法律树立规范意识，通过志愿服务增进相互信任，建构起新的社区沟通文化③。这种文化不仅是一个当下的维度，还应具有历史维度。复旦大学哲学系宗教研究所教授李天纲提出，在城市的沟通中还有时间的维度，城市是有历史的，只有空间没有时间的城市观念割裂了历史时间，对历史的沟通的记录和保存能使城市更有厚重感④。

综上所述，从沟通模式的建构入手，从政府、社会组织和流动人口、本地居民之间的互动的视角出发，探究在流动人口治理中，沟通机会的创设、沟通文化的发展，以及由此对城市可沟通性建设的影响，是本文的重要着眼点。

---

①穆光宗、江砥：《流动人口的社会融合：含义、测量和路径》，《江淮论坛》2017年第4期，第129—133页。

②张运红：《中国流动人口社会融合的治理研究》，《城市观察》2015年第2期，第174页。

③王海洋：《社会工作推动“服务型”社会治理的实践路径——以流动人口社区社会资本建构实践为例》，《社会工作》2016年第4期，第79—86页。

④胡吉：《直面转型中国　探索城市传播——“传播与中国·复旦论坛”（2012）会议综述》，《新闻大学》2013年第2期，第143页。

三、研究方法

社会学家郑杭生认为，对中国这样的人口大国进行社会治理和社区管理的研究，除了要站在学术前沿，更加要深入中国的基层，要具有草根立场和本土立场，重视本土实践，进而超越传统，创新理论①。吴晓林、郝丽娜在对“社区复兴运动”（20世纪末）以来国外社区治理研究的分析中发现，研究方式以质化研究为主②。2016年以来，三元里启动了社区融合治理试点建设，开展了一系列活动，受到社会关注，相关的治理实践、理念仍在进行和发展中，为考察和研究方式提供了更广阔的空间。在广州白云区三元里融合社区建设中，社会组织的介入具有重要意义，并初步形成了许多学者所提出的政府、社会组织、流动人口之间的多元互动优化治理关系。三元里社区流动人口数量较多，甚至超过了当地户籍人口，对于研究流动人口治理具有标本意义。因此，本文在具体研究中将主要采用个案研究、参与观察、深度访谈、文献研究等方法，力图通过对中国当下流动人口社区治理实践的剖析，尽可能呈现流动人口治理的现状、结构性问题及发展方向。本研究相关材料来自2017年6月课题组对三元里社区的实地调研、对社区大学的参与式观察，以及对广州市法泽城市与公益研究中心理事长吴治平的深度访谈。

四、社会组织催生公共空间

发端于18世纪西方社会的公共空间被贝克尔评价为现代启蒙运动的诞生地，其基础是民间团体兴起之后的自由言论和自由参与，哈贝马斯进一步指出，公共空间是由私人集群就社会一般规则同公共权力机关抗衡的领域③。自由沟通和权力结构的调整是公共空间得以发展的重要因素，公共空间是独立

①郑杭生、黄家亮：《当前我国社会管理和社区治理的新趋势》，《甘肃社会科学》2012年第6期，第1页。
②吴晓林、郝丽娜：《“社区复兴运动”以来国外社区治理研究的理论考察》，《政治学研究》2015年第1期，第47—58页。
③哈贝马斯著，曹卫东、王晓珏、刘北城等译：《公共领域的结构转型》，上海：学林出版社1999年版，第32页。

于权力体系的。就中国而言，商品房和城市居民自治的兴起使基于社区的公共空间研究开始受到学者关注，政府监督、指导下的，社区社会组织主导、参与的公共空间的维护，被认为是一种良性的生产机制[①]。在流动人口介入的背景下，公共交往空间面临着新问题。诸多研究表明，流动人口主要面临着社会融入难的问题，在告别血缘关系的乡土社会之后，无法在城市建立起广泛的社会联系。同时，分散的个体亦无法参与社会公共事务的治理，基本公共服务亦不能得到平等供给。流动人口权力话语的不足导致公共交往空间的缺乏，因此基于共同的权利诉求开辟有流动人口参与的公共空间，是解决问题的关键一环。

（一）社会组织是生成公共空间的关键一环

俞可平认为，善治就是要实现公共利益最大化，通过国家与社会、政府与公民的良好合作，实现还政于民[②]。善治是各行为主体在同一个公共空间内沟通、协商、合作，这就要求公共空间的生成。在流动人口治理中，至少存在政府、流动人口、本地居民三个主体，而实现善治的主要阻碍是流动人口的基本利益缺乏保障。要解决这一困境，首先需要有可供各主体进行沟通的公共空间的出现。在三元里社区，广州市法泽城市与公益研究中心的介入，使得社会组织成为政府、流动人口、本地居民之外的第四个关键主体。自2013年创立以来，广州市法泽城市与公益研究中心秉承“平等、协同、共治、共享”的理念，在三元里街道进行了许多实践，也以组织为媒介，建立起了流动人口与政府之间的联系。广州市法泽城市与公益研究中心理事长吴治平谈到这种架构关系的合理性和必要性。她认为，非营利的第三部门的引入，有利于支持弱势群体，消解矛盾，从而实现社会结构的稳定。广州三元里社区于2016年4月成立了社区共治议事会，13人的议事会分别由6名本地居民和6名来穗人员，外加1个社区居委会主任组成（也曾有街道负责人担任），按照少数服从多数的民主表决方式，选择辖区内的一些公共事务

①李雪萍、曹朝龙：《社区社会组织与社区公共空间的生产》，《城市问题》2013年第6期，第87页。

②俞可平：《治理与善治》，北京：社会科学文献出版社2000年版，第8页。

进行公开讨论。社会组织作为协调、服务机构，牵头确立议事制度和规则，居委会主任作为执掌公权力的代表，起到监督和指导作用。正是社会组织的介入，催生了三元里社区公共空间。通过社区共治议事会，各主体共同参与社区决策，成功动员和协调本地居民、流动人口参与社会事务，进行公共沟通，开展议事影响决策，同时执行决策，形成了政府、社会组织、流动人口、本地居民四个关键主体良性互动的局面。

（二）作为媒介的社区大学

社会性是空间的本质特征，人类活动使空间成为一个社会信息的传播体系，使得空间媒介化的功能不断在强化①。在三元里社区这套架构里，社区大学作为一个物质实体和组织纽带，实际上成为一个重要的媒介载体。按照吴治平的设计，社区大学和共治议事会是两个彼此衔接的制度，流动人口社群的领袖是打通这套制度的关键。另外，流动人口由于受教育水平相对不高，在流入地确实有教育和发展的需求，于是，社区大学根据流动人口的需要，通过开设亲子早教班、写作班、留守儿童暑期成长班等，吸引流动人口参与社区大学的活动，建立起联系，并提升他们的发展能力和参与公共治理的能力。社区大学通过一系列活动和课程与流动人口建立起社会联系，传播信息和社会价值理念。由于共治议事会和来穗人员党支部与社区大学共用一处物理空间，社区大学所承载的社会关系、所起到的连接作用便在社会组织牵头构建的这个公共交往空间中起到了关键作用。

调研发现，社区大学开设的第一个班是进城务工人员写作班。作为为进城务工人员量身定制的特色课程，这个写作班以“写出你的故事，让世界倾听”为宗旨，第一期招收了35名进城务工人员，鼓励大家写出在广州这个城市里生存、发展、扎根的生活故事和创业故事。社区大学的写作班，不仅提高了进城务工人员的写作能力，也增强了他们的自信心，还培养了社区骨干，也让社会看到他们的艰辛、坚持和坚守，看到他们的贡献，改变社会对他们的刻板印象和偏见。据笔者观察，写作班实质上唤醒了进城务工人员的

①李彬、关琮严：《空间媒介化与媒介空间化——论媒介进化及其研究的空间转向》，《国际新闻界》2012年第5期，第41页。

自我意识，为将来参与社区事务奠定了基础。随着各类课程的开设，社区大学在三元里社区流动人口中的知名度不断提升，成为他们提升技能的实用性场域和开展沟通的关系性场域。这个场域成为物理性的公共空间，社区共治议事会亦在此开展，使其逐渐成为社区各主体认可的社会公共空间。在三元里社区中，社区大学成为联结各个主体的空间媒介，在融合社区建设中发挥了独特的作用。

五、参与基础上的社区认同建设

按照鲍曼对公共空间的理解，公共空间形成之后，过多私人焦虑和利益的投射将使公共空间衰落，各方妥协之后所形成的最大化利益才能形成公共利益和政治共识。而实际上，各方利益通过表达和沟通所形成的政治认同才是公共空间最重要的功能，公民而非个体基于公共道德的公共参与才能保障公共空间功能的实现①。三元里社区治理正是围绕流动人口参与能力建设、流动人口治理的组织化建设和社区文化认同建设进行的。

（一）流动人口参与能力建设

在“熟人社会”中，信任、归属感以及开展合作能为人们提供行为约束的社会机制，同时让社会更和谐②。流动人口的涌入给城市社会结构和利益格局带来了不确定性。三元里社区通过社区大学建立起的人际关系，在流动人口的陌生人社会中，以“同学”“校友”的身份重塑了流动人口的关系，并通过微信群等媒介将这种关系持续保持，使流动人口群体之间联系更紧密。社区大学通过开展写作班、演讲口才班等课程培育流动人口的公共议事能力。在吴治平看来，流动人口治理要学习毛泽东当年教育农民的方法，有意识地培养他们的自我管理能力和参与能力。在三元里社区大学的招生过程中，从招生简章制作、招生过程到选班长都由学员负责，而社区大学主要

---

①刘云虹：《在建构公共空间中寻求政治认同——鲍曼公共空间理论的视角》，《学海》2013年第5期，第96—101页。

②燕继荣：《社区治理与社会资本投资——中国社区治理创新的理论解释》，《天津社会科学》2010年第3期，第63页。

负责请老师以及做一些记录整理。三元里社区大学开设的早教班解决了流动人口的实际难题，因此深受欢迎。与此同时，社区大学要求从早教班获益的妈妈要以志愿者的身份参与早教活动，以培养流动人口的公共精神。这种倡导学员参与社区大学课程全流程的做法，有助于参与能力的形成和权威个体的成长。有学者认为，离开了乡土社会，在城市流动人口中，依然会基于血缘、地缘建立个体的权威，从而达到领导组织的作用。在权威的形成上，可能通过提供机会、解决危机、整体形象，或以一种混合的模式，建立起个人权威①。三元里社区大学为流动人口中权威的形成提供了新的路径，在课堂教学和班长推选中，权威个体确立之后，公共道德和公共利益的表达就有了可能。

（二）流动人口治理的组织化建设

公共沟通的开展和社会组织的介入以及由此形成的公共空间，是存在于国家和社会之间的，与公共权力机关存在着一定分立，其组织化建设与公共权力体系也有较大的差别。但是，流动人口相关问题的出现，权力机关制度设计的影响是最大的。由于城乡二元体制的制度设计，政府本身成为不公平的源头，在流动人口融合治理中，形成所谓的“公正悖论”，削弱了政府管理的权威性和合法性，制造了社会的对立矛盾②，也使得相关流动人口参与的公共事务治理的稳定性面临挑战，因此，政府在治理中的角色尤为重要。陈丰将其归纳为以政府为服务管理、协同治理的核心主体，同时纳入社会团体与社会组织、流动人口自组织“一体两翼”的组织架构③。这种结构在三元里社区得到了一定的实践。

来穗人员党支部就设立在法泽公益的办公室内，吴治平谈道：一方面，“政府在我们做出成绩之前，不是太信任我们，不敢放手让我们干；另一方面，当我们做出来，而且这正是他想破解的难题，它就会很支持，很信赖我

①袁岳、张守礼、王欣：《北京流民组织中的权威》，《社会学研究》1997年第2期，第115—124页。

②张运红：《中国流动人口社会融合的治理研究》，《城市观察》2015年第2期，第174页。

③陈丰：《协同治理：创新流动人口服务管理的策略选择》，《人口与发展》2015年第3期，第70页。

们，特别是建立了党组织之后，它就会把我们当成自家人。”在三元里社区治理中，基层党组织、政府通过与法泽城市与公益研究中心合作举办活动、提供一定的资金支持并参与共治议事会等机构，但又并不完全处于主导地位。流动人口参与的社区活动等，延伸出新的组织模式。在治理中，社会自组织的组织化程度取决于参与个体对他人的需求程度和依赖度。社区大学提供的技能培训、亲子暑期课堂，以及共治议事会对流动人口权利的确认，成为组织中的重要推力，促使公共治理中的权力更为均衡，运行更具有持续性。

而对于组织化来说，最重要的是制度的持续性。社区组织的存在虽然价值大，但“社区公共空间的存续与拓展有赖于利益相关者对共同认可的制度化保障机制的支持与维系”①。就流动人口治理而言，政府的支持、社会组织的生存能力，以及流动人口对公共空间的认同和参与等，决定着组织化建设的效果。

（三）多元社群文化建构与融合

流动人口在流入地生活面临心理、意识和文化层面的差异，这与他们的自我认同紧密相关。认同既有客观上的相似，也有主观层面的接纳，共同的社群通常容易产生认同。然而对认同的产生，存在着“原生论”“工具主义理论”以及“建构主义”三种观点，与之相对应的是血缘等社会存在、共同的利益诉求，以及两种情况兼而有之②。对于流动人口来说，离开原来的地方实际上离开了原来的社群，而在流入地的形态面临自我认同再生成的需要。流入地城市不同的血缘、文化、语言，不同的利益诉求等，为流动人口塑造了一个更加复杂的社会环境。在处理与户籍地本地居民的关系过程中，流动人口的传统原生特征以及与本地居民的潜在利益冲突影响着认同的生成，而“真正把人们维系在一起的是他们的文化，即他们所共同具有的观念和准

①李海金：《社区治理中的公共空间：特性、价值与限度——基于武汉市W社区论坛的分析》，《学习与探索》2016年第6期，第48页。
②李路曲：《社群与国家认同的产生、构建及变迁》，《学习与探索》2012年第3期，第51页。

则”[①]。这成为重新建立共同体和认同所必须考虑的因素，也是建构主义理论对社群和认同的观点，多重因素即意味着多元文化在社群共同体交往中存在的可能性，协商、妥协必不可少，这正是维系公共空间所需要的沟通、公民社会和民主。在三元里融合社区的实践中，社区大学建立了跨越血缘、地域、文化的关系场域，通过社区共治议事会培养了各主体的协商、奉献的公共精神，逐步打造了一种新的沟通文化，使得流动人口社群逐渐成长为有参与能力的城市主体。2016年7月，三元里启动融合社区“五个一工程”试点建设时，在创建目标上提出“创建经济立足、文化认同、邻里相亲、守望相互、和谐共处的融合社区”，“让‘外来人’成为‘自家人’”等。可以看出，文化建设、社会关系共同体建设是社区治理所看重的。此外，针对流动人口的亲子早教班等，也接收本地户籍居民，亦是对寻求新的社群文化的一种认同。

六、结语与反思

2013年12月的中央城镇化工作会议指出：“把促进有能力在城镇稳定就业和生活的常住人口有序实现市民化作为首要任务。”[②]中国的户籍制度就是一种“社会屏蔽”（social closure）制度，将大部分流动人口屏蔽在城市公共资源之外，这种传统的社会结构反映出市场经济的不发达，将人的分层取决于先天的因素，使人难以超越，压制人的积极性[③]。而流动人口治理，目的就是打破这种屏蔽，通过多元融合和沟通建立文化认同，使生活在同一个城市的人不因“流动”这一身份而受区隔，能够有更多信任和社会交往，形成具有公共道德、符合最大公共利益的公共交往空间，形成自由沟通、理性协

①露丝·本尼迪克特著，王炜译：《文化模式》，北京：社会科学文献出版社2009年版，第11页。
②张洋：《进城农民何以实现“市民梦”》，《人民日报（海外版）》2013年12月18日第4版。
③李强：《户籍分层与进城务工人员的社会地位》，《中国党政干部论坛》2012年第8期，第16—17页。

商、民主决策的局面。在广州三元里融合社区流动人口治理过程中，社会组织的介入让自发、非政治性的有机体能发展起来，为城镇化建设和人口流动提供了治理空间的保障，降低了社会矛盾激化的风险。随着社区各主体参与的深入，他们之间交往互动的普遍规则也随之形成，流动人口的权利逐渐从不可见到可见，为实现社区善治打下了基础。这种地理网络、信息网络、文化意义网络的融合，正是可沟通城市生成的重要标志。如果流动人口治理的制度化能从上到下建立起与流动人口现状相适应的公民权利，尤其是社会基本公共服务保障制度，借助对城市可沟通的建设，流动人口的问题以及城镇化的效果或将有所改进。

案例访谈

探索流动人口与城市的共融之路
——广州市法泽城市与公益研究中心理事长吴治平访谈

社区居民自治是城市基层治理的重要形式。在我国的大城市，流动人口的大量存在给社区治理提出了挑战。据国家卫生和计划生育委员会的信息，2016年我国流动人口达2.45亿，且人口流动呈现出持续活跃、长期化、家庭化等趋势。广州三元里社区流动人口数量多于本地户籍居民，社区情况较为复杂。广州市法泽城市与公益研究中心自2013年8月成立以来，致力于推动流动人口聚集的城中村的治理，以社区教育和社区工作的方式促进流动人口家庭的城市融入与融合。在三元里社区，他们通过建立社区大学、共治议事会，开展“小候鸟”暑期班等活动，给流动人口提供社会公共服务，进而带动流动人口参与社区治理，初步实现与本地居民融合的目标。三元里融合社区及时呼应了当前我国城市流动人口治理的重要议题，其理念和实践的创新都值得关注。课题组于2017年6月9日在广州白云区三元里街道社区大学采访了广州市法泽城市与公益研究中心理事长吴治平。

作为媒介的社区大学

课题组：当初为什么要从社区大学入手来开展流动人口社区融合治理，现在的实践效果如何呢？

吴治平：就社区治理来说，毛泽东有一句话值得注意，即重要的问题在于教育农民。一个农民进城来以后，他实际上是游离在社区治理之外的，没有一种舞台能让他在社区治理之中发声和参与。他们这种社区参与意识，在主观愿望上是有的，但是他们是分散的。社区治理的关键是有社区的骨干，还要有社区公共参与意识、社区管理的方法和能力。这就要求有社区领袖人物的产生，才能带动社区治理。那么这种领袖是怎么产生的呢？是要通过提供一定的公共场所，让参与者的能力在此得到提升和锻炼。所以，我们就选择了从教育出发，引导他们融入社群，在社群的活动中培育社群领袖，提升他们的社区参与意识和参与能力。

再一个，我心中早就有一个梦，希望能够在城中村为我们的进城务工人员兄弟办一所他们能就地学习的场所。用我们的理念，即就地学习、时时学习、事事学习、终身学习。我们政府有时候花了很大力气，投入了很多钱，办了一些很高档的讲堂、学堂，但进城务工人员参与得少。一个很重要的原因是这些讲堂远离了他们生活的地方，所以我们就决定把学习的场所建在社区。我一直梦想建立一所为进城务工人员服务的社区大学，就在他们身边。所以，我们做社区治理也好，创建融合社区也好，都是从创办社区大学入手的。

课题组：如何提高大家对社区大学的参与感、归属感、认同感呢？

吴治平：我们的社区大学现在办得比较有生机、有活力，是因为课程设置源于他们的需求。在开办社区大学之前，我们召开了很多不同类型的座谈会，做了很多调查问卷。通过这些形式，将他们对社区满意和不满意的部分以及需要改进的部分全部都梳理出来。经过深入了解和调查，我们基本上把三元里社区的问题摸清楚了。公布这些数据后，进城务工人员自己也意识到，原来以为只是自己一个人的想法，其实很多人也都提到，这样他就感觉与大家达成了共识，获得了共鸣。

比如环境问题，过去的城中村可谓“脏、乱、差”，简直是垃圾遍地，老鼠乱跑。有时候站到街上停一会儿，老鼠就可能钻出来把你脚咬出血。大部分城中村的环境是很恶劣的，所以他们也迫切想改变自己的环境。另外就是进城务工人员孩子的教育问题，这也是我们建社区大学的原因之一。我们从早教开始，帮助进城务工人员兄弟解决孩子的教育问题。另外，随着物质生活的丰富，进城务工人员也希望有文化活动的场地，还有一些合理的政治诉求。我们把这些都梳理出来，有针对性地开设课程。

孩子的教育是进城务工人员很头疼的问题，他们一般没有那么多财力像本地居民一样为孩子提供早期教育。我们在社区大学办了早教课堂、幼儿兴趣班、留守儿童暑期班。进城务工人员就看到我们这个机构是真心真意地帮他们解决实际问题，尽管仍有一些问题不能解决，但是他们看到我们是一片真心，就开始从心里接纳、认同社区大学是为他们办事的。那我们怎么去培养他们的社区参与意识呢？如果空洞地去讲社群、志愿服务这些概念，他们会觉得像在云里雾里。于是，我们就把它分成不同的需求社群，比如说社区大学第一个开设的是写作班，而且取得了很好的效果。

课题组：为什么要第一个开设写作班呢？写作班对于培养社群和认同有什么作用呢？

吴治平：社区大学之所以开设写作班是因为我们希望了解他们，走入他们的内心世界。从另一面看，这些进城务工人员是比较自卑的，没有想到过自己是一个创造者，所以我们就设计了“写出你的故事，让世界倾听”这个主题，引导他们把自己的人生故事写出来。应该说他们每一个人能够留在这里，都有个人的奋斗史，其中有许多值得分享的东西。这些是非常有意义的，但是过去没有人来挖掘它，他们也没有看到自己的正能量。在城乡差异的环境中，进城务工人员被贴上“脏”“不文明”的标签，在社会交往中也容易受歧视。我们首先就是培养他们的自尊和自信，让他们意识到自己也是这个城市的创造者。我们陪伴他们整整四个月，也请了专家、教授来指导他们写。当时写作班有个东北的进城务工人员朋友说自己长这么大了，在学校里老师叫他写作文都不写。但是我们不怕，我们还是耐心把他们的潜能开发出来。老师就让他把自己的人生分成几段来写。第一段就是离开，当初你为什么要离开，离开的情景是什么；第二段，是初到，你初来广州的时候，你怎么下火车，下了火车你怎么找到住处，怎么立足的；第三个，就是后来是如何发展的。

四个月后，他们形成了一个写作班团队。一周年的时候，他们自己提出要同学再相会，在社区大学这个地方相聚，这样社群就形成了。之后，为了治理环境问题，在各种社区活动中我们都把“垃圾不落地”穿插进去。每次活动先是宣誓“垃圾不落地，从我做起”，签承诺卡，然后发一个小小的礼品。我们通过各种活动，发现和培训了一些社区骨干。随着活动的开展，他们开始主动提出宣讲员应该怎样去宣传“垃圾不落地”更有效。现在，“垃圾不落地”的意识已经融入他们的思想中了，加上政府的环境整治行动，现在我们的社区任何时候都干干净净，有些地方与香港、台湾地区的街道一样清洁，“垃圾不落地”的氛围就形成了。

随后，我们依托社区大学举办了很多活动，比如英语班、就业创业班等。实际上每一个班就是一个社群，我们鼓励每一个社群要有志愿精神。强调既然接受了免费的教育，就应该反哺社区，参与志愿服务活动，以此慢慢地培育他们的参与意识。现在我们举办演讲口才班，这对于议事、写提案、写调查报告都是基本的能力，因为我们整个思路就是要他们自己做社区的主人。什么叫融合？融合就是“经济立足”养活自己，“社区参与”锻炼自己，从而去塑造一种“社区认同”，让外来人认同本地人，让本地人也认同外地人。

课题组：社区大学的招生制度是怎样的，如何实现课程、班级的有效管理？

吴治平：我们现在所有班都由他们自己做主。如商务英语班，我们要求他们自己招生，招满开班。他们自己去设计招生简章，自己去选班长。我们通过写作班的实践教会他们定班规，怎么选班长，明确班长的职责。通过接受培训，他们自己学会了推选班长，设计招生简章。这样就把他们的自我管理能力培育出来了。现在我们任何一个班，班长一定是自己选出来的，招生是他们的事，学业管理也是他们自己去做，我们只管找老师过来。通过几年的摸索，他们的共治意识、参与意识开始出来了。

课题组：社区大学运转的经费是怎么解决的？

吴治平：化缘、申请，非常不容易。政府如果有一个持之以恒的投入当然很好，正能量地说，政府就是喜欢创新。有时政府觉得你总是抓住一件事干，它会觉得这个政绩既然已经拿到，就没有什么好宣传的了。所以我们也是面临着挑战。以前我是体制内的，做领导，做事情不愁资金，许多人围着我转，但现在我是处处“乞讨”，因为身份完全不一样了。我们现在一个是争取政府的支持，一个是争取基金会的支持，还有一个是网络众筹，将来也会寻求企业的支持。但是企业是很现实的，它喜欢回报，喜欢有影响力。你做得大了，它会找上你；你做得小了，没人会理睬你。今年我们开始做品牌，我们推出了一个叫“神奇房子”的品牌，把我们的理念融合进去。现在中国人都想有一套房子，每个进城务工人员也想有一套房子，早教中心要有房子，儿童活动要有场地，还有我们的融合学堂和社区大学必须有一个房子，那我们这个房子就叫“神奇房子”。这个“神奇房子”既是物理意义上的房子，也是社区人们精神上的归属。“神奇房子”让一切皆成为可能。它就像一个魔法，在这个房子里，你不知道会变出什么东西来。

课题组：你们创办了社区大学，政府将来可以购买你们的服务吗？

吴治平：政府可以购买，我现在这个机构接受的有将近百分之五十的政府资金。中央财政我也接，市财政我也接，区有钱我也接，街道的我也接，居委会有时候也给我一点小活动经费。我现在最大的压力还是经费的压力，我现在必须用很大的精力去考虑机构的持续性，经费从何来。我希望的是，政府能够对这些做得比较好的公益组织进行大力支持。但是如果完全依赖政府，说不定哪天就撑不下去了。现在来说，政府的资金一个是来得晚，再者一些项目往往需要你先出钱垫着。不过现在我国政府已经开始意识到公益组织的重要性，中国现在公益组织是最大的一个就业行业。2000年我到美国去的时候，美国就有将近百分之十的人在公益慈善领域就业，所以美国的公益慈善事业是最发达的。今年国家出台了政策，那些入职公益组织的大学生、研究生可以有“五险”的保障，公益组织的未来应该是可期的。

共治从议事开始

课题组：三元里社区的共治议事会已经召开过5次。为什么要设立社区共治议事会，效果如何？

吴治平：我们都知道居委会自治、村民自治，也就是村民自己决定自己村里的事，居民决定自己的事。对于进城务工人员，他们无法参与村民自治活动，也因为户口问题很难参加所居住社区的自治活动。他们之前的社区参与基本上是空白，在组织形式上也是空白的。于是，我们就搞社区共治。城市是以居民自治为主的，它是在居委会的领导下开展工作的，我们就设置了13个代表、6个外地工、6个本地居民，另外居委会主任作为议事长自动占有其中一席。这样确保居委会主任那一票具有关键作用，现在这个制度的设计就是为了确保不产生一边倒的情况。

课题组：共治议事会如何开展活动呢?

吴治平：我们原来设计的是一年不少于两次，而且是一事一议。除此之外，我们事先就定下议事规则，培训他们怎么议事、议什么事。我们要求所议之事是公共话题，要涉及双方的共同利益。比如议事会不能议房产，房产是私人的；不能议分红，分红是私人的。我们讲求公共性，就把这个话题界定到公共领域，不能乱提议。说真心话，刚开始，我们还是带着他们走，因为他们从来没有议过，如何发言在初期都是需要引导的。我们的实习生们也感觉到是我们领着他们在走。但越到后面，就越觉得他们是真正地在议事。他们现在很看重这个，因为他们觉得自己能参加议事，举手表决通过的事情能够形成社区的行动，他的权利意识就培养起来了。

课题组：共治议事会目前进行过哪些主题的讨论?

吴治平：我们第一次就议了一个社区微公园，实际上就是一个大花台，很小，但是在这个寸土寸金的地方，巷子就这么一点，大家希望有一点绿色。第二次是决定选出小巷巷长。三元里社区共有63条巷子，平常的管理没有规范。我们分而化之，要求选出的小巷巷长具体管哪几条巷子，平常负责治安等事宜。反正这块有什么事就找巷长，有什么情况，收集之后就反映。就这样，19个小巷巷长有15个是进城务工人员，全部由他们推选产生，这个产生的比例都是很有意思的。还有一次，社区停电，我们就组织大家讨论，一个是要节约用电，二是要找供电系统的人去联络、增容。还有一次是高空抛物，有人从上面扔东西下来，把下面的人砸了，两个人就发生纠纷，还打伤了。正是因为这件事，大家认为要禁止高空抛物，并讨论形成公约，也容易被大家理解、接受。

课题组：共治议事会形成的决议如何执行，效果怎么样?

吴治平：执行层面就是通过议事会，由居委会组织实施，不是由议事代表来组织实施。这就像人大决定了之后，由政府组织实施。在实际工作中，还是居委会组织实施，议事会成员就要带头执行，要带头去参与、治理。但有一些资源的调动权力在居委会，比如争取政府的投资，争取政府的资金等。

原来说一年召开两次共治议事会，我们去年就召开了四次。当社区治理出现了良好效果，人们就不会像过去那样冷漠，会主动参与管理。以前社区出现小矛盾，往往引起更大的冲突。现在有了议事会，有了问题大家都来议，议了之后就容易化解，不像以前矛盾越积越大，像要爆炸一样，一旦形成一个爆炸口，就是群体性事件。前一阶段，义务巡逻队执法的时候，有一个人喝醉了酒，骂执法队员，发生了这种碰撞。但有了议事会，这些小问题就马上解决，该怎么处理就怎么处理。现在，三元里社区有19个小巷巷长，他们发现问题若不报就有责任。现在社区各个巷子的治安就都被管起来了。

党支部引领方向

课题组：三元里街道建立起了全国首个由社会组织负责人担任进城务工人员工党支部书记的来穗人员党支部，你还当选为第一任党支部书记。为什么要设立这个党支部，党支部在社区融合中扮演了什么角色？

吴治平：过去流动党员普遍反映找不到党组织，没有归属感，被称为“口袋党员”“休眠党员”。在借鉴外地流动人口党支部成功经验基础上，我们成立党支部。现在社区成立了志愿服务队，我们为了举办活动专门设计了志愿者服装，其中非党员社区志愿服务队是白色的，党员的是黄色的。他们特别喜欢穿这个服装，也感觉很神气、很自豪。我们有个印刷工是党员，在平常工作中也穿着这套服装。我们就说你不要穿了，服装是在组织活动时用的，天天穿着党员志愿者服装出来干什么呀。还有一个经商的志愿者，很会赚钱，据说一年赚一两百万元，他强烈地要求入党。我也感到纳闷，放着钱不赚，所有志愿活动他都参加。我们组织活动，他帮忙扛桌子、扛板凳；我们培训完了，他主动打扫场地。我就问他为什么要入党，他说入党光荣啊，入了党在外面受人尊重。他说自己之所以多要一套志愿者服装，是因为没有换洗的。他说穿着党员志愿者服装，生意就好做。他认为社会上的人还是对党员有一种信赖感，你只要亮出来这个，就说明你不会坑蒙拐骗。从这几年来的工作经验看，社区工作首先要抓党建，把党员的骨干抓起来，要善于发挥党员的作用，这个是最大的体会。

课题组：你是法泽城市与公益研究中心理事长，在社区融合工作上，你觉得政府与公益机构是怎样的一种关系？

吴治平：说实话，政府在我们没有做出成绩之前，是不太信任我们的，也不敢放手让我们干。但是我们一旦做出来，而且这块正是政府想破解的难题，政府就会很支持、信赖我们，特别是建立了党组织之后，政府把我们当成自家人。社区治理首要的就是政府的支持，政府不支持，社区治理是不可能的。所以公益组织要做社区治理，首先要说服政府，让政府接纳你这一套，认同你这一套。从我们的工作经验来看，你要主动了解、熟悉中央的政策和走向，关注相关工作的热点，确保你做的事也是政府想做的，甚至迫切想做的，它才会支持、信任你。因此，我们的社区治理就是在政府的领导和指导下，争取政府的支持资源。

我当年在全广州市选第一个试点三元里的时候，提出了两个条件。第一，我这个机构是做流动人口工作的，这个社区流动人口起码要和本地居民相等，甚至反超，我才能来做流动人口工作。三元里是典型的城中村，正好符合条件，实际上这里的流动人口超过了本地居民的两倍。第二是当地领导要重视、接纳、支持。如果不接纳、不重视、不支持，我就不做。如果我做一点什么事都被怀疑，那么这个工作就很难开展。从职能划分上看，社区共治、社区议事是民政的职能，是政府的职能；而社区组织只能当参谋，提供专业的方案，帮它培训人才，但是组织实施是需要政府来组织的。所以社区融合工作一定要在政府的领导下开展，只要涉及社区治理，首先要得到党委的支持，你欢迎我去、认同我，你认为我这一套你愿意来做，我就做。

课题组：你关注流动人口，本地居民对社区融合怎么看，你们是如何对待本地居民的呢?

吴治平：实际上，我们非常重视本地居民的参与。对社区来说，过去对进城务工人员是排斥的，那时候，进城务工人员很容易被视为盲流，要去抓、去赶。后来随着进城务工人员力量的壮大、经济实力的增加，他们逐步由分散居住状态走向以同乡、同地缘为特征的聚居。这个很像我在国外看到的一样，比如唐人街、中国城。这种逐步聚居的倾向幅度在加大，然后他们会开始抱团，自我维权意识渐渐增强，如果一些问题不及时解决，很容易出现对抗性事件。

对于本地居民，社区大学也是他们的，现在本地的业主委员会开会都要到我这里举行。我们所有活动都是本地居民和进城务工人员共同参加。现在外来人口远远大于本地人口，反而本地人开始怕外地人，他们说自己才是弱势群体。现在的年轻人不住城中村，都去住好地段、好小区，留下来的都是不愿意离开的老人。这个小区的户籍居民住在这个地方的已经很少了。我们的早教班本来只收流动儿童，不收本地人。后来我们办得好了之后，本地居民强烈要求不能只支持外地人，也要收一点本地人。我们答应了，因为要融合，我们规定早教班三分之二是外地人的孩子，三分之一是本地居民的孩子。另外，我们社区共治的志愿服务也有本地人参加。我们是非常注意融合的，但要注意，融合并不是数量上的对半，主要还是看效果。

课题组：户籍制度对流动人口社区融合治理有怎样的影响？

吴治平：留守儿童也许是我国特有的概念。西方国家不存在户籍的限制。孩子都有就近入学的机会，而且不能把孩子留在家里。现在我国的户籍制度已经有许多进步，但还是有许多限制，比如学分、学位、积分入户。这些障碍还是会比较长期地存在，而且这个矛盾主要集中在特大型城市。实际上，政府也是顺应着自然地发展。外地人来到这个城市，如果能够生活下来，他就会把孩子带过来，有就业的机会他才会过来，才有生存的能力。城市的就业岗位是有限的，不会无限制发展，未来十年是争夺劳动力的时代。在我看来，广州是最开放、对流动人口最友好的城市。

课题组：你怎么看待公益、社会、政府之间的关系？

吴治平：公益对中国将来会有一个很好的发展前景。改革开放以后，我国实行市场经济，企业、利润主导一切，金钱至上。它有个效率，但是缺乏公平，就带来两极分化和社会不公。社会不公就引发了很多社会矛盾，过去没有现在这么多，就是因为大家都在拼命追求效率。但是马太效应是必然的，强者越来越强，弱者越来越弱。过去我国实行的是计划经济，政府负责分配，这样公平但是没有效率。长期以来，我们是有国有家缺社会。社会这一块，我们过去没有意识到，它属于第三部门，第三部门就是非营利、公益性的。我们做的这块，就是消解由社会不公带来的社会问题，拦截矛盾，化解矛盾。公益最大的特点一定是支持弱势群体的，对我们来说，就是要去尽量争取资源，而且活动不收费。因为你一收费，他们绝对不来。看到这个社区的变化，我们是很有成就感的。我们在这里，如果不跟他们打成一片，就不可能有现在的成果。如果要人家都跟着你干，你是要付出很多的，遇到问题就要去帮他们解决。

课题组：你刚才提到去过美国，了解过美国的公益慈善事业，那在公益方面，其他国家，以及中国的香港、台湾地区是一个怎样的情况？

吴治平：香港的公益机构分为压力组织和非压力组织。压力组织专门组织罢工、抗议，就是要给政府施压，非压力组织主要是进行社区服务。在香港，政府对公益的投入很大，香港公益机构百分之七十的资源是政府购买的。政府购买社工服务，所以香港的社工是很发达的。现在广东省很多公益工作的经验是从香港移植过来的。台湾地区跟香港相似，但是政府的投入没有香港大。加上台湾地区体制不稳定，这个上台、那个上台的，经常变换。台湾地区的慈善宗教组织占的比重很大，一个慈济几乎占到台湾公益募资的一半。在台湾地区，到处都有宗教的身影，慈济的电视台比台湾地区的电视台还强，志工吃一顿年饭都是无上的光荣，我创办社区大学最早也是借鉴台湾地区。澳大利亚、欧洲、美国也有社区大学。但是，美国的社区大学是作为学历教育的一种补充。澳大利亚的社区大学跟我们有点近似，社区大学有各种课程班，比如插花等，设置得非常细。台湾地区有的社区大学办得很好，但政府资源没有香港的多，所以台湾地区的社会组织办社会企业的比较多，而香港成功的社会企业较少。

课题组：你对三元里社区未来的希望是什么？

吴治平：我觉得在三元里，社区融合应该常态化。第一，社区教育要走向常态化、制度化，形成一个机制；第二，它要生成自主发展的能力。我们社区大学的副校长有一个是进城务工人员代表，我们现在有意识地培养他，许多事交由他来主持、操办。通过实践把他们培育成管理者，我们才能抽出人来指导别的地方，否则我们这几个人根本忙不过来。现在一个不容忽视的问题是青年人的参与不足。我们在逐步地改变，也开始举办演讲口才班、彩妆班等年轻人喜欢的课程班。现在来看，商务英语班中青年比例大一些，其他活动还是比较少。现在早教班上，一些儿童的妈妈担任我们的志愿者，因为我们这些课程是公益项目，我们要求她们用自己的志愿行为来反馈社会，以此培养她们的志愿精神。

07

第七章

中广核：用公众沟通化解邻避情结

案例介绍

践行“公开透明”承诺　建设“阳光央企”品牌

近年来，核电成为与高铁齐名的“国家名片”。但核电的发展和安全问题受到各界广泛关注，并呈现以下两个特点：一是因为核电知识的科普力度不够，民众的“恐核”“反核”心态较为普遍，对核安全问题极度敏感，“核电无小事”成为业界常态；二是随着我国核电“走出去”步伐的加快，境外各种势力对我国核电的质疑从未停止，需要企业做出回应，维护国家利益。党和国家领导人也多次对核电发展做出重要批示，要求加强核电正面宣传引导，加大与公众的沟通力度。

针对以上形势和挑战，中国广核集团（简称“中广核”）始终坚持公开透明的理念，创新方式方法，从信息公开、新闻宣传、公众沟通、核电科普等方面狠抓落实，在践行“公开透明”承诺、建设“阳光央企”品牌方面开展了诸多有益探索和实践。我们的具体做法可以总结为三句话：放下架子，迈开步子，挑起担子。

一、放下架子，开门办企业

转变“酒香不怕巷子深”的观念，放下央企的架子，树立“公开透明”的理念，实现从“闭门搞生产”到“开门办企业”的转变。

长期以来，外界对央企的诟病不少，甚至贴上了种种负面标签。对此，中广核认识到，宣传工作就是要主动、公开、透明，增信释疑，回应关切。只有坦诚面对媒体和公众，宣传才能达到效果，才能取信于民。

秉承这一理念，按照信息透明度的国际标准，中广核从2011年开始，率先在国内开通信息公开网站，包括所有核电项目发生的国际核事件分级表0级及以上运行事件。在确定后的 2 个工作日（节假日72小时）内均及时公开，任何人都可以在中广核及各相应电站的外部官网查询。此外，中广核在运核电站的环境监测信息在公众展厅实时更新，让公众一目了然。中广核邀请公众一起乘船出海，参与宁德核电站海域生物取样活动，让公众亲身参与和见证核安全。

对于拟建核电项目，中广核立足“十条主线”（项目半径5公里范围内的村干部、村民代表；项目所在镇离退休老干部；项目所在市重要利益团体；地方网络媒体意见领袖、版主、大V用户等；地方传统媒体采编人员；政府公务员；行业部门；协会团体；中联办、港澳办；公益活动），开展“七进”活动——进社区、进乡镇、进机关、进校园、进企业、进媒体、进展馆，对受众群体进行科普宣传活动。

以拟建的广东陆丰核电项目所开展的专项公众沟通工作为例，中广核以“教育一个孩子，影响一个家庭”为工作理念，采取多种形式向中小学生普及核电知识，包括在陆丰市中小学开设核电科普课程，并由经过培训的老师讲授；组织汕尾市各级学校参加中国核电“魅力之光”核电知识科普竞赛。另外，与汕尾市政府先后组织了约40批汕尾市村、镇、县、市干部、群众代表，以及媒体从业人员、知名意见领袖等数百人，到大亚湾核电站参观、考察（对象包括人大代表、政协委员、机关公务员、科技工作者、妇女代表、师生代表、团员青年、意见领袖、公益组织、村民代表等），直观感受核电站的安全运行情况，并与当地社区交流，亲身感受“一座核电站立足一方、带动一方，造福一方”的魅力。

同时，中广核在《汕尾日报》开辟专版，举办核电科普知识有奖答题活动；编制发放科普宣传资料，通过汕尾市教育局、科学技术协会、移动、电信服务厅等单位，向社会广泛派送《核电站与核安全》科普手册、《中广核安全白皮书》、《中广核社会责任报告》等。

为更加深入做好核电科普宣传工作，中广核在碣石镇老干部活动中心开展核安全知识讲座，并聘请了10名有威望的老干部担任陆丰核电义务科普宣传员，利用地方政府学习论坛平台，邀请国内知名专家到汕尾地区举办核电站与核安全知识讲座，提高公众对核电的认知度，先后举办了6场大型科普讲座，并在汕尾电视台、陆丰电视台进行了报道，公众反响良好。另外，还利用汕尾市城区网络文化协会这一平台，加强与地方网络意见领袖的沟通和联系；每年组织召开汕尾地区媒体沟通联谊会，加强沟通交流。

二、迈开步子，主动、常态化沟通

主动发声，不断设置议题，让信息传播更多、更快、更透明，抢占话语权。2016年，中广核主动加大新闻发布力度，集团公司和核电板块主要成员公司的八大新闻发言人集中亮相，并向媒体公布联系方式。全年在北京、深圳、香港、澳门、伦敦等10个城市组织了24场新闻发布会和媒体沟通会，全年向媒体主动发布新闻通稿70多篇，保证“月月有发布，周周有声音”。这些举措有力宣传了我国自主三代核电技术“华龙一号”、中广核进军老牌核电国家的英国核电项目、核电站数字化仪控“和睦系统”、海上核电站等一批具有国际竞争力、影响力的自主创新成果和重大项目，强化了核电“国之重器”“国家名片”的公众形象，提振了清洁能源行业发展的舆论氛围，唱响了央企改革发展的主旋律。

我国核电事业经过30年的发展，公众对核电的关注度逐步提高，由于不了解而导致的邻避效应开始显现。主动加强与公众和媒体的沟通，回应公众对核电发展的重大关切，寻求社会各界的理解和支持，则成为我国核电事业发展的新要求。

长期以来，中广核都坚持推进透明沟通，主动邀请公众走进核电基地参观体验，了解核电站真实的生产运营情况。2013年8月7日，中广核将大亚湾核电站1987年8月7日开工的纪念日确定为全集团统一的“公众开放体验日”。到2016年，这一中国核行业最具特色的公众沟通活动已经举办到了第四届。在2016年8月7日，中广核第四届“8·7”公众开放体验日活动在中广核大亚湾、台山、阳江、宁德、红沿河、防城港等核电基地联动举行，活动以“看核电现场，品核电文化”为主题，邀请近千名公众代表参与各大核电基地组织的深度体验与互动交流活动。

同时，作为中广核破除邻避效应、服务公众需求的最新探索，中广核及下属核电上市公司中广核电力、在运在建六大核电基地的八大新闻发言人集体亮相，并向社会公布了八大新闻发言人的联系方式。至今，中广核打造的“公众开放体验日”品牌活动已经成为全国十六个核电基地的共同行动，核电行业开放透明的形象日益深入人心。

面对港澳地区复杂的舆论形势，2016年中广核变被动为主动，积极回应港澳媒体的质疑，并建立了向港澳媒体定期发送新闻简报、实时发送重大新闻稿件的机制，尽量减小个别媒体以不够公开透明抹黑核电、以只言片语歪曲事实和本意的操作空间。

2016年6月17日，应澳门特别行政区政府邀请，在国家核应急办的牵头下，环境保护部、国家能源局、国务院港澳办、广东省环保厅和中广核在澳门举办的“国家核电政策及广东核电发展情况介绍”专题座谈会和“中国广核核电发展及台山核电站工程进展情况介绍澳门传媒机构讲座”两场专题活动，详细介绍了国家及广东省的核电发展情况，并详细回应了社会关切的台山核电站相关问题。澳门特别行政区各大媒体相继给予刊发报道。报道对澳门特别行政区政府邀中央政府代表团前来宣讲持正面赞许态度，并对台山核电无质量问题、无赶工、安全有保障、澳门无须开展核事故撤离等进行了广泛传播，达到了澄清误解、增强信心的良好效果。

为有效消除澳门公众的担忧，2016年11月24日，来自澳门特别行政区保安司、新闻局、民政总署、经济局、消防局等17个政府部门及澳门街坊会联合总会、澳门工会联合总会、澳门红十字会等社团的34名代表到访中广核台山核电站，通过现场参观、交流会等形式，了解核电知识，体验核安全文化。在实地考察活动结束后，代表们纷纷表示，本次台山核电站“透明之旅”受益匪浅，对核电有了更加全面、科学和理性的认知，对台山核电基地严格的安全管理和井然有序的建设现场留下了深刻的印象。

为加强与香港公众的沟通与交流，中广核大亚湾核电站自1989年就专门设立了“核安全咨询委员会”，由香港社会专业人士、知名人士和意见领袖组成，定期沟通信息，接受咨询和建议，达到了“以沟通赢得信任，以理解促进共赢”的目标。中广核还与香港精英会等联合，邀请2000名香港青年参观大亚湾核电基地。与此同时，中广核还利用旗下在香港的上市公司举办业绩发布会、股东大会等，积极主动地与香港明报、信报、经济日报、南华早报等主流媒体的高层和记者面对面坦诚沟通，并建立了常态化沟通机制，树立了企业公开透明的形象。

三、挑起担子，建设“责任企业”

创新形式和手段，勇担社会责任，建设“透明广核，责任央企”。中广核采取“走出去”和“请进来”相结合的方式，并创新利用互联网、展览、广告、讲座、咨询委员会等多种手段，加强与政府、意见领袖、周边社区、各界媒体等关键人群的沟通，增信释疑。

2016年，中广核举办的各项展览接待参观者超过6万人。坚持“安邻、友邻、暖邻”的理念，六大在运核电基地参观公众历年累计人数突破50万；各在运核电基地都开通了官方微博和微信，积极报道核电项目动态，在台风登陆前后和100公里范围内无论大小的地震发生后，都及时通报安全信息，让公众放心；核电科普课程在全国九个核电项目周边超过100所学校落地，参与学生超过16,000人；主动与反核者进行沟通和互动。

此外，红沿河核电为周边结婚50年以上的老人免费拍摄金婚照，并帮助当地农民“触电”，利用电商平台销售水果；防城港核电举办针对当地民众的专场招聘会，基地本地员工人数超过2000名。中广核打造的“公众开放体验日”、工业旅游、微旅游等品牌活动，已成为全国核电行业的共同行动，核电行业去神秘化的开放透明形象正在日益深入人心。

为培养理性的科学精神，中广核深入推进核电科普进校园，打造核电科普教育品牌活动。中广核将核电科普与学校教育紧密结合，编写寓科学性与趣味性于一体的核电科普教材，争取将地方政府的支持纳入项目所在地的初中一年级校本课程，开展正规的核电科普教育。该项目从红沿河核电基地起步，已推广至全国九个省份100所学校，超过15,000名学生参与。此外，大连理工大学还开设了国内首门大学生核电科普专题课程。2016年2月25日，中广核大亚湾核电“核电科普进校园”系列课程在深圳中学高中部启动。“走进核电站”核电科普课受到了学生们的热烈欢迎，报名人数在深圳中学所有选修课程中排名第一。为满足深圳中学“学霸”们的高要求，大亚湾核电组建了强大的授课志愿者团队，每一节课都安排高级操纵员以上级别的“教师”进行教学，在最后一节课都会安排学生走进大亚湾核电基地，在碧海蓝天中“眼见为实”。这系列教育活动促使学生们在学习知识和互动交流过程中建立起对能源以及核电的正确观念，并带动更多群体客观认识和理解核电。

另外，中广核还在“互联网+公众沟通”方面发力，专注于清洁能源企业社交媒体属性的挖掘与聚合。特别是中广核举办的“微旅游”活动寓科普于参观、体验，展示了中广核公开、透明和自信的姿态，并直面公众各种疑虑，获得了网友的热捧。

2013年年底，在国务院国有资产监督管理委员会新闻中心主办的首届中国企业新媒体年会上，中广核组织开展的“微旅游”活动在会上入选“中国企业微博运营最佳案例”。在历次“微旅游”中，网友们饱览了大亚湾核电基地蓝天碧海的秀美风光，参观了模拟机教室、模拟换料水池等高科技阵地，并曾进入核电站主控室、汽轮机厂房等地触摸核电站的“心脏”。网友们还亲自到技能培训中心体验辐射防护服，并与专业人员一道测量大亚湾核电基地的辐射剂量。此外，他们还参观了大鹏所城、较场尾等景点，体会核电站与周边社区共处的和谐。在“微旅游”过程中开展的“微博竞赛”，则激发了大家传播核电知识、展现大亚湾秀美风光的热情。

通过有针对性地从“社会心理体验”的角度开展科普宣传，让公众眼见为实、自我体验，并让网友自发成为“草根记者”和“科普大使”，“微旅游”在中央企业中率先走出了一条与公众沟通互动的道路。2012年12月，“微旅游”模式被国务院国有资产监督管理委员会作为中央企业微博运营六大典型案例之一在全国的国有企业中进行推广，目前已经被中核集团、中化集团等企业学习借鉴。

案例研究

基于公众沟通的邻避冲突风险规避机制建设
——以中广核为考察对象

一、引言

在现代化的道路上，我国已经来到城镇化高速发展的阶段，同时也不知不觉步入了乌尔里希·贝克（Ulrich Beck）所说的“风险社会”。在这个“风险社会”中，安东尼·吉登斯（Anthony Giddens）将风险区分为外部风险（external risk）和人造风险（manufactured risk）。人造风险是指“由我们不断发展的知识对这个世界的影响所产生的风险”[①]，而核电站、PX项目、火葬场、垃圾处理设施、污染性的化工企业，甚至公路、高铁、小区变电站等“邻避设施”正是吉登斯笔下典型的人造风险。

近年来，新媒介技术孕育的信息平权运动和环境污染催化的环境正义运动充分体现在邻避设施负外部性所引发的群体性事件上。2007年6月，厦门市民在厦门市政府门前聚集，通过和平但坚定的方式，迫使在厦门附近兴建的PX项目迁至漳州古雷半岛。厦门市民反PX项目的成功产生了明显的示范效应，随后环境抗争群体性事件开始大量借鉴、扩散、升级厦门经验，从此邻避运动在我国渐成气候。据中国社会科学院统计，2016

①安东尼·吉登斯：《失控的世界：风险社会的肇始》，载薛晓源、周战超主编：《全球化与风险社会》，北京：社会科学文献出版社2005年版，第46—56页。

年上半年，规模较大的环保类群体性事件至少有 52起，其中千人以上规模的就有 12起。

从欧美等地区的情况看，邻避冲突从初期相对单纯的环境风险议题，发展成杂有民主权利、种族正义的社会风险议题。在我国台湾地区，邻避冲突往往成为政治势力操弄选票的机会，更增添了相关议题的复杂性。我国大陆地区的邻避冲突是随着网络社会的发展而加剧的，新媒介技术成为一种典型的社会资本，通过技术赋权在社会动员中发挥了很重要的作用。在邻避冲突爆发期，公众参与表现出高度的抗争性，公共舆论对政府形成了挤压态势。特别是在网络时代，新媒介技术所催生的舆论膨胀效应使得公众参与带有更强的互联网特征，同时也使得抗争参与更为复杂。

作为环境风险的典型代表，邻避冲突多由与城镇化发展相关的设施建设引发。这些设施往往是社会整体所需，但设施的负外部性后果却由周边居民承担。在这个充满争议的场域中，整体利益与局部利益短兵相接，政府、企业、公众主体间的关系呈现出高度紧张的态势。邻避冲突是新时代社会发展的严峻课题，其表现出的破坏性、矛盾性、复杂性和价值悖论值得关注。

二、邻避概念的由来及其内涵

20世纪60年代，美国陆续出现反兴建垃圾填埋等设施的抗争运动。欧海尔（O’Hare）于1977年3月为美国能源研究和发展管理局撰写了《不要建在我的街区——设施选址和补偿的战略重要性》的报告[①]，详细阐述了有害设施（石油精炼厂、核电设施、输电系统等）的选址与补偿问题。这个报告题目中使用的“Not on My Block You Don’t”意为“不要在我的街区”，而在文中又一次提到了“we need an oil refinery—but not on my block”，意为“我

①英文原文是“‘Not on my block you don’t’—— facilities siting and the strategic importance of compensation”。

们需要炼油厂，但是不要建在我的街区”。国内大量文献认为“Nimby”由欧海尔最先提出，这虽然是个错误的判断，但是欧海尔提出的“Not On My Block”无异与“Nimby”的意思十分接近，事实上这篇文章发表之后的确引发了美国学界对于相关问题的研究热潮[①]。

《牛津英语词典》（*Oxford English Dictionary*）确认“Nimby”最早出现于1980年11月6日，在《基督教科学箴言报》（*The Christian Science Monitor*）上《有害垃圾》（“Hazardous Waste”）的文章中[②]。英国记者埃米丽（Emilie T.L.）在文章中描述了当时美国人对于化工垃圾极为警觉和反感的普遍态度[③]。20世纪80年代，时任环境保护国务秘书的英国政治家尼古拉斯·雷德利（Nicholas Ridley）使得“Nimby”术语流行起来。当时的喜剧演员乔治·卡林（George Carlin）将“Nimby”用在了短喜剧里，说明这个术语已经深入人心。同期的社会科学研究也将“Nimby”用来表示社区居民对于争议性设施选址和土地使用的抗争。围绕着“Nimby”先后出现了一些相关术语。1980年12月22日，《福布斯》（*Forbes*）提出了“邻避人群”（Nimbys），用于指代反对开发商建设破坏其邻里生活节奏和方式的人群[④]。1986年，《经济学家》（*Economist*）提出了“邻避主义”（Nimbism）的说法，另外还有“邻避症候群”（Nimbists）等术语出现。

“Nimby”概念在新闻界、演艺界和学术界中穿梭，说明邻避现象已经成为整个社会关注的议题。除了“Nimby”之外，有些学者还提出了“LULU”“NIMTOO”“BIYBYTIM”“CAVE”“NIABY”等相关表述（见表7.1），德语中用佛洛里安原则（Florian Principle）[⑤]表达与“Nimby”类似的意义，这个名称源于讽刺一些人向基督教人物Saint Florian的祈祷，

①陈宝胜：《国外邻避冲突研究的历史、现状与启示》，《安徽师范大学学报（人文社会科学版）》2013年第3期，第185页。

②Livezey E T . Hazardous waste, *The Christian science monitor*, No.6, 1980.

③杨秋波：《邻避设施决策中公众参与的作用机理与行为分析研究》，天津大学博士学位论文，2012年，第5页。

④杨秋波：《邻避设施决策中公众参与的作用机理与行为分析研究》，天津大学博士学位论文，2012年，第6页。

⑤THE FLORIAN PRINCIPLE, https://tysilynsblog.wordpress.com/2016/02/22/the-florian-principle/.

即“O Holy St. Florian, please spare my house, set fire to another one”，意为“圣佛洛里安，请宽恕我的房子，去烧别人的吧”。后来的这些术语都没有“Nimby”受到更多人的推崇和使用。20世纪90年代，我国台湾地区陆续出现反对垃圾处理设施选址的群体性环境抗争事件，相关学者将“Nimby”音译为“邻避”，非常贴切地将此类设施的负外部性特征表现出来，随后延生出“邻避冲突”“邻避现象”“邻避运动”“邻避效应”“邻避设施”“邻避情结”“邻避症候群”等相关概念。我国大陆学者何艳玲2006年在以某城市垃圾压缩站引发的社区民众抗议为案例的研究论文中使用了“邻避冲突”的概念[①]，自此我国关于邻避议题的学术研究逐渐活跃起来。

“邻避”这个概念准确反映了相关人群对于某些设施负外部性所展现出的态度。维特斯总结了“邻避”的三层含义：一是全面拒绝被认为有害于生存权与环境权的公共设施的态度；二是强调以环境价值作为是否兴建公共设施的标准；三是反对的居民不一定需要技术层面、经济层面或者行政管理层面的理性知识，而带有一定情绪性的反应[②]。

表7.1 “Nimby”（邻避）相近术语[③]

序号	简称	全称	中文含义
1	LULU	Locally unwanted land uses	地方性嫌恶土地使用
2	NIABY	Not in anybody's back yard	不要建在任何人后院
3	BIYBYTIM	Better in your back yard than in mine	最好建在别人家后院而非我家
4	CAVE	Citizens against virtually everything	反对一切建造的居民
5	NOOS	Not on our street	不要建在我的街区

①何艳玲：《“邻避冲突”及其解决：基于一次城市集体抗争的分析》，《公共行政管理（第4卷）》2006年，第93—102页。

②Vittes M E, Pollock P H & Lilie S A. Factors contributing to NIMBY attitudes, *Waste management*. 1993, p.23.

③根据公开资料综合整理。

（续表）

序号	简称	全称	中文含义
6	NOPE	Not on planet Earth	不要建在地球上
7	BANANA	Build absolutely nothing anywhere near anybody	不要建在任何人附近
8	NIMTOO	Not in my term of office	不要建在我的任期

在我国，由“邻避”概念所衍生出的“邻避冲突”“邻避现象”“邻避运动”“邻避效应”“邻避情结”等概念在本义上密切相关，内涵也基本一致。邻避冲突即具有负外部性设施的选址、建设、运行等所引发的相关利益群体抗争性的表达及其行动的总称。在邻避冲突中，公众一般作为抗争性主体出场，政府、企业往往作为因应性主体出现；双方博弈所针对的利益大多具有公共性、公益性特征，却对部分公众群体的利益产生侵害；从实践层面看，邻避冲突往往以设施停建、迁址收场，冲突主体间极易陷入难以抉择甚至两败俱伤的“囚徒困境”。

三、国内外相关研究状况

邻避冲突既是一种社会利益冲突，也是一个复杂的公共管理和公共政策问题，它既涉及经济发展、技术改进策略，又涉及政治、环境伦理①。通过对英文文献和中文文献的考察，笔者在这一部分将梳理邻避冲突的研究历史、邻避冲突的本质与成因以及邻避冲突的治理方式。

（一）邻避冲突的研究历史

19世纪五六十年代，霍尔布鲁克（Holbrook）批评铁路“向美丽的乡村散发混合着火、烟、煤尘以及灰尘等有害物质的恶魔般的毒药”②。面对各种

①陈宝胜：《国外邻避冲突研究的历史、现状与启示》，《安徽师范大学学报（人文社会科学版）》2013年第3期，第185页。

②Holbrook S. *The story of American railroads*, New York: Crown Publisher, 1847, p.41.

非议，美国在19世纪末研制出地铁和电车，英国也积极改善铁路建筑物的审美效果，以此减轻铁路设施的负外部性。尽管如此，拉斯金（Ruskin）仍坚决反对发展铁路，坚持“把它们从你能发现的最丑陋的乡村带走，不要为了安全和速度在它们身上花费任何东西”[①]。这一类早期文献主要讨论河运、铁路、公路、航空机场等公共交通设施对风景的影响，并且在各类文体包括诗歌中都有出现。

20世纪70年代，西方文献开始涉及核能、电力、垃圾处理、医院、戒毒所、监狱、少年管教所等设施的选址及负外部性问题，研究主题由负外部性的单一讨论发展到公众态度、负外部性治理、族群正义等政治伦理问题[②]。美国在1976年颁布《资源保护与恢复法案》（*The Resource Conservation and Recovery Act*）来规范废物处理以保护地下水，以至垃圾处理设施的需求大大增加。文献表明，有些邻避设施落地成功的案例导致了收入再分配不公平和暂时妥协后的持续冲突问题[③]，随之也衍生了少数族群关于族群正义的抗争，从此邻避冲突背后的政治、经济、伦理问题开始凸显。美国的20世纪80年代被《纽约时报》称为邻避时代，邻避主义也被称为当时的大众政治哲学。

除了美国，英国、丹麦、瑞典、荷兰等欧洲国家也发生过针对核废料储存选址的邻避冲突。20世纪80年代，邻避冲突在日本、韩国及我国台湾地区陆续出现。台湾地区当初以“鸡屎拉在我家后院，鸡蛋却下在别人家里”为口号发起邻避抗议。丘昌泰将台湾地区的邻避冲突分为四个阶段：1981—1986年，以中小型工厂污染为抗争对象的萌芽阶段；1987—1991年，以石化业及核能为诉求焦点的高潮阶段；1992—1996年，以工厂选址为抗争议题，并与全球化议题相联系的转型阶段；1997年至今，以电厂和垃圾焚化厂为抗

①Ruskin J. *Seven lamps of architecture*, London: Smith, Elder, and Co., 1849, p.111.

②Siddall W R. No nook secure: transportation and environment quality, *Comparative studies in society and history*, 1974, p.1.

③Mumphrey A J & Wolpert J. Equity considerations and concessions in the siting of public facilities, *Economic geography*, 1973, p.2.

争主题的成型阶段[①]。我国大陆的邻避冲突产生于2000年左右，以2007年厦门PX事件为里程碑，成规模的邻避冲突接续上演。其中广州番禺垃圾焚烧厂选址引发的邻避冲突具有标杆意义。在这10年间，我国各地陆续发生了或大或小的邻避冲突，给政府治理带来了新的挑战，相关学术研究也随即展开。

（二）邻避冲突的本质

对于邻避冲突本质的认识，西方有些学者以非理性为框架将其视为邻避设施周边居民自私自利、非理性和情绪化的反应。辉格（Vig）和克拉夫特（Kraft）认为邻避冲突导致很多必要项目的选址变得不太可能，这样既限制了地方经济发展，又阻滞了解决邻避设施负外部性的技术发展的努力，是一种自私、非理性、增加社会成本的行为。邻避冲突实践不断拓展其背后政治、经济、社会、文化的价值，也不断为学术研究增添新的视角。1987年，美国北卡罗来纳州沃伦郡居民在抗议多氯联苯掩埋场的行动中提出了环境正义（Environment Justice）的诉求，迫使政府开始考虑种族、经济程度和环境污染三个变量的相关性。1987年，美国联合基督教会种族正义委员会在《有毒废弃物与种族》的研究报告中指出政府选择的有毒废弃物最终处理点大多处于少数民族居住区，随即引发了抗议事件[②]。随着研究的深入，更多学者认为邻避冲突是一种影响公共政策的公众参与行为，在政治上是合法的，对其本身的利益关切是合理的，其本质上是公众追求生活环境平等权的环境正义运动[③]。

丘昌泰在其著作《解析邻避情结与政治》的前言中写道："邻避情结是出于自私自利的心理，的确，'人不为己，天诛地灭'，这种基于自利心理产生的抗争行动原本是可以理解的，问题在于：台湾绝大部分的邻避情况是'权'与'钱'两大问题的作祟，前者是指借抗争之名而行滥权之实的政客，后者是指借抗争之名而行索取不当回馈之实，使得'钞票'效应在邻避

①丘昌泰：《从"邻避情结"到"迎臂效应"：台湾环保抗争的问题与出路》，《政治科学论丛》2002年第17期，第33—56页。

②丘昌泰：《从"邻避情结"到"迎臂效应"：台湾环保抗争的问题与出路》，《政治科学论丛》2002年第17期，第33—56页。

③Bullard D. Environmental justice for all, *Unequal protection: environmental justice and communities of color*, San Francisco: Sierra Club books, 1994, pp.5-6.

情结与政治中不断地蔓延起来，着实令人忧心。”[①]从中可以看出，邻避冲突在所谓民主社会的台湾地区很早就与政治选票和恶意骗补行为联系在一起，使得相关问题的解决更加复杂。但是，丘昌泰也认为邻避冲突本身也有一定的理性内涵：一是政府决策过程封闭，导致公众缺乏参与渠道以表达其担心和期望；二是相关企业对于环境污染重视不够，进而影响公众的环境权、健康权与生存权[②]。何艳玲总结了我国大陆地区邻避冲突的三个特征：抗议行动的规模螺旋式上升，始于个体理性，终于集体非理性；抗议诉求较为单一，未包含西方国家邻避冲突中夹杂的种族平等、女权主义等多个主题；冲突双方难以达成妥协，多以终止设施收场[③]。

（三）邻避冲突的成因

邻避冲突是个复杂的社会现象，牵涉多方主体的利益纠葛，国内外文献从心理、经济、政治、政策、环境等角度对其成因进行了大量讨论。在大量的研究中，设施的负外部性被视为发生邻避冲突的直接原因。随着研究的深入，在归因负外部性的基础上，学界开始从各个角度深入细节处探索。米特彻尔（Mitchell）和卡松（Carson）认为“当地社区承担成本过高”“抗争成本极低”和“成功的可能性较高”三个原因导致了危险性废物处理设施的邻避冲突[④]。雷克（Lake）认为邻避冲突产生的原因在于社会整体价值判断与社区价值判断的差异，社会与社区的关注焦点及出发点不一致，经济增长与环境保护之间的冲突[⑤]。黄启煌、王图文在对台湾核电站的风险感知研究中，发现公众认为核电站是极端的高危险设施，并反对以资金补偿方式接受其持续

①丘昌泰、黄锦堂等：《解析邻避情结与政治》，台北：翰芦图书出版有限公司2006年版，第1页。

②丘昌泰：《公共设施中邻避情结的成因与因应——以民营电厂为例》，《政治学报》2004年第37期，第37—110页。

③何艳玲：《“中国式”邻避冲突：基于事件的分析》，《开放时代》2009年第12期，第102—114页。

④Mitchell R C & Carson R T. Property right, protect, and the siting of hazardous waste facilities, *American economic review*, No.76, 1986, pp.285-290.

⑤Lake R W. Panners alchemy transforming NIMBY to YIMBY, *Journal of the American Planning Association*, No.59, 1993, pp. 87-93.

的运行[1]。

我国大陆学者分别从邻避居民心理、社会利益、政府管理和生态价值等方面对邻避冲突原因进行分析。孙静认为当地居民关于邻避设施产生生存与权力上的焦虑，对政府的否认与推脱行为的怨恨，对媒体集体失声的怨恨，邻避情结就累积成一种情感认知模式[2]。郭巍青认为民众关于政府、专家及其经济利益集团之间暧昧关系形成风险感知，通过媒体和网络传播塑造焦虑社群，促使异议和集体行动[3]。何艳玲认为我国政治结构相对封闭，邻避设施的“非邻避化”定性，未尊重民众知情权，未建立公众信任机制[4]。娄胜华、姜姗姗认为决策模式以“决定—宣布—辩护”单目标决策，以经济、效率为选址参照原则，忽视公平，忽略环境正义[5]。张效羽认为政府工作粗暴，产生邻避效应泛政治化，迫使周边以外居民参与并反对选址建设[6]。金艳荣认为未建立有效的重大决策风险评估机制，未能对决策实施带来的可能性社会风险进行正确评估导致邻避冲突[7]。黄汇娟认为番禺垃圾焚烧厂的兴建，会导致周围环境的污染，并引起居民对健康风险的担忧[8]。杜建勋认为环境正义的核心关怀是环境损失与利益的分配，若利益分配不均衡，则失去环境正义，易使社会秩序混乱而引发冲突[9]。

①Huang H C & Wang T W. Determinants and mapping of collective perceptions of technological risk: the case of the second nuclear power plant in Taiwan, *Risk analysis*, No.4, 2011, pp. 668–683.

②孙静：《互动与博弈：城市社区“邻避”冲突的情感认知模式：基于HY变电站事件分析》，《华中师范大学学报》2013年第1期，第14—18页。

③郭巍青、陈晓运：《风险社会的环境异议：以广州市民反对垃圾焚烧厂建设为例》，《公共行政评论》2011年第1期，第95—121页。

④何艳玲：《“中国式”邻避冲突：基于事件的分析》，《开放时代》2009年第12期，第102—114页。

⑤娄胜华、姜姗姗：《“邻避运动”在澳门的兴起及其治理：以美沙酮服务站选址争议为个案》，《中国行政管理》2012年第4期，第114—117页。

⑥张效羽：《环境公害设施选址的困境及其化解：以宁波市镇海PX项目争议为例》，《行政管理改革》2012年第12期，第27—31页。

⑦金艳荣：《重大决策社会稳定风险评估功能浅析》，《长白学刊》2013年第2期，第62—65页。

⑧黄汇娟：《邻避情结与邻避治理：番禺垃圾焚烧厂设置的个案分析》，《广东广播电视大学学报》2012年第2期，第99—104页。

⑨杜健勋：《环境正义：环境法学的范式转移》，《北方法学》2012年第6期，第115—126页。

（四）邻避冲突的治理方式

邻避冲突具有成本或利益高度集中化、高度群众动员性、高度不确定性与高度信息不对称性[①]。考察文献，我们可以发现国内外学者主要从经济补偿、政府管理、技术革新、公众参与四个角度探讨邻避冲突的治理模式。

由于邻避设施的负外部性，经济补偿往往成为缓解或解决邻避冲突必须采取的步骤。在邻避冲突解决方案中，最常见的是经济补偿机制，包括货币补偿和实物补偿，目的是减轻周围居民的损失，以降低其情绪上的极端化带来的抗争。然而经济补偿涉及受损居民及其程度界定问题，容易引发争议，产生负面效果即为“贿赂效应”；需要分析当地居民真实的风险损失，制订合理的区域利益分配方案，才能减小“贿赂效应”。

科学技术的创新、升级是缓解邻避设施负外部性的重要步骤，工科领域学者在此方面进行了研究。工程技术缓解，即通过技术、设备上的改进，减小其转嫁到邻避居民的外部成本和风险。通过垃圾分类和循环利用等技术减少垃圾进入处理设施的量，减少对周边的负外部性[②]；在垃圾焚烧过程中采用提高燃料条件、喷射无机添加剂等措施，有效控制二噁英污染带来的影响[③]；碳捕获和储存技术是近年来新兴的技术，可降低化石燃料电厂的温室气体排放水平[④]；基于风险排查技术定量评估油库中原油储罐的风险，以便采取减小风险措施，避免原油泄漏造成重大环境污染和伤亡事故[⑤]。

政府是邻避冲突的主体之一，有学者从政府决策、风险管理的角度对如何治理邻避冲突进行了分析。当前政府不能再过分依赖于专家辅助决策，而

①汤京平：《邻避型环境冲突管理的制度与策略——以理性选择与交易成本理论分析六轻建厂及拜耳投资案》，《政治科学论丛》1999年第10期，第355—384页。

②Pomper D& Recycling Philadelphia V. New Jersey: the dormant clause, postindustrial “Natural” resources and the solid waste crisis, *University of pennsylvania law review*, Vol.137, No.4, 1989,pp.1309-1349.

③Liu H, Kong S F, Liu Y S, et al. Pollution control technologies of dioxins in municipal solid waste incinerator, *Procedia environmental sciences*, No.16, 2012, pp.661-668.

④Kraeusel J& Doninik M. carbon capture and storage on its way to large-scale deployment: social acceptance and willingness to pay in Germany, *Energy policy*, No.49, 2012, pp.642-651.

⑤Shuai J, Han K J& Xu X R,*Risk-based inspection for large-scale crude oil tanks. Journal of loss prevention in the process industries*, Vol.25, No.1,2012, pp.166-175.

将居民的意见拒之门外[①]；选址方式从“决定—宣布—辩护”转向“参与—自愿—合作”，能更有效地克服选址中的困难[②]；在实践方面，政府应将各层次的影响群体与政策制定过程相连，构建多样化、自下而上的参与方式[③]；每个社会群体都有平等享受洁净环境资源的权利，政府在决策时必须考虑环境正义，才能真正符合社会正义[④]；因此政府需要在决策模式上做出改变，并考虑邻避设施造成的居民在环境、健康和空间利益上的损失，有效地缓解利益冲突。风险管理不但包括风险管理过程，而且包括一系列消减风险的活动总和，包括邻避设施建成后的风险消减与管理[⑤]；政府决策者需要改变单一的邻避风险补偿方式[⑥]；建立设施风险可接受标准，以便对企业进行风险减小和管理，减小居民对设施安全性的担忧[⑦]。因此，在邻避设施兴建中政府需要健全风险管理制度，提高公众的风险可接受水平以及增强对邻避设施运行和管理的信心。

邻避冲突过程中，相关公众是利益受损方，也是最重要的参与主体之一，因此大量学者从公众参与的角度研究邻避冲突的治理问题。隆内（Looney）结合麦迪逊式的产权观及杰斐逊式的小规模民主（small-scale democracy）观念，提出了邻域治理（neighborhood governance）的冲突管理原则，希望通过地方人士对土地使用政策与反歧视政策的讨论，来追求环境正义，并解决邻避冲突[⑧]。瑞比（Rabe）强调邻避设施的决策责任应交付给承担利益与成本的公众，其实现方式是通过民主对话的方式进行决策，对话

①路超君、罗宏、吕连宏：《化工园区环境风险可接受性研究》，《安全与环境工程》2010年第3期，第36—39页。

②Robin S & Paul M. Historical context and hazardous waste facility siting: understanding temporal patterns in Michigan, *Social problems*, Vol.52, No.4, 2005, pp.618-648.

③Devine-wright P. Public engagement with large-scale renewable energy technologies:breaking the cycle of Nimbyism, *Wiley interdisciplinary reviews:climate change*, Vol.2, No.1, 2011, pp.19-26.

④杜健勋：《环境正义：环境法学的范式转移》，《北方法学》2012年第6期，第115—126页。

⑤陶鹏、童星：《邻避型群体性事件及其治理》，《南京社会科学》2010年第8期，第63—68页。

⑥Devine-wright P. Public engagement with large-scale renewable energy technologies: breaking the cycle of Nimbyism, *Wiley interdisciplinary reviews:climate change*, Vol.2, No.1,2011, pp.19-26.

⑦Meyer E, Shaw S, Bweck J, et al. Criteria regs reduce NIMBY safety fears, *Oil & gas journal*, Vol.104, No.34, 2006, pp.18-22.

⑧Morell D. *Siting and policy in Japan:energy siting and management of environment conflict*, N.Y.: Conell University, 1984.

内容包括社会对该设施的需求、各社区间的义务均摊、对邻避设施所处社区的长期保护与补偿等[①]。李永展（1998）在对台湾地区邻避冲突深入研究的基础上，提出了风险减小方案，包括安全保证与环保标准、环境监测、环保协定等，补偿回馈方案包括金钱补偿与回馈补偿等，公众参与方案包括信息提供、问卷调查或民意访谈、举办听证会、协商等。总体来看，学者们大致有三类观点：第一类认为公众参与决策很有必要。政府在决策开始阶段应从封闭性模式向开放性模式转变，吸纳公众参与，维护其知情权，防止利益分配不公导致冲突的激化[②][③]。第二类认为需要进一步加大公众的参与程度。选址过程中，公众的参与程度应随着设施选址阶段的深入而逐渐加大，保持信息公开、透明，做到有效消除邻避效应[④][⑤]。第三类认为公众参与需要适度，过多地参与只会进一步加剧邻避效应，导致持久的反对和政治僵局[⑥]。综上所述，公众参与是必须的，可以减小改善居民与政府之间的信任危机，但是具体参与形式、方法、程度等都有待更细致的探讨。

四、研究现状简评

邻避冲突是今天复杂性中国的一个典型的复杂性议题，从国内外研究成果看，邻避冲突的特征、根源等议题已经基本讲清，目前的研究焦点和难点集中在如何实现有效治理上。从逻辑上看，公众参与是邻避冲突产生的必要条件，同时也是解决邻避冲突的着力点。邻避冲突极易导致生态民粹主义，

---

①Rabe B. *Beyond NIMBY:hazardous waste siting in Canada and the United States,* Washigton, D.C.: Bookings, 1994.

②范少虹：《论"邻避冲突"中的政府依法行政》，《暨南学报（哲学社会科学版）》2013年第3期，第47—53页。

③Pol E, Masso A D, Castrechini A, et al. Psychological parameters to understand and manage the NIMBY effect. *European review of applied psychology*, Vol.56, No.1, 2006, pp.43-51.

④刘佳佳、黄有亮、张涛：《邻避设施选址过程中公共参与方式选择研究》，《建筑经济》2013年第2期，第29—32页。

⑤乔艳洁、曹婷、唐华：《从公共政策角度探析邻避效应》，《郑州航空工业管理学院学报（社会科学版）》2007年第1期，第93—97页。

⑥汤汇浩：《邻避效应：公益性项目的补偿机制与公民参与》，《中国行政管理》2011年第7期，第111—114页。

从而导致公共利益受损。豪威尔（Howell）认为授权公众参与的前提，是必须确保参与者的自我节制以及参与的质量，否则易被煽动的公众将以盲目的热情淹没理性的政策论述[①]。汤京平将公众参与在邻避设施决策中的矛盾角色称为参与困境：一方面，邻避设施附近居民因利益相关性大，有着非常强烈的动机参与设施决策过程；另一方面，邻避设施决策活动涉及复杂的技术、法规、预算等专业因素，而当地居民却缺乏相应的专业训练、相关知识以及各类实证信息，无法进行理性的诉求表述，也难以争取外界认同其主张的适法性[②]。从我国的情况看，公众参与能力不足导致公众缺乏自信，极易导致其放弃体制内的参与而选择体制外的抗争行动；政府引导公众参与能力的缺乏同样造成治理能力严重缺乏，而习惯性采取传统的弹压式管理模式使得冲突升级，最终造成两败俱伤的局面。因此，在体制内扩大公众沟通，推动有序公众参与是规避邻避冲突的重要路径之一。

五、案例选择及研究方法

近年来，我国核电的发展和安全问题受到各界广泛关注，并呈现以下两个特点：一是因为核电知识不够普及，民众的“恐核”“反核”心态较为普遍，对核安全问题极度敏感；二是随着我国核电“走出去”步伐的加快，境外各种势力对我国核电的质疑从未停止，需要企业做出回应，维护国家利益。自1987年大亚湾核电站开工建设以来，我国的核电站建设走过了30年的历史。目前，我国核电在建规模已是世界第一，核电项目覆盖区域和影响人群越来越多。作为一个特殊行业，核安全一直是人们关注的头等大事，一直是社会公众关注的重点。如何与不同群体和广大公众开展有效沟通并获得认同和理解，正在成为核电发展的瓶颈问题。

核电站是典型的邻避设施，从选址环节开始就极易引发周边社区居民

①Howell D J. *Scientific literacy and environmental policy:the missing perequisite for sound decision making*, N.Y.: Quorum Books, 1992.

②汤京平、翁伟达：《解构邻避运动——国道建设的抗争与地方政治动员》，《公共行政学报》2005年第14期，第114—118页。

的反对。2010年，日本福岛核事故给公众很大的震动。通过新媒体的传播，我国公众的反核情绪、恐惧心理更加强烈，邻避情结呈现扩大趋势，对核电行业的健康发展带来了威胁。2011年开始，中广核将公众沟通工作作为五条工作主线之一，建立了前期的科普、全程的舆情监控以及信息的公开工作规程，形成了核电站与周边社区公众高效互动沟通的局面，较为有效地化解了潜在的邻避冲突风险。

为深入考察公众沟通在规避邻避冲突中的作用，笔者对中广核部分管理层人员进行了深访，亲自赴福建宁德核电站进行田野考察，观察核电站日常管理和公众沟通工作，与工作人员座谈，考察核电站工业旅游项目及其与当地社区共建的白茶园运营情况，并与周边社区负责人进行了深入交流。本文在田野考察的基础上，采用文献考察、深度访谈的方法，就中广核公众沟通工作经验、公众沟通与邻避冲突的关系进行学术层面分析。

六、研究发现与分析

邻避冲突是当前我国社会面临的重大公共治理难题。从空间角度看，围绕着邻避设施形成了以政府、企业、公众为主体的利益争夺场域，呈现出高度复杂性。有效的邻避冲突风险规避机制是实现邻避冲突有效治理的关键。我国学者俞可平总结了善治的10个要素，即合法性、法治、透明性、责任性、回应、有效、参与、稳定、廉洁和公正[①]。总体来看，中广核正是遵循上述要素建立起了较为成熟、规范和有效的公众沟通工作规程，对于规避邻避冲突风险提供可资借鉴的经验。

（一）透明沟通夯实邻避冲突风险规避机制基础

作为典型的邻避设施，核电站形成了空间上以其为核心的各主体间利益争夺场域。邻避设施之所以引发周边社区的反对，首先是因为信息不对称造成的公众信息缺乏。核电是相对专业的领域，普通公众的核电知识的信息源比较复杂，特别是一些夸大甚至不实的信息往往率先抵达公众，引发恐慌。

①俞可平：《论国家治理现代化》，北京：社会科学文献出版社2014年版，第59页。

加之宣传本位为主的信息发布方式，往往造成政府、企业信息输出的低效，甚至在某些情况下引发公信力危机。

透明是事物本质属性的外在显现，其实质是对不确定性的消除与否定。信息透明度制度范式的演化过程有两条主线：一条是由公众对政府信息获取意识的增强而引起的信息知情权运动，最终形成了信息公开制度；另一条是由投资人、股东对企业经营现状等一系列信息充分、恰当的披露所带来的社会化思潮，最终形成了信息披露制度[①]。

中广核从去神秘化开始，将“透明”作为突破口。公开是透明的前提，也是消解信息不对称、获得公众信任的基础。按照信息透明度的国际标准，中广核从2011年开始，率先在国内开通信息公开网站，包括所有核电项目发生的国际核事件分级表0级及以上运行事件。在确定后的两个工作日（节假日72小时）内均及时公开，任何人都可以在中广核及各相应电站的外部官网查询。在中广核的官网上，笔者发现实时的辐射数据、环境影响指标等一目了然，为规避邻避冲突风险打好基础。

（二）议程沟通优化邻避冲突风险规避传播机制

议程设置是大众传播学经验主义研究的一个重要命题，认为大众媒介加大对某些问题的报道量或突出报道某些问题，能影响受众对这些问题重要性的认知。设置议程是公众沟通的重要手段，其通过主动发布信息，以先入为主的优势促使受众在信息发布者预设的意义框架中理解事物。框架是一种意义的建构活动，在社会系统中新闻框架是消息来源、社会情境、新闻工作人员等因素互动的结果。在互联网时代，虽然信息渠道多元化，但议程设置原理仍然发挥作用。新闻发布是典型的设置议程的过程，对于提升公众沟通质量、打造公司品牌有重要作用。

自2013年开始，中广核在集团公司层面召开新闻发布会，向媒体讲述过去一年核电项目的安全运行、工程建设以及社会责任履行的情况。集团的新闻发布会开完之后，6个在运的核电基地陆续召开发布会，确保信息的覆盖

---

①相丽玲、王晴：《信息透明度制度范式的演进及其法理基础》，《情报科学》2014年第3期，第28—31页。

面和到达率。2014年，中广核在香港上市，按照上市公司信息披露制度，它需要定期向社会公开信息。以此为契机，中广核在央企中率先推出新闻发言人，并公开其联系方式，将新闻发布会作为一个重要的公众沟通手段，让周边的公众和媒体能够了解公司安全生产方面的情况。

议程设置的效果与信息发布者的权威性、信息的真实性等密切相关，是一种高质量的公众沟通手段。大亚湾核电站是我国第一个核电站，也是中广核旗下第一个核电站，至今已经运营30年，其安全性也接受了历史考验。中广核作为国内顶尖的核电企业，其品牌影响力比较可观；作为上市企业，其信息的可信度也有法律保障。因此，每次中广核新闻发布会发布的安全信息接受程度很高，是化解邻避情结的重要机会，也提升了企业规避邻避冲突风险的能力。

（三）科普沟通构建邻避冲突风险规避认知机制

在建构主义者看来，风险很多时候是一种主观性存在，是人们的认知、信念、情感对客观世界的自我构建。邻避冲突多是在没有发生实质危害情况下的主体间对抗，在一定程度上是一种虚拟危害引发现实冲突。从社会心理的角度看，这种冲突源于邻避设施给予公众的风险认知。风险认知是人们对客观风险在主观上的体验，是一种直觉性判断，往往与实际存在较大偏差①。公众的风险认知主要来自自我的主观感受，因此公众对邻避设施风险的认知程度决定了他们的态度。公众对邻避设施风险的认知有的来源于长期的污染体验，有的来源于其他地区受污染的经验，有的甚至是臆想的风险②。

中国科学技术协会发布的第九次中国公民科学素质调查结果显示2015年我国具备科学素质的公民比例为6.20%③。这个数据比之2005年时美国公民科学素质28%仍然有不小差距。核电是专业性很强的行业，不但普通公众很难理解，即使是非核电专业的专家、学者也很难理解。对中广核管理层面的采访印证了笔者的判断，他们认为核电行业的门槛相对较高，就算是非核能领

①刘金平：《理解·沟通·控制：公众的风险认知》，北京：科学出版社2011年版，第4页。
②张瑾：《邻避冲突的国家治理》，《江苏行政学院学报》2007年第2期，第117—121页。
③中国科协发布第九次中国公民科学素质调查结果，http://education.news.cn/2015-09/19/c_128247007.htm。

域的院士参观了核电站，对核电的了解也可能是表层的。日常科普作为公众沟通的重要一环，对于去除核恐慌具有根本性意义。

笔者在调查中发现，在广东陆丰核电项目选址建设过程中，中广核在陆丰市中小学开设核电科普课程，并由经过培训的老师讲授；组织汕尾市各级学校参加中国核电“魅力之光”核电知识科普竞赛；组织汕尾市村、镇、县、市干部、群众代表和媒体从业人员、知名意见领袖等数百人到大亚湾核电站现场感受核电站的安全运行情况；在《汕尾日报》开辟专版介绍核电常识，向社会广泛派送《核电站与核安全》科普手册、《中广核安全白皮书》以及《中广核社会责任报告》。实践证明，这种事前科普工作虽然费时费力，但是在赢得周边社区群众的理解上发挥了关键作用，陆丰核电建设也得以顺利推进。

（四）信任沟通打造邻避冲突风险规避心理机制

信任是社会的基石。在齐美尔（Simmel）看来，信任是社会最重要的整合力量[①]。随着现代化进程的推进，我国传统的文化信任体系已逐渐解体，而理性、良序社会的重建需要处理原有信任体系瓦解带来的问题。在风险社会里，几乎所有社会矛盾和冲突都可以从信任角度进行归因。近年来，我国之所以频繁出现邻避群体性事件，政府公信力的缺失是重要的原因。

现代社会中，信任是在平等互动、沟通、交往的基础上建立起来的。作为组织来讲，当权威建立在平等之上时，组织主体间关系就相对民主，各主体对于组织的信任是发自内心的，因此组织的稳定性就较强。在邻避冲突中，公众以受害者的主体角色出现，从心理认知上就自认为是被忽视、被欺负的角色，其间没有平等可言。卢曼（Luhmann）认为信任意味着要考虑另一个人的视角[②]。这句话充分说明了尊重在建立信任过程中的重要性。由此可见，在尊重公众利益的基础上，建立心理认知意义上的平等是规避邻避冲突的重要一环。

按照“以沟通赢得信任，以理解促进共赢”的目标，中广核开展了各

①齐美尔著，陈戎女译：《货币哲学》，北京：华夏出版社2011年版，第111页。
②卢曼著，瞿铁鹏、李强译：《信任》，上海：上海人民出版社2005年版，第25页。

种形式的信任建设活动。大亚湾核电站自1989年就专门设立了“核安全咨询委员会”，邀请香港社会专业人士、知名人士和意见领袖组成，定期沟通信息，接受咨询和建议，与香港民众建立了基本的信任。2013年8月7日，中广核将大亚湾核电站1987年8月7日开工的纪念日确定为全集团统一的“公众开放体验日”。每年的开放日当天，中广核各大核电基地配合主题日策划文化旅游活动，邀请社会各界人士到核电站现场参观，以此建立与周边农村社区、城市公众的信任关系，巩固沟通效果。

七、结语

邻避冲突是观察国家和社会关系的窗口，也是考察政府治理能力和公众参与能力的入口。邻避设施所牵涉的公共利益是化解邻避冲突的现实因素，也是邻避冲突治理的伦理基础。政府是公共利益的维护者，国有企业是市场化的政府主体，同时公众参与也具有公共性特征。这两个因素成为各主体间对话的理论基础，也为公众沟通提供了可能。邻避冲突规避机制最终需要各主体间的合作来实现，建立在协商民主基础之上的公众沟通是其中建立的关键环节。

从实践情况看，邻避冲突往往造成邻避设施的下马，形成了政府形象、公共利益受损的多输局面。中广核依托公众沟通形成了一套邻避冲突风险规避机制，这对于邻避冲突的治理有一定的借鉴意义。需要指出的是，公众沟通是处理邻避问题的关键环节，但并非唯一环节。根据笔者调查，中广核已经运营的核电站非常重视与周边社区居民的利益互动。比如，宁德核电站的白茶园交由当初因建站搬迁的村民进行日常种植并参与经营，场区的卫生等工作亦优先交由该搬迁村民负责；辽宁大连红沿河核电站帮助当地村民做电商，使得当地樱桃利润明显增加，让农民确确实实获得经济收益；鼓励周边社区高中毕业生报考核电专业，并在其毕业后优先录用成为核电站员工等。

建设核电产业与周边社区的利益共同体，对于长期规避邻避冲突的风险具有根本意义。需要指出的是，利益共同体的稳定性是动态的。从笔者对宁德核电站周边社区考察的情况看，公众利益最终体现在具体的个人所获上，而个体的利益获得感是不同的。特别是因核电站建设搬迁的村民，会由于年龄结构、受教育程度等因素的影响而有不同的文化和物质利益诉求。由此观之，公众沟通是规避邻避冲突风险的技术性环节，合理的利益满足机制对于规避邻避冲突风险仍然有基础性意义。

案例
访谈

善用沟通的力量

——中广核集团文化宣传中心新闻宣传处处长黄超访谈

近年来，新媒介技术孕育的信息平权运动和环境污染催化的环境正义运动充分体现在邻避设施负外部性所引发的群体性事件上。据中国社会科学院的统计，2016年上半年，规模较大的环保类群体性事件至少有52起，其中千人以上规模的就有12起。自1987年大亚湾核电站开工建设以来，我国的核电项目建设走过了30年的历史。核电站是典型的邻避设施，目前大亚湾核电站归属的中国广核集团（简称“中广核”）共有6个在建和运营的核电基地。近年来，中广核坚持公开透明的理念，将公众科普从事件化引向常态化，在公众沟通方面主动作为，创新了一套核电项目建设舆情引导的机制方法。为更加深入地了解中广核在公众沟通方面的经验，课题组于2017年6月22日在深圳中广核总部采访了中广核新闻宣传处黄超处长。

良性沟通始于公开

课题组：核能被看作清洁能源，核电站却属于邻避设施。中广核是我国核电企业的代表，在核电设施的选址上有什么标准？

黄超：核电行业是一个比较特殊的行业，它和PX建设、垃圾焚烧场等容易产生“邻避”现象的项目选址还不一样。相对来说，在我国，发展核电是国家战略，核电站也是国家重大项目，需要国务院常务会议审核通过，所以它的层次是非常高的。从选址上看，我们国家现在在建、在用的核电站基本都在沿海。一方面是因为国内经济发展的梯度转移，由于我国沿海地区经济发展较快，首先成为最缺电的地区，所以我国的第一个核电站就出现在广东。另一方面是因为核电站与火电站都需要用水来冷却，所以海水资源成为核电选址的考虑因素。我国的核电站选址是非常严格的，要考虑防震、气象条件、人口密度，要靠近电力负荷中心，还要考虑周边的航线等，所以我们选出一个核电站的厂址是非常不容易的。我们国家这么大，海岸线也很长，但符合这个标准的并不多。如果按照中国的标准去选址，日本的核电站厂址一个都不合格。我们的要求是特别高的，所以如果核电站选址因为公众的反对而项目下马的话，可以说影响是非常大的，所以核电行业一直是国家在管控。

课题组：我国核电发展已经有30年的历史，总体来看还是比较顺利的。2016年8月，连云港发生了公众抗议中法合作核循环项目选址事件。感觉这中间的公众沟通存在问题，您如何看?

黄超：2010年之前，核电行业相对来说比较封闭。比如国家要上一个项目，核电企业主要是和政府去谈，公众对项目影响不是很大，而且那个时候公众对核电也不是特别关心。2011年的福岛核事故成为分水岭。在新媒体迅速传播下，福岛核事故给公众很大的震撼。虽然之前有1986年的切尔诺贝利事件，但过去这么多年，大家已经逐渐淡忘。所以，福岛核事故之后，公众的反核情绪、恐惧心理更加强烈，对核电行业产生了很大的冲击。面对这个形势，我们开始重视考虑公众的感受和心理，而不像以前主要是把精力放在与政府沟通上。从现在来看，以前跟公众的沟通是缺失的，必须彻底改变这种局面，把与公众进行有效沟通作为核电建设的关键一环。

课题组：你们的网站设计得很“绿色”，所有在运核电站都建立了“核电站核与辐射安全信息公开”平台，可以查到公众关心的很多信息和数据。中广核为何要主动公开这些信息?

黄超：这些年来，我们从工作理念上实现了从宣传到沟通的转变。以前的宣传是从本位主义出发的，以我为主，自说自话。如果事情比较重大，也会向社会公布情况，但更多的是以我为主。近年来，这样的方式是行不通的，必须与公众互动沟通。只有把情况客观地告诉公众，赢得他们的理解和支持，才可以顺利推进项目。所以，我们的目标是建立双向高效的沟通格局。在具体工作中，我们从去神秘化开始，将“透明”作为突破口。核电行业的门槛相对较高，就算是非核能领域的院士参观了我们核电站，对核电的了解也可能是表层的，因为一些专业原理是非专业人士很难理解的，更不要说普通公众了。所以，我们从“透明”入手，让公众对企业有信心，从而对核电有信心，这是我们的一个思路。

“透明”主要是两大部分。一方面是企业运营方面的透明。核电行业本身是很透明的，但是之前这个透明主要是在行业内部透明。比如按照工作程序，某个阀门是先要关闭的，但如果工人做完实验之后忘记把这个阀门关掉，就要按照国际核事件分级表定一个运行事件。我们核电行业中有0级事件，这个级别的事件对安全是丝毫没有影响的，但需要记录下来作为经验反馈，防止其他人犯同样的错误。现在，我们规定所有的0级事件都要向公众公开，也就是把我们核电的生产、运营、管理等情况晒出来给大家看。可能一开始公众反响很强烈，但是现在就慢慢习以为常。另一方面就是信息的公开透明。在中广核的官网上，可以查到实时的辐射数据、环境影响指标等。慢慢地，公众对核电的理解就逐步深入。其实，大部分人是一个核电“小白”，对核电存在各种误解，但有时发现人人都可以像一个专家去评论核电如何危险。其实这是因为核电基础科普做得不够，这也是我们近年来重点突破的地方。

公众沟通是一套科学体系

课题组：2017年，中广核的公众沟通工作被南方舆情数据研究院选为“粤治”优秀案例，说明你们在这方面取得了很大进展，能否谈一下中广核在这方面的具体经验?

黄超：总体来看，我们在公众沟通上基本上有一个规程，即前期的科普、全程的舆情监控以及信息的公开。这个规程是我们按照国家要求在实践中逐步摸索出来的。目前，中广核在核电项目开发中设置了工程设计、现场施工、设备采购、执照申请和公众沟通五条工作主线，并且建立了咨询、沟通、回应、发布、监督五个全面提升透明度的工作机制。按照国家规定，现在所有的核电项目在国家审批之前，要先做一个专项的公众沟通。如果公众沟通工作没有按标准完成，国家就根本不会批准这个项目。前期投入再多，如果公众沟通这一关翻船的话，所有的工作就打水漂了。在工作中，我们也真正认识到公众沟通的重要性，所以集团还专门成立了公众沟通的领导小组，设立了公众沟通处，主要负责新项目的公众沟通。

公众沟通实际上是分了四大方面的工作，包括科普、信息公开、公众参与、舆情应对。我们前面提到了核电开发的四条线，即工程设计、现场施工、设备采购、执照申请。现在我们把公众沟通单独拎出来作为第五条线，而事实上我们把它作为第一条线来对待，因为有国家制度的要求，公众沟通是需要前置的。另外，为了提升透明度，我们将监督纳入咨询、沟通、回应、发布环节，真正希望公众对我们进行监督。只有这样，我们才可以进一步提升安全管理的水平。

公众沟通是难度很大的工作，因为我们面对的公众是不确定的，并且数量庞大。我们发现核电站选址五公里、十公里范围内的人对核电的支持度是非常高的，但是五十公里甚至一两百公里范围外的人就纷纷反对。因为因核电需要搬迁的公众是直接的受益者，所以现在的局面往往是周边老百姓热烈欢迎项目尽早开工，远处的却成为反对力量。核电项目的公众沟通是极具挑战性的，经过逐步摸索，我们把沟通对象进行四个分层。第一个层面是政府。每个核电项目审批要通过政府，所以与政府部门沟通是第一步。第二个层面是意见领袖、社团组织等。在新媒体环境下，他们的影响力是很大的，赢得他们的理解和支持会事半功倍。第三个层面是青少年。我们是希望通过与青少年这个群体的互动来带动他们的家长、老师对核电的科学认知和理解。第四个层面是周边社区。虽然从经验上看，周边社区的公众比较支持核电，但是仍然需要采取措施稳定这个群体。一旦他们反对，核电项目肯定是搞不下去的。当然，这四个分层不一定非常合理、完善，但至少我们有了一个工作方向。

课题组：我在你们官网上看到一个向全国招募网友到大亚湾核电站免费拍婚纱照的消息，点击量很大。能不能具体讲一下你们是如何在这四个层面开展沟通的呢？

黄超：在不同层面，我们有不同的举措。比如我们会以报告、内参的形式向政府介绍情况，通过新闻发布和参加展会来与媒体、公众交流信息。在社区沟通方面，我们建立了定期通报机制，向周边的村镇及时通报公众关心的信息。我们也会及时担负起社会责任，支持社区的基础设施建设，包括康体中心、老年活动中心、学校和图书馆等。比如辽宁大连红沿河核电站的同事，在樱桃上市季帮助当地公众做电商，让当地的农民确确实实获得经济收益。在此之前，虽然当地的樱桃也不是特别愁卖，但是中间环节过多使得农民获利较少，现在有了电商渠道，农民获利明显增加，周边的老百姓对我的同事赞誉有加，自然对核电项目保有好感。

在青少年这块，我们专门开设微博、微信等与他们交流。现在，我们在建和运营的核电基地都和周边学校进行了合作，一起编写核电知识教材，并且要排课、组织考试。上完课后，我们还要请老师和学生到核电基地来参观，组织征文比赛等一系列活动，激发孩子对核电的兴趣。我们在深圳中学还建了一个科普基地，学生可以在里面做各种实验。除此之外，我们每年都通过新媒体召集全国各地的网友到中广核的核电基地参观。包括你提到的我们向全国招募30对夫妻来拍婚纱照，截至今天有2600对报名。这个消息出来不到半天，我们公众号的阅读量就突破了10万。

在意见领袖、社团组织这个层面，我们成立一个核安全咨询委员会，做得比较成功。大约是20世纪，我们就建立了大亚湾核电站核安全咨询委员会，最初主要是面向香港的，委员会的成员全部是香港的知名人士，包括立法会议员、媒体界人士等，比如凤凰卫视的邱震海、何亮亮等都曾担任委员职务。这些委员每年两次到核电站考察并听取报告，然后回到香港去开新闻发布会，向公众介绍大亚湾核电站的运行情况。2010年，我们在安全咨询会上向委员报告了一起0级事件，当时就有一个委员把这个材料带回去交给香港自由亚洲电台。接下来，该媒体报道说大亚湾核电站发生了核泄漏。普通公众根本就不理解0级事件是什么概念，听到“核泄漏”这个词就已经非常恐慌，根本不会去关心到底发生了什么事情。实际上，0级事件是当时核电站里一个核燃料组件出现了微小的裂纹。这在核电领域是很常见的，而且国际上有非常成熟的处理方法，对环境完全没有影响，也不会有安全问题。当时的香港媒体一方面说核泄漏不安全，又说我们隐瞒了信息。实际上，这个事件一发生就跟香港特别行政区政府通报过了。当年的10月，大亚湾核电站进行大修，工作人员要更换核燃料。在这个环节，必然会产生员工受照射的辐射剂量增加的情况，但这个剂量肯定在国家规定的安全范围之内，不会对健康有影响。我们的工作人员也不会拿自己的生命健康开玩笑，他们身上都有剂量表，如果报警马上就会退出来。我们在网站上公布了这个辐射剂量后，就有香港媒体抓住这个大做文章，说你这个剂量大幅地升高。在此之后，我们决定把核辐射信息全面公开，专门开设一个信息公开平台，包括向内地所有公众公开。现在，我们要求所有核电基地在第一台机组投运的时候就设立专门平台公开信息，所有0级及以上的运行事件都会在网站公开，并且每月会更新环境监测数据和辐射剂量等基本数据。这个效果是比较明显的，至少香港媒体不会一见到0级事件就随意炒作了。另外，大亚湾核电基地信息会及时报告给广东省环保厅，然后环保厅通报给香港保安局，香港保安局再把这些信息公开给香港媒体。所以说，香港媒体是有足够的渠道去获取这些信息的，香港普通公众现在也相对理性了许多。

去年，我们公布了一个0级事件，香港媒体很客观地进行了报道。内地有个媒体转载了一下，结果被某网站把标题改了一个字，成了大亚湾核电站发生核事故，引起了一定程度的恐慌。我们及时找到该网站要求他们更正，舆情也逐渐消退。按照国际核事件分级表，4级以上的才叫事故，3级以下都叫事件。到目前为止，我国没有发生过2级以上的事件，应该说我们的安全记录是非常好的。通过这次核辐射信息公开尝试，我们发现香港方面效果非常好，内地也在逐步地改善。

课题组：您刚才提到了0级事件，这方面的国际标准是什么，现在中广核做的是否符合相关要求？

黄超：在0级事件这类信息的发布上，我们的标准完全与国际同步，甚至会更加公开。一般程序是我们发现事件后立刻进行定级，随即向国家主管部门报告，而且我们文件有明确规定，事件定级之后要在两个工作日内向社会公布。如果事件发生在节假日，必须在72小时内公布。国家的法规要求相关事件在15个工作日内公布，我们已经远远超过这个标准。国家环保部在制定公共沟通的指引时，还吸纳过我们的经验。

课题组：2016年，中广核在北京、深圳、香港、澳门、伦敦等10个城市组织了24场新闻发布会和媒体沟通会。这种高频次的新闻发布是基于什么考量呢？

黄超：以前我们也召开新闻发布会，向媒体公布信息通稿。2014年，中广核在香港上市后，实际上就变成一个公众的公司，需要更多地向社会公开信息。以此为契机，我们把新闻发布会作为一个重要的公众沟通手段，进一步规范新闻发布规则，加大发布频次。2014年我们召开了14次新闻发布会，2015年11次，2016年24次，基本上每个月有两场新闻发布会。其实从2013年开始，每年1月集团公司开新闻发布会的时候，会向媒体讲述过去一年来核电项目的安全运行、工程建设以及社会责任履行的情况。集团的新闻发布会开完之后，6个在运的核电基地会陆续召开发布会。我们的出发点是通过年度新闻发布会机制，让周边的公众和媒体了解我们公司安全生产方面的情况，让大家放心。2016年8月，我们让公司核电领域的八个新闻发言人公开亮相，并且向媒体发布他们的联系方式，这在我国的央企里应该是首家。

主动开放赢得信任

课题组：每年的8月7日是中广核的公众开放体验日。为什么是8月7日，这一天主要做哪些工作？

黄超：我们的“8·7”公众开放体验日在行业内影响力是比较大的。1987年的8月7号是大亚湾核电站开工的日子，由于大亚湾核电站在我国的核电发展史上有着划时代意义，所以我们从2013年开始就把8月7号定为公众开放体验日。当然，我们不止在这一天才向公众开放，平时只要有团体预约，我们都会有专门的人员负责参观接待。每年的“8·7”公众开放体验日会有一个主题，在这一天我们六大核电基地同步开放，会邀请专家、社会组织、舆论领袖和普通网友集中参加活动。其间，我们会组织公众论坛、发布白皮书，带大家深入核电站一线去实地考察，体验核电站的日常工作情况。2013年首届活动，有个大学生网友自带测量仪器，在我们公开日现场测量核辐射情况，结果发现大亚湾核电基地的数据比深圳、南京市区的还要低。这个情况被媒体报道后，反响还是很好的。福建宁德核电站2016年组织网友一起出海打鱼，然后把鱼送去化验，现场确认辐射剂量，以此打消公众疑虑。我们希望通过这种公开的固定活动让公众知道核电站是开放的，核电是一个透明的行业。这个活动举行两年之后很有成效，国家核安全局、国家能源局、国防科工局在2015年就将其提升为一个全行业的品牌活动，要求所有核电企业和监督站一起参与。我们统计了一下，从1987年到2016年，六大核电基地累计参观人数突破50万人。2017年“8·7”公众开放体验日主题就是前面提到的拍婚纱照活动。我们尝试利用核电站特有的碧海蓝天的自然资源，把美好的感情代入来，达到情感营销的效果。

课题组：现在，中广核的项目已经走出国门。对于这种极易引起邻避冲突的核电项目，中广核如何应对由此引发的境内外舆论挑战?

黄超：这几年的舆情很大一部分来自境外。去年与英国签署核电投资协议之前，有些西方媒体大放厥词，称该项目威胁英国的国家安全。随着各方面信息的披露，实际上是某东亚国家聘请公关公司运作的，意图通过制造舆论阻碍我国核电“走出去”的步伐。以前我国是核电销售市场，是其他核电强国赚钱的对象。现在我国核电技术可以和美国、法国、日本和俄罗斯等国同台竞争了，有些人就会千方百计地阻击我们，甚至使出各种阴招。所以，我们面对的舆论环境是很复杂的。

现在，中广核建立了比较完善的舆情监测体系。我们在境内、境外都有自己的监测机构，也会请第三方帮助监测。我们现在基本上能够迅速掌握国内外舆情，确保信息监测的及时性、准确性。2015年，有新浪微博说大亚湾核电站发生爆炸，香港可见蘑菇云。这明显是个谣言，大亚湾核电站的微博很快就澄清了，并在第一时间报案。当时，正赶上我国政府开展治理网络谣言工作，警方接警后马上立案处理，拘留造谣者。警方后来也就此正式对外发布了消息，很多媒体跟进报道，达到了一定的震慑效果。我们专门就此事进行了总结，明确要坚决用法律手段维护自己的合法权益。

我们也很重视新媒体的使用，各基地都开了微信、微博。我们还会通过微博、微信与一些网络大V进行沟通。我们最近举办了一个新媒体的培训，找了几个知名的网络大V过来讲课。他们说反核不牵涉政治，几乎没有什么风险，因此已经成为一些人获取知名度的一种手段。我们曾经尝试与内地、香港几个反核强硬分子沟通，发现根本不可能，因为这些人背后有自己的利益。

课题组：这些年来，中广核在陆丰、惠州、苍南核电建设中都做了大量公众沟通实践，实际工作中是否也存在一些困惑?

黄超：我国公众现在的公共意识、环保意识都已觉醒。将来公众沟通会越来越重要，这个工作的深度、广度也要继续拓展才行。按说公众沟通工作应该是由政府牵头来做的，但实际上企业充当了主力，相关费用也由企业来承担。陆丰核电的公众沟通工作做得不错，后来将经验移植到惠州、温州苍南这些地方，并进行了完善。其实，温州市政府的一些人最初对核电站也很陌生，并且也是很担心的。于是我们就请他们参观大亚湾核电站。参观完之后，他们说看到基地里面有上万名员工，员工家属带着小孩子在里面生活，还有员工在海里游泳、钓鱼，就觉得很安心了。

在具体工作中还是有许多困惑。比如2016年在浙江苍南发生过一件事。按照国家规定，公众沟通的范围是厂址周围30公里，但是国家又要求相关公告在项目所在地级市发布。也就是说，苍南县这个项目的公告要向整个温州市发布。后来，我们发现经过沟通的30公里范围内很平静，结果100多公里之外的人出来反对。可以看出，做过公众沟通的地方效果是很明显的，但企业也不可能无限制地投入将沟通范围无限扩大。从中可以看出国家的一些规定存在冲突的地方。其实，国际上应急撤离的范围最大也就厂址周边50公里的范围，50公里范围外即使发生核事故也几乎不会有影响了。长远来看，教育科普是做好公众沟通的基础。我们曾经尝试通过教育主管部门把核电的常识放到教材中去，但是并未得到积极的响应。在法国，政府是从国家层面组织科普的，而我们现在基本上是企业孤军奋战。企业当然是有义务、有责任去开展科普工作，但是企业的力量是有限的。

课题组：国外的核电建设在公众沟通上是什么情况，有什么值得借鉴的地方？

黄超：在英国，公众沟通做得很细致，要做到挨家挨户访问。他们还给每家寄送调查问卷，而且要确保每家问卷都能收回来，然后逐家去分析。在英国的体制下，议员的影响力很大，所以内阁大臣就要和当地这些议员建立密切联系。如果这些议员能够支持核电的话，那么核电工作就会顺利很多。在俄罗斯，他们会对核电周边村镇的大学生进行定向培养，让他们毕业之后从事核电工作。如果家里有人学核电，就会对这些有更深入的了解，从而影响家人，促使社区跟核电融为一体。这些模式都是值得国内借鉴的。

我们在公众沟通工作算是起步阶段，是形势倒逼企业必须去做这个工作。现在也有提议把利益共享机制做得更加完善一些的，比如，把核电厂的股份拿出一小部分，使得公众与企业成为利益共同体。我们也会定期通过国务院国有资产监督管理委员会、国家主管部门，请他们推荐一些对环保比较关注且客观的网络大V参加我们的公众论坛。我们也会联系一些我们关注的网络大V，也有一些是他们主动联系我们。我们对于社区代表没有设置标准，也不提什么要求，把这个选择权完全交给社区。我们现在也开始尝试赞助周边一些贫困学生，与一些学校结成互帮互助的对象，组织志愿者与社区居民进行各种形式的交流、互动。我国核电厂所在地区相对比较落后，如果当地的孩子大学毕业回到核电厂来工作，算是相当不错的一份职业。现在包括红沿河核电站、阳江核电站等有当地的村民在里面工作。他们看见核电站的日常运作，知道我们对安全的重视程度，就会更加安心。总体来看，公众沟通需要政府、企业、公众充分交换信息，减少对抗性因素，寻找合作共治的可能，最终实现由“邻避冲突”到“迎臂效应”的转化。

第八章

08

广州供电局：让国企品牌电力十足

案例介绍

借力沟通激活国企品牌能量

广州供电局是南方电网公司的全资子公司，负责广州市电力供应与服务，供电面积7434平方公里，服务500万户客户。广州供电局从2007年启动创建国际先进水平供电企业工作，不断提升企业核心能力，大幅降低用户年平均停电时间，供电可靠性99.99%，保持国内领先水平，供电服务客户满意度连续16年在广州市社情民意调查中排名第一。广州供电局积极践行"万家灯火，南网情深"的核心价值观，2013年以来，按照南方电网公司一体化管理思路，进行"责任品牌"定位，在新媒体环境下形成了运转高效的品牌管理与传播体系，在国有企业形象建设工作上取得了优异成绩。

（一）深化品牌建设，健全组织架构

2013年，在南方电网公司的指导与支持下，广州供电局重新进行品牌定位，建设"责任品牌"，提出"责任体现在每一分每一秒，承担社会责任是企业立身之本"的企业口号。2014—2015年，公司编制《品牌管理办法》，确立品牌项目管理机制；成立品牌专业管理机构品牌管理小组，品牌管理小组定期联合评审全局进行品牌预算；建立全局品牌资源共享库，实现品牌成果的共享利用。改变以往品牌传播中存在的多头管理、资源分散、未形成合力的现象，形成品牌资源统一规划管理。2016年，公司的内部品牌工作形成了"品牌规划—年度计划—品牌传播—品牌评价（开展媒体效果年度评估）"的完整闭环；新闻中心组织机构进一步调整优化，新闻中心作为品牌管理小组组长单位，归口管理全局品牌工作，并在新闻中心内设品牌部；成立“Power Lab品牌能量实验室”，内部培养自媒体达人，主动在互联网上传播企业品牌形象，对外联系行业智库、各领域专家、新媒体大V，加强“朋友圈”的互信、了解与认同。

（二）加强主题策划，探索新媒体平台的社会化传播

2016年2月，广州供电局员工代言人组合Power Girls推出首支MV《万家灯火》。在发布的11天内，《万家灯火》引发了全国媒体关注：相关微信文章达24篇，阅读量超15万；新浪微博提及量7197条，单条微博阅读量超1000万次；获人民网、新华网、凤凰网等178家媒体报道，网站新闻491篇；腾讯视频点播量4天达5800万次，一个月达7500万次。Power Girls掀起的传播热潮蔓延到社交媒体的领域。人民日报客户端亦将《万家灯火》发布在全球最大的视频网站YouTube与全球最大社交网站Facebook的官方账号。Power Girls的传播风暴得到了社会的广泛关注，2016年3月和4月，Power Girls团队受到央视综艺频道（CCTV3）《向幸福出发》《群英汇》等大型栏目组邀请，参加五一特别节目录制。

2017年5月23日，广州供电局举办了2017年社会责任日活动。创新沟通渠道和沟通方式，独具新意地与广州地铁合作，将广州地标广州塔下的地铁站打造成以“让广州电力十足”为主题的创意空间，整合百年历史电表展览、岭南文化、电力艺术等多种形式和元素，更推出全国首个社会责任报告主题列车，开创了社会责任传播的新场景。本次整合传播让广州供电局斩获超高人气，许多市民乘坐地铁期间驻足拍照合影，并在微信朋友圈、微博分享了大量照片，进行二次传播。据不完全统计，约150万乘客通过广州塔地铁站体验创意地铁站及列车；48小时内超过21万人次观看了当日活动的网易直播；《广州日报》《新快报》刊出大版面专题报道，超过30家报纸、电视和网络媒体争相采访报道；国资小新、金蜜蜂、中国广州发布等权威新媒体主动推文报道点赞；广州潮生活、广州印象、SOHO广州、广州笋嘢益街坊4个广州本地微信自媒体大号推出活动报道文章，均获得10万+阅读量。

（三）开展科普体验式沟通

2011年，南方电网建成首个电动汽车体验中心，集“电动汽车充换电展示与体验、南网辖区内充换电设施及电动汽车的实时运营情况展示、智能家居展示及营业厅”等功能于一体。完善广州电力知识馆（广州供电局南沙电力职业体验中心），按照电力工作分为电力安全体验区、变电区、输电区等区域，让参观者可以亲身体验“电一电”“摔一摔”“砸一砸”等电力工作，了解电网生产过程，感受电网安全文化。2015年11月，邀请广东籍短跑名将“亚洲飞人”苏炳添进入天河变电站参观，现场测量电磁感应强度，并与广州供电局劳模开展一系列公益活动，以名人效应吸引公众关注电网科普。

2016年4月，公司举办“给你安全感？Yes we can！”大型公益活动，邀请第三方专家上门为100户家庭进行电磁感应测试，给市民看得见、摸得着的答案。在“地球一小时”环保节日期间，公司举办“为蓝充电”体验活动，邀请百名市民在南方电网电动汽车体验中心试乘电动汽车。2016年4月20日，广州首个变电站环境信息在线监测系统在位于体育西路正佳广场路段的220千伏天河变电站正式启用。该系统实现了对变电站工频电场、工频磁场的实时测量，并通过变电站外的LED屏幕向市民展示实时数据。过往的行人可以随时在屏幕上看到变电站内电场和磁场的实测数据。2016年5月，首次举办“世界计量日”活动，邀请30位市民到广州供电局计量中心，亲眼体验电表计量的准确、公正，活动邀请广州市质监局专家现场为市民答疑解惑，并在现场展出了100年前英国造苏格兰牌电度表、德国西门子电功表、早期国产的代表“广州牌”电表等。

（四）做IP化的原创电力科普内容

2014年12月，公司推出“电宝宝”电力科普卡通品牌及延展图书和动画系列剧集，运用趣味的动画形式和生动的人物角色向用户科普了用电小常识，受到爸爸妈妈与孩子们的欢迎。公司还制作爆笑动画《没有变电站，啥都玩不转》，用有趣的动画，结合流行元素告诉市民变电站的重要性；借电影《复仇者联盟》热潮制作《复电者联盟》，以复电者联盟的概念生动有趣地表现电网抢修的过程；制作关于城中村用电问题的视频动画《城中村用电问题咋回事？》，一次性了解原因和解决办法；制作变电站无辐射科普动画《谈辐色变？NO！》；制作《绿色能量　站放广州》《科学看待生活中的辐射》等多本科普手册；设计变电站无辐射宣传海报，投放在相关小区等。

公司还与湖南卫视《新闻大求真》栏目组合作两期科普节目；由Power Girls出演，联合南方卫视TVS2《城市特搜》栏目，推出10集实用生活类节目《每日一招》；携手南方卫视TVS2《城事特搜》栏目举办“特搜时尚电生活”电能替代推广活动；举办“超级变变变——众论变电站那些事儿”公众讲堂，联合南方都市报，组织邀请知名电视主持人、电磁辐射专家进行座谈，现场回答公众关心的问题；与信息时报合作，组织“羊城学堂进社区”系列活动之“绿色电网　智慧家园”，进入广氮社区与居民开展活动。

（五）加强舆论引导和舆情应对

2015年，公司为化解城中村用电难问题与国庆期间抗风复电进行正向引导舆论，成功化危为机。公司在停电后第一时间发布微博，持续发布停电信息，并实时滚动发布抢修进展，呼吁市民保持镇定，进行积极正向引导。借助主流媒体进行正面报道，商业杂志、行业杂志深度剖析背后成因。新华网、《南方日报》、《南方都市报》、《新快报》、省电台、省电视台、腾讯网等媒体滚动报道抢修复电新闻90余篇，转载3100余次，百度搜索120万余次，《南风窗》《中国新闻周刊》《中国电力企业管理》《中国电业》等杂志挖掘事件背后的电网管控模式。持续宣传，化危为机，正面宣传助推电网建设。同时，公司将舆情纳入局组织绩效考核亮灯事项管理，分引起重视、限制评优两类；“Power Lab品牌能量实验室”发挥品牌“朋友圈”能量，正向引导舆论；建立一支“应急战备型”品牌传播队伍，优化新闻通讯员队伍建设，强化舆情联络员队伍建设，探索网络评论员队伍建设，完善新闻发言人队伍建设等。

案例研究

基于信任建设的国有企业品牌传播策略
——以广州供电局为例

一、引言

国有企业作为国家经济结构的重要组成部分，本身具有多重属性和特殊身份，既有企业的营利属性，又在一定程度上代表国家，被喻为“共和国长子”。国有企业作为市场经济的主体，要遵循市场经济规律和企业发展规律，向市场提供产品和服务，并努力实现利润最大化或成本最小化，其营利性主要体现为追求国有资产的保值增值。同时，国有企业全民所有的社会属性决定国有企业为全民所有、为全民服务、为国民经济的建设和发展服务的责任。由此可见，国有企业尤其是大型、特大型国有企业是我国国民经济中的中流砥柱，并在一定程度上带有一定的政治属性，负有较强的社会责任使命。

国务院国有资产监督管理委员会在2013年12月17日印发《关于加强中央企业品牌建设的指导意见》，要求以做强做优中央企业、培育具有国际竞争力的世界一流企业为目标，将加强品牌建设视为央企赢得新竞争优势、提高国际化经营水平和实现国有资产保值增值的重要战略选择。当前，国有企业在提升品牌建设整体水平的过程中面临传播环境变化的挑战和信任建设的任务。在互联网传播环境下，每个人都有可能成为记者、广播、电视台，将所见所闻随时随地传播上网，论坛、博客、微博以及微信呈现“村村点火处处冒烟”的现象。这种新型传播态势在企业产生危机时引爆和发酵的风险难以控制，容易产生信任危机。《福布斯》2017年推出的前100名全球最受信赖公司中，我国仅有2家民营企业上榜，而《爱德曼全球信任度调查中国报告》显示超过1/4的中国公众并不信任国有企业品牌。

赢得公众信任是所有企业市场立足的根基，品牌作为企业信誉主体与公众信任主体之间沟通的符号①，其形象塑造首要目标应是打造值得公众信任的品牌形象。那么，在当前信任不足的语境下，国有企业应如何建立与公众沟通的有效机制？如何树立值得信赖的有社会责任感的品牌形象？广州供电局作为大型国有企业，近年来主动把握新媒体传播规律，积极与公众进行双向沟通，在品牌信任建设和形象传播上开拓创新并取得良好成效，其品牌传播策略值得研究。

二、国有企业品牌传播研究现状

（一）国有企业品牌研究发展脉络

国有企业品牌研究最早可追溯到20世纪90年代中期，随着中国经济从以计划经济为主导转变为以市场经济为主导，国有企业面对的市场竞争环境日益激烈，但其体制建设和质量建设难以适应市场需求。有学者建议将品牌概念引入国有企业建设，认为只有加强品牌意识，重视品牌建设，参与品牌竞争，才能赢得市场，不断发展壮大。

我国加入世界贸易组织后，面对打开的国际市场，国有企业软实力提升的需求加大。于是，品牌文化建设进入国有企业品牌研究视野。有研究提出应将企业文化建设视为提高大型国有企业集团核心竞争力的重要内容，并以科学与技术、质量与品牌、管理体制、营造团队精神以及再造企业党建辉煌等方面为核心内容，构建在21世纪中更加完善的国有企业文化。

随着新媒体出现，传统的宣传思维已被受众厌弃。传统单向传播逻辑被彻底打破，企业互联网传播渠道不畅，国有企业舆情监控、风险传播成为显性难题，国企危机公关传播、新媒体传播成为研究的焦点。党的十八大后，

①舒咏平：《品牌即信誉主体与信任主体的关系符号》，《品牌研究》2016年第1期，第20页。

特别是“一带一路”倡议提出后，为实现国有资产保值增值，培育有国际竞争力的世界一流企业，提高国有企业特别是中央企业的品牌建设水平成为该领域研究的重要话题。

（二）国有企业品牌传播问题探讨

总体来看，当前我国国有企业品牌传播能力和效果都不甚理想，具体表现在以下四个方面：

（1）品牌战略思维欠缺。多数企业的品牌意识不强，没有将品牌建设上升到战略高度，品牌价值感普遍较低；在企业顶层设计中，没有根据本企业的实际情况，制订具有独创性和吸引力的品牌战略；品牌工作未纳入企业发展战略规划，缺乏工作制度、结构保障，导致品牌建设与业务发展难以协同，难以保持品牌战略的稳定性。

（2）品牌传播主题凌乱。在新媒体环境中，国有企业品牌传播存在“一地鸡毛”的传播窘境[①]，品牌主题凌乱，在受众中难以留下整体清晰的印象。在一次社会化传播中总想照顾到方方面面，一次性把千言万语说给公众听。这其实不符合社会化传播的规则，也损耗了传播资源。

（3）国企品牌传播渠道保守。在选择信息发布渠道时仍秉持“决胜主流媒体”的原则，即重央视权威媒体、省级和地方主流媒体，轻新兴媒体新闻客户端、微博、微信平台。这一导向与大型能源企业的国有属性、“政治”思维和市场化率不高的生存环境密切相关[②]。

（4）风险沟通措施不奏效。风险沟通主要采取新闻通气会、新闻发布和知识讲座等“单向告知”模式传递信息，没有与公众进行互动沟通，也很难将公众意见纳入决策过程，以致无法取得公众的真正信任。另外，很多国有企业习惯性地“通过技术科普以单向信息灌输民众对于风险的恐惧和对抗”。然而，“技术科普往往对民众的风险感知影响甚微。……民众对于政府和企业等风险管理者缺乏足够的信任，对接收到的信息采取一种全然相悖

①石述思：《国企品牌需走出“一地鸡毛”的传播窘境》，《中国青年报》2015年5月31日03版。
②张子凡：《央企品牌传播的话语表达及传播效果提升研究——以国家电网公司为例》，《西南交通大学学报（社会科学版）》2017年第2期，第31页。

的方式解读，直接影响风险沟通的效果”①。

三、案例选择及研究方法

电力是关系国计民生的行业，与公众生活息息相关，同时公众对国有电力企业普遍存在某种诸如“电老虎”的刻板认识。这种认知的形成，一方面是因为公众对电力的运作与安全保障缺少认知而产生的距离感甚至恐惧感，另一方面也是因为长期以来电力行业习惯于重生产、轻传播，某种程度上造成电力企业在公众心目中的神秘感，进而产生国企权力垄断的想象。近年来，广州供电局的品牌建设颇有成效，连续16年获得广州城市状况社情民意满意度评价第一名，在品牌建设工作上取得了很好的成效。本文以广州供电局为研究个案，考察基于信任建设的国有企业品牌传播策略，采用文献考察、深度访谈的方法对广州供电局品牌建设进行考察。

四、研究发现与分析

通过对广州供电局品牌传播工作的全景考察，我们发现其擅于整合品牌传播的运作，尤其重视与公众沟通，并精于利用新媒体传播的手段和方式。

1. 传播主体：企业品牌传播理念成熟，传播管理组织体系健全

品牌传播是一项系统性的复杂工程。对企业特别是大型企业而言，品牌传播全面且良性的动态运转首先得益于企业品牌传播管理理念和制度的完善，以使企业组织内部对品牌传播形成统一的战略认知，各部门依规协同合作，保障品牌传播的有效运作。

（1）明确品牌传播战略定位

广州供电局在启动品牌建设工作之始，践行其母公司南方电网“万家灯火，南网情深”的核心价值观，按照一体化管理思路，明确了“责任品牌”

①曾繁旭、戴佳、王玉琦：《风险行业的公众沟通与信任建设：以中广核为例》，《中国地质大学学报（社会科学版）》2015年第1期，第68页。

定位，强调“承担社会责任是企业立身之本”的价值导向，主张“责任体现在每一分每一秒”。“责任品牌”的定位体现了电力企业服务经济与生活、维护公众利益与公共安全的公用属性，符合电力既是生活必需品又是经济发展“先行官”的产品属性，适合供电企业作为产业链中游的行业属性。另外，企业能够准确把握品牌传播的系统性运作规律，善于规划，以年度为单位明确品牌建设的重点与任务，使企业上下形成清晰的品牌传播思路。

（2）构建品牌传播管理组织与制度

广州供电局的品牌传播管理组织架构恰如“创意传播管理”理论所主张的：“传播管理是企业的信息中枢，涉及各个部门……无论如何，这个部门是跨部门的结构，在建设的时候必须考虑同各部门协调和沟通的方便性。”① 广州供电局以新闻中心为组长单位，成立由企业八个专业部门联合组成的“品牌管理小组”。品牌管理小组按季度召开会议，统筹协调推进全局品牌工作，包括形成品牌规划、品牌预算、年度计划、主题策划、品牌传播、品牌评价的一整套闭环管理体系，并统筹企业内部品牌管理及新闻传播资源，建立了全局品牌资源共享库，实现品牌资源的共享利用，在信息发布、沟通和反应方面形成协作和合力。在制度建设上，广州供电局编制实施《品牌管理办法》，确立品牌项目管理机制，并汇编《品牌规范应用指南》，汇集企业品牌经验和品牌实践案例，使每一位员工拿到这份指南就能规范开展品牌宣传工作。

2. 传播内容：品牌传播主线明确，传播内容高质高效

“内容为王”不仅在传统媒体时代是媒体传播的生存之道，也是当今新媒体传播环境下的传播利器，是真正的稀缺资源。品牌传播内容不仅需要创新，更要有主题策划意识。

（1）以公益主题为传播主线

“统一的品牌主题就是品牌的核心价值观，亦即品牌传播的主线，它是品牌的精髓，代表了一个品牌最重要且不具事件性的要素。成功品牌独一无

①陈刚、沈虹、马澈等：《创意传播管理》，北京：机械工业出版社2012年版，第69页。

二、最具有价值的部分就表现在始终如一的品牌核心价值的传播上。”[①]也就是说，企业传播主题应始终围绕企业价值观，这是企业品牌形象一以贯之的重要体现。广州供电局以“责任品牌”为定位，重视企业的责任意识，围绕“责任”这一关键词提出“让您满意每一度”的品牌主题，致力于打造责任品牌形象。

企业履行社会责任，在提供产品和服务、创造利润的同时，也承担对消费者、社区和环境的责任。而企业的公益活动则是企业履行社会责任中，社会关注度高、更容易获得社会各界的利益认同、情感认同和价值认同的有效途径。广州供电局在塑造责任品牌形象的过程中，针对电力行业与公众生活感知存在隔阂的问题，以公益科普传播作为与公众沟通传播的主要活动，开展形式多样的电力知识科普宣传活动，引导公众理性认知与看待电力设施。如打造能触摸的科普展馆——“广州电力知识馆”，将电力生产工作变为可触摸、可感受的体验项目；邀请公众走进电网，通过实证测量传播科普知识等。并借助公益平台，与公众、政府、媒体、社会组织等多个利益相关方实现多层次的对话与合作，巩固社会关系，共同解决社会问题，提升了品牌认同度、知名度、美誉度，也提高了企业综合竞争力。如在2016年的世界计量日，邀请30位市民到广州供电局计量中心，亲身体验电表计量的准确、公正，活动邀请广州市质监局专家现场为市民答疑解惑；携手南方卫视TVS2《城事特搜》栏目举办“特搜时尚电生活”电能替代推广活动。广州供电局将这一系列鲜活、生动、时尚的品牌公益传播活动做到互动有热度、科普有态度、跨界有力度，大大提升品牌的接受度和传播效果。

（2）集中做优质且接地气的主题传播活动

在社会化传播的新媒体时代，品牌传播内容呈现“自生产—消费体系”的特点，而有温度的内容是引发广泛传播与转发的基础。企业在品牌建设的过程中，优质的内容往往能带来较大传播量。优质的传播内容不仅指文字、视频、语音、图片、漫画等单一形态，也是所有媒体聚合和编辑的呈现，包

①张金海、段淳林：《整合品牌传播的理论与实务探析》，《黑龙江社会科学》2008年第5期，第101页。

括对当下传播热点的把握、紧跟节日特点营销、与利益相关方的跨界合作等，做到传播内容的人格化、时尚化、关系化，使得品牌形象具象化，更加深入人心。如广州供电局打造央企首个员工代言人组合——Power Girls，通过原创MV歌曲形式传播企业价值观，将国企形象人格化，改变电网企业缺乏亲和力、严肃传播的印象，塑造出企业品牌的存在感和亲和力，受到国内外媒体的关注，也赢得公众的认可。2017年5月，南方电网公司广州供电局举办了2017年社会责任日活动。将本来略显专业、枯燥的企业信息和数据，用视觉语言转化为市民感兴趣、可感知的具体形式。同时，首次把百年老电表博物馆搬到地铁站内，创造了社会责任沟通的新场景，做到既让利益相关方感受到共情，又与公众产生共鸣，打破了国企一直以来“严肃保守”的旧形象，向市民展示供电局活力十足的责任企业新形象。

3. 传播渠道：与互动群体的沟通更具针对性，新媒体传播特点突出

汤姆·邓肯认为品牌价值的来源是企业组织或品牌与顾客以及关系利益人之间的关系，而这种关系主要是通过双向沟通实现的[①]。面对碎片化的网络传播环境，企业沟通传播不可能平均用力，须优化媒体配置，面向不同群体更具针对性地互动交流。

（1）创建与利益关系方的互动平台

无论是与媒体沟通、组织沟通还是人际沟通，沟通的本质都是企业与利益相关方进行有效的信息交互，及时回应社会关切点，进而塑造有利于自身生存和发展的对外形象。首先需要定义利益相关方。员工、客户、政府、社区、供应商、承包商、媒体、社会团体，这是供电企业主要的八个利益相关方。2013年，广州供电局开展了央企首次大规模针对各利益相关方的现场调研，了解各利益相关方品牌诉求以指导品牌建设，并成立了“Power Lab品牌能量实验室”，作为与相关利益方沟通交流的平台。对内通过培训等活动，培养内部网评员，主动在互联网上传播企业品牌形象，为输出拥有媒介素养、响应舆情、主动发声、创意众筹的网评员提供持续动力；对外通过加强

①张金海、段淳林：《整合品牌传播的理论与实务探析》，《黑龙江社会科学》2008年第5期，第99页。

联系媒体记者、行业智库、各领域专家、学者、新媒体大V等意见领袖，立体化、多层次构建“朋友圈”，加深企业“朋友圈”互信了解与认同。通过积极开展互动交流活动，让意见领袖深入了解企业、深化信任关系，在关键时刻能公正发声，正确引导社会舆论。通过“Power Lab品牌能量实验室”的平台，实现企业与意见领袖的对话，重塑企业品牌格局，影响有影响力的人，从而形成价值同盟，在关键的时候为企业正名。这种互动方式将客户以及其余利益相关方转化为粉丝，增强与企业之间的黏性，利益相关方从主动参与到主动分享，逐步建立品牌偏好。

（2）利用新媒体传播路径实现与公众沟通对话

社交媒体的发展使企业具有与公众沟通对话，建立纯粹关系，构建吉登斯提出的建立积极信任的可能性。在具体的传播过程中，企业通过社群等新媒体传播手段与公众产生直接联系，将其由电脑上的数据真正还原为“人”，从而触发之后的互动。此传播模式打破企业与公众的沟通壁垒，可以直接与公众建立关系与增强黏性。广州供电局顺应新媒体传播环境，转变、提升品牌叙事的话语表达方式，不再满足于自说自话、自娱自乐，而是根据不同的媒介产品，挑选不同的媒介渠道组合传播，并尝试网络问答、微视频、网络直播等多种传播手段，丰富和优化品牌叙事的外在表现。如广州供电局在推出员工代言人组合Power Girls时，通过“广州供电”微信订阅号发布“粉丝观摩团”招募并建立微信群组，与Power Girls的成员直接互动，为用电业务与品牌传播提出自己的需求与献言献策，在MV发布后自动转发，在各种渠道推广MV，自动维护Power Girls的品牌形象。

不同的传播平台需要有与之相匹配的传播内容。将对外新闻通稿简单地放在微信、微博平台难免会无人问津。国有企业本身自带许多优质的传播资源，但长期以来严肃、刻板、宏大的述事方式已不再为人所接受，国企的品牌传播更需要通过讲故事的方式把优质内容传播出去。不少国企本身拥有丰厚的传播资源，包括传承的工匠精神、感动的人物典型、先进的技术技能、服务业务的多层次性以及典型的地域文化特性，这些都是做好精品内容的重要资源。广州供电局结合自身资源，积极打造适合新媒体特点的精品传播内容，通过公众易于、乐于接受的形象话题，借势热点、概念、话题、现象、节日甚至外界的文化产品如热门电影等，将自身想要传播的内容与精神蕴含其中，把企业的优质传播资源以粉丝喜闻乐见的方式传播出去，保证各条传播“管道”都有源源不断的“活水”。如2015年借势社会上广泛传播的“神曲”《小苹果》推出电网版的《小苹果》，结合广州供电局输电员工的日常工作、劳模精神以及科技创新，用流行文化展现出国企员工的积极形象。2018年3月，采用适合手机终端传播的长图广告形式制作《厉害了，原来广州第一盏灯是他点的》的品牌故事，用历史场景动漫再现混搭诙谐幽默的现代语言，讲述广州有电130年来的发展变迁，以知识与情感交融方式输出企业价值观和企业文化。

在信息传播方面，企业自媒体品牌传播有聚合效应，是最有效的品牌信息接触点与聚合点，将碎片化的传播信息进行有效重聚，并且用“同一个声音”说话，便于与公众及时互动。广州供电局拥有自媒体三大平台，分别是微信订阅号“广州供电”、微信服务号“广州供电95598”、官方微博“广州供电”。三大自媒体平台各自发挥不同功能，有序地将企业信息及传播活动分层次地传递给公众（见表8.1）。

表8.1 广州供电局自媒体平台推送一览表

自媒体平台	推送频率	推广重点	功能
微信订阅号“广州供电”	每周二、四、六	新闻资讯	品牌形象，新闻发布，客户沟通，发布频率更快
微信服务号“广州供电95598”	每月四次	用电服务	增强服务功能，便民的服务
官方微博“广州供电”	每天	公益服务	新闻发布，热点事件跟进，与网内兄弟媒体互动

4. 风险沟通：长、短期信任建设双管齐下

风险事件的发生对于企业是非常态的小概率事件，但其对企业发展增加了许多不确定性。而风险沟通对于企业品牌信任形象的塑造是一把双刃剑。有效的风险沟通可以帮助公众充分理解风险的实际状况，及时化解民意积怨，利于公众形成对企业正面形象的认知。反之，无效的风险沟通不仅无益于公众正确理性地感知风险，更容易“放大风险”，加剧公众业已形成的对企业的刻板印象。因此，有效风险沟通策略颇受研究者关注。有学者将风险沟通策略分为长期信任建设和短期信任建设。

（1）长期信任建设

长期信任建设，则更多需要借助于社会责任的履行，以及风险沟通日常化和长效风险沟通机制的建立①。可以说，本文上述品牌传播活动均可视为广州供电局的长期信任建设，无论是公益科普传播活动还是企业自媒体的日常沟通传播都已形成相应机制，都在帮助公众走进和了解供电企业，充分沟通信息。一方面，向公众实时科普电力知识，降低人们对于电力设施的风险感知水平；另一方面，通过立体式的信息传播，塑造负责任的企业形象，增进公众对供电企业的信任与信心。

值得一提的是，广州供电局将社会舆情纳入局组织绩效考核惩处事项管理，对未能积极、有效地配合处置社会舆情并对企业形象造成负面影响的部门或单位，分为引起重视、限制评优两类级别进行惩处。此举在制度保障上，将对企业形象的维护内化为内部要务，将风险应对从偶然行为转变为工作常态，提高了企业对风险事件的预警和风险应对能力。

（2）短期信任建设

短期信任建设“主要服务于具体风险项目的推进，包括对风险承担者的赋权，以及与民众更为开放透明的沟通对话”②。对于供电企业而言，风险项目主要分两种情况：一种是因建变电站引发的邻避事件，另一种是突发的供电系统故障事件。

在有效应对邻避事件的问题上，广州供电局从“决定—宣布—辩护”的传统沟通模式转变为“参与、自愿、合作”的形式，通过听证会、座谈会、新闻发布会、新媒体等各种渠道，为政府、企业、第三方专家与普通大众之间提供表达意见与互动交流的机会，同时重视发挥意见领袖的带领作用，广泛凝聚社会共识，最大限度地减少社会不稳定现象的发生。同时，与政府相

①曾繁旭、戴佳：《风险传播》，北京：清华大学出版社2015年版，第89页。
②曾繁旭、戴佳：《风险传播》，北京：清华大学出版社2015年版，第89页。

关部门建立新型政企关系，针对土地规划行为的问题，提出“规划先行”的法治理念，出台具体管理办法，把规划前置，合法合理护航电网建设。在突发事件发生时，广州供电局确保信息传播的畅通和第一时间送达，不仅与主流媒体深度合作传播权威信息，更利用新媒体手段更及时、更亲切地回应公众的疑虑与担忧。

从上述四个部分论述，我们发现广州供电局的品牌传播策略体现整合传播和立体传播的特点，无论品牌常态传播还是非常态传播都有明确思路，形成可兹借鉴的企业品牌传播机制框架（见图8.1）。

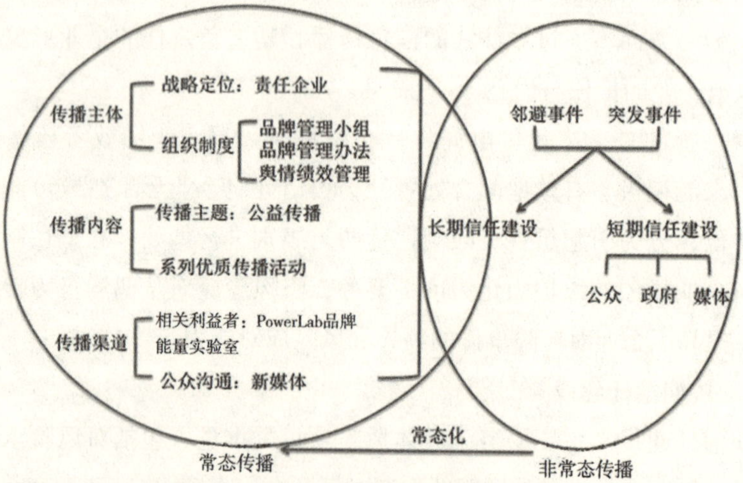

图8.1　广州供电局品牌传播机制框架图

五、结语

社会心理学家列维奇和贝克提出信任三阶段说，即从“计算型信任”到“了解型信任”再到“认同型信任”，并指出不是所有关系中的信任都会经历这三个发展阶段，只有在那些经历了形成、发展与成熟的关系中，信任才有可能从计算型信任发展到了解型信任，最后发展到认同型信任。广州供电局的国有企业身份自带计算型信任的属性，即企业受国家行政部门领导和人民的监督而自觉履行企业承诺；其打开多个传播渠道，创新多种沟通方式，向公众科普行业知识，与公众直接对话答疑，使公众获得企业充分的信息，从而形成了解型信任；其着力整合企业资源创新传播活动，在传播常态与非常态情况下都能与公众深入沟通，处处体现责任企业的品牌核心价值，我们可以判断其与公众信任关系已发展到信任的高级阶段——认同型信任。这种关系更为牢固与稳定，不容易被偶然事件破坏，是企业与公众关系的较理想状态。

案例访谈

用心沟通点亮万家灯火
——南方电网广州供电局新闻中心主任李艳萍访谈

国有企业被喻为“共和国长子”，为我国的经济建设做出了巨大的贡献。国有企业是一种特殊企业，它不以营利为唯一目的，具有一定的行政性。南方电网公司是国有特大型企业，从事国民经济的基础产业和国计民生的公用事业，其下属机构广州供电局负责广州市11个区的电力供应与服务，供电客户数553.6万户。近年来，广州供电局更是不断提高供电保障能力和客户服务水平，供电可靠性连续4年位列全国前十，同时加强公众沟通，积极利用新媒体开展形式多样的品牌传播活动，供电服务客户满意度连续16年在广州市社情民意调查中排名第一。我国的国有企业已经取得令人瞩目的成绩，但是国际市场和国内公众对央企品牌形象认可度仍然偏低。南方电网广州供电局这几年在品牌传播方面创新不断，效果可谓“惊艳”，2017年6月29日，本课题组就此对该局新闻中心主任李艳萍进行了专访。

课题组：在我国，国有企业既是一个市场主体，又从某种程度上代表着政府。“供电局”名字本身类似于政府机构。您如何看国企在社会中的位置，或者说您如看国企与公众的关系？

李艳萍：关于国企在社会中的位置，我们可以从“供电局”这个名字说起。“供电局”这个企业名称带有很深的国有企业改革烙印，在2002年电力体制改革之前，由电力工业部直供直管的供电企业都称为供电局。省级电力工业局作为地方行政机构，既有行政职能又负责生产销售，所以省电力工业局是政企合一的机构，省级以下的供电企业无行政管理职能，只负责生产销售，地级市供电企业叫电业局，县级供电企业叫供电局。虽然在2002年电力体制改革后，省级电力公司作为企业不再具有行政职能，地级市电业局和县级供电局更名为供电公司，但是考虑到中国国情和老百姓的接受度和使用习惯，南方电网公司在2005年又将各地供电分公司更名为供电局。在很多老百姓心目中，供电局不仅仅是一个企业，因为供电局既承担落实国家宏观调控和维护市场秩序的责任，又承担电力普遍服务和维护公众利益的义务。公众不仅把我们视为以营利为目的的企业，而且把我们当作行政事业单位。

课题组：供电局有不同于其他国企的特点，与普通民众的生活息息相关，这个特点是否让供电局与公众的关系有更为特殊的地方，您如何看？

李艳萍：在国家层面，2015年年底中共中央与国务院共同发布的《关于深化国有企业改革的指导意见》指出，根据国有资本的战略定位和发展目标，结合不同国有企业在经济社会发展中的作用、现状和发展需要，将国有企业分为商业类和公益类。这两种分类方式应该说在促进国有企业经济效益和社会效益方面各有侧重。商业类国有企业按照市场化要求实行商业化运作，以增强国有经济活力、放大国有资本功能、实现国有资产保值增值为主要目标。公益类国有企业以保障民生、服务社会、提供公共产品和服务为主要目标。

南方电网作为公益类服务型企业，作为关系到国家能源安全和国民经济命脉的行业，不但为地方经济的发展和社会大众生活水平的提高提供优质、稳定、可靠的电力供应，还承担着大量的社会责任。供电企业与公众的特殊关系可以从电作为“准公共产品”的角度来理解。第二次工业革命以来，人类就进入了“电气时代”。现在电力已经成为像水和空气一样不可或缺的公共必需品，其非排他性和一定程度的非竞争性意味着电力的公益属性，我们电网企业承担的电力普遍服务就体现了这种公益性。普遍服务包括了诸如户户通电工程、农网改造项目、同网同价，以及长期以来我国一直坚持的对少数民族地区、边远地区和贫困地区、农村地区电力建设给予扶持等一系列民生政策。在这些涉电项目中，往往是社会效益大于经济效益，电力企业经常面临政策性的亏损。这也看出我们与社会公众之间并不是纯粹的企业与用户之间的关系，我们并不是为了获取更多企业利润而存在的，而是承担了更多公益性义务。

南方电网公司自2002年成立以来，在南方五省区（广东、广西、云南、贵州、海南）电网发展和南方电力资源乃至能源资源优化配置中发挥主导作用，承担着实施国家“西部大开发”“西电东送”战略的重要任务，协助政府调整电力结构，保证电力工业持续快速健康发展。“西电东送”工程实施至今，送出的不仅是电力，更带来了巨大的经济效益和社会效益。它极大促进了西部地区经济社会的发展，满足了东部地区日益增长的电力需求，充分体现了党中央提出的“东、西部协调发展，共同富裕，共同进退”的战略构想。公司是社会主义市场经济环境下以电网为主营业务的运营商，是区域电力市场交易的主体，在接受政府监管的同时，积极培育电力市场，协助政府维护电力市场秩序，实现电力市场的规范化运营。对于广州供电局来说，电的力量把我们与这个城市的每一个人联系在一起，点亮万家灯火既是责任也是义务。

课题组：在部分公众的印象中，供电局是个有钱有权的部门，在一些地方甚至被称为“电老虎”。您如何看待这些观点和言论?

李艳萍：“电老虎”这个说法我也略有耳闻，我所了解的部分公众把电力部门称作“电老虎”，一是源于大家敬畏电的威力，电光之间，生命转眼消逝；二是源于电力部门的自然垄断属性，不论是计划经济时期还是社会主义市场经济时期，作为能源部门，电网的基础建设需要巨大的投资量，因此难免会给人财大气粗的印象。尤其是计划经济时期，电力供应较为紧缺，电力基础设施建设未能有效满足公众日益增长的需求的时候，难免会给人店大欺客的感觉。应当指出的是，随着电力体制改革的不断深入，从国家政府层面到我们电网企业层面，都在致力于改变这种刻板印象。

南方电网公司的企业总纲中明确指出，我们企业的宗旨就是“人民电业为人民”，落实“全心全意为人民服务”的宗旨，坚持以人民为中心的发展思想，把满足人民对电力的需求作为企业一切工作的出发点和落脚点，发挥电网企业联系千家万户的基础服务作用，赢得社会各界对公司的情感认同、价值认同。公司成立以来，“万家灯火，南网情深”的企业形象也不断深入人心。进入“十三五”发展规划时期，公司董事长李庆奎提出“诚信服务和谐创新”的企业理念，从思想引领、价值引领的高度，持续推动公司“从优秀走向卓越”。

具体到广州供电局，我们觉得最有说服力的就是，2016年我们再一次获得广州城市状况社情民意满意度评价第一名，这也是我们连续16年来获得这项殊荣，这是广大市民对我们供电服务的肯定和信任，也是我们继续以客户为中心全力做好电力供应的重要动力。这份荣誉的背后，是我们在加大电网建设、强化安全生产、保障电力供应、优化客户服务、勇于承担社会责任上所做出的努力。

广州是自然灾害尤其是台风、暴雨多发且易发的地区，其引发的突发事件随时威胁电网的安全稳定。我们建立了一套完善的“灾前防、灾中守、灾后抢”的应急管理工作机制，有效应对各类突发事件。在2015年台风“彩虹”引发的大面积停电应急处理中，我们反应迅速、沉着应对、处置果断，连续奋战几个昼夜，圆满完成了抢修复电工作各项任务，以实际行动践行了“万家灯火，南网情深”的郑重承诺，书写了供电企业的责任担当。

作为供电企业，为客户提供电力保障是重要的职责。我们持续挖掘管理潜力，积极运用科技手段，努力提供更可靠的电力供应服务。2016年，我们继续扩大带电作业范围，全年实施带电作业11,374次，平均减少客户停电时间约3.88小时。通过持续完善配网快速复电机制，对调度指挥、故障修复、过程监控等关键环节加强精细化管控，应用信息技术、“互联网+”技术实现“快复电、快通知”。广州作为国家重要的中心城市、华南地区重要的政治经济文化中心，全年保供电任务有100多项，我们构建了包括磁飞轮、小型抢修应急电源车等多层次应急保障装备体系，通过优化资源投入，保障重大活动期间可靠的电力供应，确保平稳无虞。

在优化客户服务方面，我们努力践行“以客为尊，和谐共赢”的服务理念，大力倡导“以客户为中心”。近些年来，我们积极推进营销渠道的创新，引入“互联网+”技术，构建包含网上营业厅、微信营业厅、掌上营业厅、95598服务热线、自助终端五大电子服务渠道的“e电通”。更多元化的服务渠道体系让市民享受用电“一键通”，足不出户便可办理业务。同时，我们主动开展惠民服务，对因历史遗留问题导致的临电小区、一表多户小区开展“一户一表”改造，共投资24.8亿元，为26.9万户实现抄表到户、服务到户。

企业发展离不开社会各界的支持，我们将回报社会作为企业应尽的责任。我们利用专业优势，持续开展电力科普公益活动，携手员工志愿者关爱弱势群体，积极传递温暖。我们主动邀请居民走进电网企业，参观变电站、体验巡线等电力生产过程；成立由政府、企事业单位、媒体、高等教育机构、大客户等29位社会观察员组成的社会观察员工作组，主动接受社会各界对供电服务持续改进的意见和建议，持续提升供电服务水平，用更开放的心态增加社会公众与企业的了解和互信，进一步扭转公众对电力企业的刻板印象。

课题组：这些年来，广州供电局在国企品牌建设上成绩突出。Power Girls的策划引发很大反响，最近又将广州供电局社会责任报告巧妙地展示在广州塔地铁站里，这里面有什么独特的经验体会吗?

李艳萍：广州供电局类似Power Girls以及社会责任报告主题地铁站的品牌传播案例，在官方媒体与网络媒体两个舆论场上都获得了认可与褒扬，这在近年来的国企品牌传播上极为特别的案例。在这两个品牌传播案例中，我们尤其注重吸取过往“有宣传没抵达”“重传播轻转化”的不足，摒弃了以往信息传播的思路，从“单向宣传”转向“互动宣传”，从“被动接受”转向“主动表达”。在策划过程中，围绕电网企业中心工作的特点，立足当地的历史文化底蕴，充分提炼国企品牌中的价值，迎合了当下“全民围观”“实时互动”的趋势，并在传播中更注重关注公众所关注，大大提升品牌的接受度和传播效果。

课题组：在品牌建设上，广州供电局从组织架构和操作环节都有一些创新措施。您认为在新媒体环境下，国企应该如何从制度层面、技术层面高效地做好品牌建设工作?

李艳萍：广州供电局近年来设立了由办公室、企管部、计划部、市场部、安监部、党建部、工会、新闻中心八个专业部门组成的品牌管理小组；建立了旨在协同开展预算联合评审、项目管理、宣传策划、活动实施等工作的品牌管理小组定期例会机制，发布了南方电网首份子公司品牌管理制度；创建了品牌资源共享库，实现全局品牌资源的多维度共享利用与统筹管理，推进各专业品牌工作协同与交流；汇编《品牌规范应用指南》，汇集近年来全局积累的品牌经验、品牌实践案例等。现在，我们任何一位员工拿到《品牌规范应用指南》就能规范开展品牌宣传工作。可以说，以上品牌建设方面的工作，我们在公司系统内可谓走在前列。

从这几年来品牌建设工作的探索来看，我认为在新媒体环境下，要高效地做好国有企业品牌建设工作，在制度层面要以“归口管理，综合协调，专业运营，效果导向”为原则，有针对性地优化品牌管理组织结构，有意识地统一品牌建设资源，确保品牌战略管理的分析、制定、实施、评估都有人管、管得专、管得好；在技术层面，我们将品牌建设视为一个不断扩大企业与利益相关方合意空间的过程，而企业的核心价值观、愿景以及对自身的承诺在实践中往往通过相对确定的品牌元素载体以及企业形象传播等方式实现。

课题组：从国内外经验看，公益传播在企业品牌建设上有很好的效果，广州供电局在这些方面有何经验？

李艳萍：广州供电局在公益活动的传播和实践上有着多年的探索，形成以社区沟通为主体、以团委志愿服务队伍为依托、以责任品牌为统摄的公益活动实践和传播体系。2014年开始，广州供电局发起“我帮你搞电”公益服务行动，通过志愿者服务站“西关小屋”，向市民提供电力服务。居民如果在电力方面有困惑和疑问，或对广州供电局的服务和工作有意见和建议，都可以到西关小屋向志愿者求助，社区经理将回访并上门提供服务。2016年，广州供电局发起了“好奇电学堂”安全用电进校园科普活动，走进广州12所学校，并免费为学生带来的旧排插“以旧换新”，防止老旧排插引起火灾。

课题组：如前面所说，国企不仅仅是企业，还在某种程度上代表着政府。供电局为公众提供电力方面的公共服务，这个过程包括媒体沟通、组织沟通、人际沟通，您认为在沟通环节需要做好哪些方面的工作？

李艳萍：正如之前所提到的，电是具有非排他性和一定程度非竞争性的准公共产品，我们在电网建设、电力保障、环境保护等方面都与公共利益密切相关，与企业相关的一举一动都会引发公众的关注。

在沟通环节，首先要合理划定利益相关者范围。科学准确地界定利益相关者范围是做好科普宣传、信息公开、公众沟通等工作的必要前提。如果利益相关者划定的范围狭窄，将损害公众的知情权与潜在利益，激发社会矛盾。反之，如果范围过大，则会浪费政府行政资源，加大企业运营成本。例如针对电网重大工程建设项目，为了避免和减少社会稳定风险，防止在项目规划与建设初期出现重大偏差，应当将所有受到项目潜在影响的地区和人群都纳入利益相关者的界定范围，采取有针对性的社会稳定风险预防措施。

其次要积极开展公众科普宣传。例如变电站本身虽然没有辐射，但由于电力的专业知识壁垒、公众认知水平的差异，许多公众本能地抵制变电站建设项目，所以项目的顺利实施离不开公众的理解与支持。实际上，许多抵制变电站建设的案例中，许多持反对意见的公众掌握的电力知识近乎空白，只是出于恐惧心理，不加辩解地加以反对。为了引导公众理性认知与看待电力设施这一公共产品的建设，一个很重要的途径就是长期开展形式多样的电力知识科普宣传活动。比如我们做的“百户居民测辐射”、变电站环境在线监测系统等，都是我们尝试用公众易于接受的形式开展电力知识科普宣传。

再次要搭建企业与公众风险沟通平台。公共危机不仅来自突发事件本身，更来自公众对突发事件接受、解释与反应的方式与过程。有效的风险沟通可以帮助公众充分理解风险的实际状况，降低人们对于电力设施的风险感知水平，及时化解民意积怨。为了充分沟通信息，化解公众的抱怨与抵触情绪，我们尝试与政府、社会媒体共同搭建有效的公众沟通平台，将电力设施的选址方式从“决定—宣布—辩护”的传统沟通形式转变为“参与、自愿、合作”的形式，通过听证会、座谈会、新闻发布会、新媒体等各种渠道，为政府、企业、第三方专家与普通大众之间提供表达意见与互动交流的机会，同时重视发挥意见领袖的带领作用，广泛凝聚社会共识，最大限度地减少社会不稳定现象。

课题组：在具体的工作中，供电企业可能面临邻避问题，在这方面广州供电局是如应对的，有什么经验？

李艳萍：“邻避”是个舶来词，源于20世纪五六十年代欧美国家的一系列市民反对将垃圾处理厂、变电站等公共设施建在自己附近的“NIMBY（Not In My Back Yard，‘别在我家后院’）”抗议活动。及至我国，邻避冲突在过去十年来有范围扩大化趋势，已成为各地政府在重大项目建设中时常遭遇的棘手难题。

变电站建设是大城市经济发展中的一个典型邻避问题。一方面，要解决经济社会发展导致的新增用电负荷问题，离不开变电站的建设；另一方面，人们对变电站存在电磁“辐射”、致癌危害的误读，却往往令变电站难产。发生在海珠区珠江帝景小区业主的抵制艺苑变电站建设就是典型的邻避运动。在有效应对邻避效应的问题上，广州供电局在变电站修建过程中不断总结经验，创新摸索出一套应对邻避效应的方法：一是科普宣传从“事件化”转向“常态化”；二是通过建设新型政企关系，把规划前置，合法合理护航电网建设，让“闻电色变”不再成为城市发展的典型邻避问题。

在科普常态化方面，广州供电局通过搭建展览馆、制作宣传画册向市民免费派送、制作科普微电影在传统媒体和自媒体播放等途径，把电磁感应的概念与分类，电的来源、作用以及相关参数，向公众实时科普。其中，位于广州最南端南沙区的广州电力知识馆（广州供电局南沙电力职业体验中心）占地近6万平方米。该馆分为电力安全体验区、变电区、输电区等区域。参观者可以亲身体验“电一电”“摔一摔”“砸一砸”等电力工作，了解电网生产过程，感受电网安全文化。据统计，该馆累计接待公众参观超过2万人次。广州供电局近年来也定期组织市民、专家、媒体、意见领袖走进变电站、临近变电站的办公楼、员工宿舍等地参观，用实地检测数据说话。2016年4月，我们开展了“百户居民测辐射”大型公益科普活动，通过现场宣传和广州电视台、电台、微信、微博等多种渠道在广州地区公开征集了100户家庭，安排环境监测专家上门为其测电磁感应，消除其对变电站电磁感应的疑问，争取公众对电网建设的理解和支持，也获得了很好的效果。除此之外，广州供电局主要负责人主动上线参加与网友、听友、观众的互动电台或电视台节目，线下则走进社区，组织现场讲座，针对民众关心的问题做出详细解答，力求增进市民对电网建设的理解，以及消除公众对变电站存在“辐射”的误读。近年来我们组织这类现场讲座包括“超级变变变——众论变电站那些事儿”公众讲堂、“求解邻避困境”座谈会等。我们认为，如果公众不了解变电站是否有辐射，只能说明科普不到位或者相关解释缺乏说服力，我们不能以此为借口漠视民众的意见表达。通过这样的科普，具备相应科学知识的决策者和民众才能产生共同对话的基础。正确处理好技术问题固然重要，但是在科普宣传过程中更要注重通过沟通对话填补技术问题与公众主观感知之间的鸿沟。

随着常态化科普工作的渗透，人们对变电站的认识也越来越客观。近年来在居民区周边建变电站项目中，反对声音越来越集中在个别开发商故意模糊变电站土地规划的行为上，导致厌恶性设施的邻避冲突加剧，这不但给电网建设和区域经济发展造成不利影响，也给相关政府部门带来一系列棘手问题。我们与广州市政府有关部门不断总结分析，充分沟通后提出了“规划先行”的法治理念。经过多方共同努力，广州市在2010年2月出台了《广州市房地产开发项目配套公共服务设施建设管理办法》，在国内首次将变电站作为房地产配套项目进行建设，明确项目配套电力设施必须与开发项目主体同步规划、同步报建，建成后移交给供电企业使用。过去，冲突往往就是因为老百姓在买房后才获悉变电站修建信息，感觉受骗上当，从而与开发商、供电局发生矛盾。如今，楼盘项目必须将变电站写进规划，业主们购房时清楚明了，从而避免了冲突。该办法实施后，广州供电局下辖多个小区变电站顺利建成，居民区变电站建设所带来的许多邻避问题顺利化解。此外，广州供电局会同广州市规划局编制六种220千伏和110千伏变电站的标准设计，明确规定涉及的用地大小和建筑长、宽、高等指标，将其模块化，并纳入《广州市社区公共服务设施设置标准》，使公众一目了然。

课题组：广州供电局在与公众沟通方面做得越来越细，比如前面讲的在地铁站里进行社会责任报告宣传等。这一类活动充满了创意，会让公众备感亲切。这类活动的效果如何检测，会否成为一种常态？

李艳萍：广州供电局2017年社会责任报告的发布形式与往年有所不同，在发布形式上独具新意，首次与广州地铁合作，将广州塔地铁站打造成一个以“让广州电力十足”为主题的空间。我们将电网的信息、数据，用视觉语言转化为市民感兴趣、可感知的具体形式，创造了社会责任沟通的新场景，力求做到既让利益相关方感受到共情又与公众产生共鸣。这样的主题策划活动，我们每次都会对活动传播策略、传播效果进行定量和定性的总结评估，不断完善，今后我们也会继续沿着这个策划方向做更多努力和尝试。

从公众反应看，这次社会责任报告主题地铁站的案例传播效果还是比较明显的。据统计，5周内有近150万客流量通过广州塔地铁站体验创意地铁站及列车；《广州日报》《新快报》推出大版面专题报道活动，《经济日报》、新华网、人民网、广东电视台等超过30家报纸、电视台和网络媒体也时行了采访报道。其中，网易推出专题从各个角度报道创意地铁站，获得近150万的浏览量；48小时内超过21万人观看了5月23日活动的网易直播。广州供电局2016年社会责任报告H5版，运用朋友圈广告获得近120万次的曝光传播。国资小新、金蜜蜂、中国广州发布等权威新媒体主动推文报道点赞，广州潮生活、广州印象、SOHO广州、广州笋嘢益街坊4个广州本地微信自媒体大号推出活动报道文章，均获得10万+阅读量。国务院国有资产监督管理委员会综合局社会责任处处长张晓松认为这个活动既有传统社会责任报告的发布，也有许多实践体验的环节，为参与者提供了全新的资讯，也展现了南方电网在社会责任方面做出的巨大贡献和努力；中国社会科学院经济学部企业社会责任研究中心主任钟宏武认为这次活动很有创意，让社会责任走出了专业领域，走进了市民，与市民交互，是一个真正的创举；《WTO经济导刊》杂志社社长兼主编于志宏也撰文称敢于把活跃思维下的想法变为行动，做别人没有做过的事情，这是广州供电局一贯的传统，表明出色的社会责任沟通活动同样离不开创新和创造，离不开勇于尝试。

课题组：目前，广州供电局在新媒体应用上有什么经验和收获？您觉得像微信公众号等新媒体形式在国企与公众沟通中相比传统媒体有什么优势？

李艳萍：进入新媒体时代，信息传播的移动化、即时化，传播渠道的多元化、社交化，传播受众的个性化、社群化都与传统媒体时代有着巨大的差异。过去“单向传播”“被动接受”的传统媒体垄断话语权的时代已一去不复返。国企通过新媒体形式与公众进行沟通，相比传统媒体更为迅速，更具有主动性和话语权。近年来，广州供电局全力打造新媒体宣传平台，在2011年和2014年分别开通“广州供电”官方微博以及官方微信服务号、订阅号，在2016年开通网络直播，以互动式、社交化的沟通方式不断拓展新媒体阵地。这些新媒体形式都已成为企业对外发布信息的重要窗口，也是我们在关键时刻牢牢把握宣传主动权的重要抓手。

第九章

09

作为对话的新闻：社会主义协商民主的传媒实践

中国共产党十八届三中全会提出的全面深化改革的总目标，是完善和发展中国特色社会主义制度，推进国家治理体系和治理能力现代化。作为一种主要社会机制的新闻媒体，在这一改革的过程中被赋予新的重要角色。在社会层面的沟通与利益主体间的协商逐渐成为处理社会关切问题、增进社会成员相互理解、弥合社会裂痕的有效手段的语境下，新闻传播的理念与实践如何以新的角度来重新认识、解释和定位新闻，新闻媒体在推进协商民主广泛、多层、制度化发展的改革进程中如何用批判性思考和建设性立场帮助公众就公共政策做出决定，协调解决公共问题，必将给新闻传播理念与实践带来新的样态。

一、研究缘起

长期以来，新闻学的研究多偏重其本体的研究，一定程度上游离于新闻传播实践和社会改革的前沿问题。有学者认为，新闻学的研究不应拘泥于对以“客观”“真实”等为核心的哲学范式进行讨论，而应更多地回归政治学范式，因为新闻本身就是以民主、公共利益为取向，通过观点的交锋、各方的讨论来折射社会利益群体的不同选择①。在西方，20世纪80年代末出现的公共新闻学（public journalism）与西方政治领域推崇的协商民主（deliberative democracy）有着相同的背景和时代脉络，政治思潮和新闻传播学领域理念两者主旨的深度契合引发不少学者进行讨论。西方公共新闻学的发展，可以说是呼应了协商民主对新闻传播领域的吁求。那么在中国，现阶段的一些政治、社会理念中是否蕴含着本土语境下新闻传播理论与实践发展的新因素？

执政党的许多顶层制度设计给了我们一些重要的启发。中共十八大报告首次提出，要“健全社会主义协商民主制度。社会主义协商民主是我国人民民主的重要形式。要完善协商民主制度和工作机制，推进协商民主广泛、多

①引自中国人民大学新闻学院副教授刘海龙在暨南大学新闻与传播学院的演讲《隐藏的断裂：中国新闻学和传播学的起源》，2013年11月12日。

层、制度化发展”[①]。这是社会主义协商民主概念第一次被正式确立为中国特色社会主义民主政治制度的一项内容。随后召开的十八届三中全会也把“推进协商民主广泛、多层、制度化发展”作为政治体制改革的内容——“协商民主是我国社会主义民主政治的特有形式和独特优势，是党的群众路线在政治领域的重要体现。在党的领导下，以经济社会发展重大问题和涉及群众切身利益的实际问题为内容，在全社会开展广泛协商，坚持协商于决策之前和决策实施之中”[②]。协商民主不仅适用于通常意义上的顶层公共政策，在基层群众中间，“开展形式多样的基层民主协商，推进基层协商制度化”[③]也成为改革内容。

必须承认在中国现有的传媒体制下，通常“中国社会在政治、经济和文化等领域发生的一系列变化会令嵌入其中的新闻传播子系统产生变革的内在需求”[④]。执政党提出的“社会主义协商民主”观念，在政治社会领域引发建设性对话的同时，必将使传媒行业自身的功能需求发生变化。作为在西方曾经极富影响力的政治思潮和实践形态的协商民主，是否具有嵌入中国新闻领域进行相同实践的可能？如果存在实践可能，与西方协商民主存在怎样的差异？

二、文献回顾

从目前的研究现状来看，把协商民主理念同新闻传播领域的理论与实践进行接合的研究成果包括以下几个方面：

第一，西方协商民主与公共新闻相结合的探索。“1980年，约瑟夫·M.比塞特（Joseph M.Bessette）在《协商民主：共和政府的多数原则》一文中

①胡锦涛：《坚定不移沿着中国特色社会主义道路前进　为全面建成小康社会而奋斗》，北京：人民出版社2012年版，第26页。

②《中共中央关于全面深化改革若干重大问题的决定》，《人民日报》2013年11月16日第2版。

③《中共中央关于全面深化改革若干重大问题的决定》，《人民日报》2013年11月16日第2版。

④常江：《结构变迁与功能转化——解读〈新闻联播〉改版》，《现代传播》2012年第6期，第85页。

首次在学术意义上使用‘协商民主’。”[①]协商民主意味着“政治共同体中自由、平等的公民，通过参与政治过程、提出自身观点并充分考虑其他人的偏好，根据条件修正自己的理由，实现偏好转化，批判性地审视各种政策建议，从而赋予立法和决策以合法性”[②]。中国台湾地区的学者通常翻译为“审议民主”，他们认为：“‘审议’其实包含了‘独白’与‘对话’两层次。在审议过程中，无论是个人内心‘独白’抑或团体公共‘对话’，均会同时显现其中。”[③]

20世纪80年代末，政治领域的协商民主以及与其相联系的公共新闻运动，成为西方新闻界反思其现有民主缺陷的一种探索和尝试。西方公共新闻运动所采用的传播实践方式是“引导、组织公众积极参与公共事务，让公众懂得应该如何去解决所面临的社会政治问题，从而推动社会的民主进程”[④]。但同时，公共新闻在实践操作过程中面临着不少问题，也饱受质疑：媒体过度介入公共事务本身，甚至制造和推动事件的发展，在强大的商业运作下，公共新闻不再以促进公众民主为宗旨，而是以吸引媒体消费者的眼球为目的，于是就逐渐违背了协商与民主的初衷。既然是新闻改革运动，就有探索的成分，并没有形成完善的新闻理念与操作模式，这也使得由协商民主理念生发的传媒实践仍存在很大的探索空间。

第二，传播学视阈下交往行动理论的新探讨。尤尔根·哈贝马斯（Jürgen Habermas）认为，沟通是语言的重要功能之一，“主体间通过交往达成共识，其共性在于规范的一致性、共享命题知识以及相互信任对方的真诚性。而这些共性可以用语言的沟通功能加以解释”[⑤]。在哈氏看来，交往理性的核心是主体之间的关系，它处理的是主体通过沟通达成共识、相互理解的可能

①Robert A.Goldwin & William A Scham-bra. *How democratic is the constitution?*, Washington: America Enterprise Institute,1980,pp.102–116. 转引自陈家刚：《协商民主：民主范式的复兴与超越（代序）》，载陈家刚编：《协商民主》，上海：上海三联书店2004年版，第2页。

②陈家刚：《协商民主：民主范式的复兴与超越（代序）》，载陈家刚编：《协商民主》，上海：上海三联书店2004年版，第1页。

③黄浩荣：《公共新闻学：审议民主的观点》，台北：巨流图书公司2005年版，第103页。

④郑一卉：《美国的公共新闻运动》，北京：北京语言大学出版社2012年版，第2页。

⑤尤尔根·哈贝马斯著，曹卫东译：《交往行为理论：第一卷　行为合理性与社会合理性》，上海：上海人民出版社2004年版，第293页。

性条件。这种交往行动体现的正是一种以协商和共识为基础的沟通式传播。研究者力求将哈氏的理论与当下中国的公共领域和传媒实践相结合，提倡传媒“在传播活动中应该树立一种对话交往的互主体意识，把传、受两级都视为具有同等主体地位的伙伴关系，并注重互动的真正精神内涵”①。这些新探讨揭示了沟通交往对传播领域的影响及价值。

第三，国内借用协商理论分析传媒报道对公共政策个案的影响。由于在之前很长一段时间，我国新闻传播的土壤中并不包含“对话协商”的因素，协商民主在我国仍未成熟，政策层面尚未对其有明确的表述。同时，协商更多情况下出现在执政党和各民主党派的政治协商层面，较少涉及基层的关于社会议题的情况。因此，学者对在中国语境下协商民主的研究基本以个案为依托，讨论大多集中在一些由民众推动的环境保护、医疗改革等社会议题，通过传媒作为“调停者”②发挥作用，“经过在媒体平台上的发酵，逐渐被纳入政府议程之中”③。“大众媒介如何构架和处置争议，搭建公众讨论的多元空间与场域，进而引导公众理性的参与及对争议性议题的认知。”④

这些研究试图引入协商民主理论，由于媒体环境的特殊性，研究者们尝试性地结合事实案例，从“可能性”层面提出建议。有关医改政策的研究就指出：“协商民主嵌入中国既有主流政治框架内不仅是可能的，而且这种决策方式有效地提升了民众对于新医改政策的认同，从而为新医改政策的实施与推进提供了可靠的合法性。”⑤而现在，“社会主义协商民主”被明确纳入国家层面全面深化改革的重要领域，已经成为中国主流意识形态的一项重要内容，由此引发的传播理论与实践领域的探讨理应从“是否可以”向“如何

①李欣人：《传媒互动观念的重塑：哈贝马斯交往理论探赜》，《国际新闻界》2010年第12期，第37页。

②曾繁旭：《传统媒体作为调停者：框架整合与政策回应》，《新闻与传播研究》2013年第1期，第43页。

③曾繁旭：《形成中的媒体市民社会：民间声音如何影响政策议程》，《新闻学研究》2009年夏季号第100期，第189页。

④陈刚：《范式转换与民主协商：争议性公共议题的媒介表达与社会参与》，《新闻与传播研究》2011年第2期，第17页。

⑤章平：《新医改政策制定过程中的协商民主》，《中国卫生政策研究》2012年第5期，第9页。

能够”的视角转变。

第四，倡导“对话新闻”（dialogic journalism）模式的研究。协商民主想要发挥作用，必须采用对话机制。近年来，有研究者通过分析“西方新闻理论”演进的哲学与实践基础，认为“对话新闻学”作为后起之秀，要“修正、补充和完善‘客观新闻学’存在的种种缺陷和不适应新的媒介和社会生态变化的那些部分”①，把“对话新闻学”的地位提升到与早已在新闻界影响根深蒂固的“客观新闻学”相并列的高度。亦有研究者挖掘出这两种新闻学模式背后的深层观念——“对话观”与“反映论”②。同时，研究者结合中国的现实语境，对“对话新闻”的内涵、本土意义以及发展障碍进行了分析和探讨。

在谈到“对话新闻”在中国媒介环境中生发的障碍时，研究者们提出：“在强大的、现实的市场逻辑中，‘对话新闻’的业态是什么？它的市场潜力和价值在哪里？”③“要求记者成为社会进步的推动者，那么记者角色行为的边界在哪里？要靠什么来制约记者可能的、有意无意的盲动和误导？”④这些尚未被解答的问题也将成为本文的探讨焦点。

三、研究问题

以上几大方面的研究奠定了本文展开论述的逻辑起点——西方的协商民主理论生发了公共新闻，而源于西方的公共新闻在中国似乎找不到完全适合的发育土壤；协商民主理论的作用不能仅限于对“官—民”层面公共政策的推动，而应更深入地推进“民—民”之间的对话与沟通；尚未成熟但适合中国传媒土壤的“对话新闻”是否可以浸润社会主义协商民主的理念，政治、社会理念的创新将会为新闻传播领域提供变革的可能。基于此，本文希望探

①史安斌、钱晶晶：《从“客观新闻学”到“对话新闻学”——试论西方新闻理论演进的哲学与实践基础》，《国际新闻界》2011年第12期，第71页。
②蒋晓丽、李玮：《从“反映论”到“对话观”——论多重语境下新闻的转向》，《湘潭大学学报（哲学社会科学版）》2012年第6期，第141—145页。
③李习文：《“对话新闻”：理想、契机与障碍》，《南京政治学院学报》2010年第1期，第115页。
④李习文：《论中国现实语境下的“对话新闻”》，《国际新闻界》2010年第2期，第49页。

讨如下问题：

社会主义协商民主理论在顶层设计层面被明确提出，会不会如同20世纪80年代西方协商民主一样，存在引发新闻领域改革的一种可能？此外，中国语境下的协商民主中哪些理念可以运用到新闻传播理论的发展与实践的操作中？“对话新闻”作为一种新闻理念与操作模式，是否能从社会主义协商民主的传媒实践中找到在中国发展的路径？

本文首先将探讨社会主义协商民主理论在民主政治发展与社会管理实践中的内涵层次，汲取公共新闻学和对话新闻学的精髓，探寻其与新闻传播理论的理念关联；同时结合中国语境和新闻传播的具体实践，梳理社会主义协商民主、社会沟通及对话理念的逻辑关系，力求破解“对话新闻”模式在中国生发过程中的障碍，并为新闻传播领域寻找和定义新的新闻理念与模式提供路径。

四、社会主义协商民主的层次及实践特质

在中国的民主政治实践中，有着十分丰富的协商民主形式，例如政治协商制度、民主恳谈会、立法听证和公共论坛等。要理解社会主义协商民主这一政治理念与新闻传播理念的契合之处，首先需要明确其内涵层次及实践特质。

（一）社会主义协商民主的两个层次[①]

第一个层次是国家政治层面，协商主体包括党政机关、人民政协、统一战线等。从抗日战争时期的“三三制”民主政权建设到1949年中国共产党领导中国人民通过民主协商的方式成立了中华人民共和国，我国有着深厚的政治协商传统。

第二个层次是社会议题层面。这一层面包括两类情况：第一类是公众与

① “deliberative democracy”一词的中文翻译有“协商民主”“审议民主”“审慎民主”“商议民主”等。有学者认为，“协商民主”的翻译容易将人民政协与其他层面的协商相混淆，本文在此不做政治学层面的讨论，以官方文件“社会主义协商民主”翻译为准。从官方表述的具体内容看，该翻译包含了本文所述的两个层次，即党政部门、人民政协等国家政治层面的协商和基层社会层面的协商。

官方的协商，对于公共政策的争议性议题，公众通过各种方式与官方沟通，再经由媒体报道，各方经过理性商讨，争议政策可能就发生了改变。第二类是基层公众之间的协商自治，利益诉求产生冲突的群体之间通过沟通对话进行协商，从而达成共识，此类情况最能体现协商主体间的平等关系。

（二）社会主义协商民主的实践特质

协商往往由相异的利益诉求触发。事实上，在基层社会层面一旦出现协商的需求，往往是争议性议题与相异利益诉求倒逼的结果，协商参与者们试图平衡各种不同的利益诉求，并试图就如何解决问题达成共识。在形成集体意志或公共政策的过程中，伴随而来的理念、言论甚至行为的“冲突”自然而然地触发了利益主体进行沟通的欲望。

协商要以公共理性为前提。“协商是理性的，因为参与各方在提出、反对或支持其观点时，都需要陈述他们的理由。他们在给出理由的同时，希望那些理由（而不是例如权力）将决定其观点的命运。”[①]协商更多凭借的是“理”，而非情绪化的偏见。确保利益诉求相异的多方群体能够进行充分、反复的利益博弈，以实现社会公正和意见达成的根本前提就是公共理性。协商民主理性的特质不仅意味着不同利益群体之间具有达成体谅和理解的可能，理性的表达平台更有利于促成他们对社会的根本性共同利益形成共识。

协商主体需要处在平等的位置。社会主义协商民主的主体“涵盖社会各界、各方面人士，既反映多数人的普遍愿望，又吸纳少数人的合理主张”[②]。协商民主强调各个主体参与的重要性，普通人通过各种途径和方式积极参与公共事务，以影响公共政策的制定和自身权益的维护。协商的任务就是尽可能把这样不同利益群体的声音传达出去，通过对协商过程的呈现和对公共议题的解释，建构身份平等的参与主体，不因人数的多少和社会地位的高低而贬损或抬升某一群体。

协商的有效方式是主体间的沟通。理想的协商方式是利益相关的各个群

①杰拉德·F. 高斯：《理性、正当性与共识》，载詹姆斯·博曼、威廉·雷吉主编，陈家刚等译：《协商民主：论理性与政治》，北京：中央编译出版社2006年版，第154页。

②贾庆林：《健全社会主义协商民主制度　为全面建成小康社会广泛凝聚智慧和力量》，《求是》2012年第23期，第11页。

体面对面地把自己的见解介绍给众人，在理性的沟通、反驳、自证中实现意见的整合，并就冲突议题达成共识，从而促使社会各方采取实际行动来解决各种争议性议题。

五、作为“对话”：协商民主与对话新闻理念的耦合逻辑

在实际操作中，协商民主的实施难以在同一时空中覆盖所有相关群体，因此新闻媒体的中介协同角色就显得十分重要。新闻对冲突的渴求使得大众传媒成为协商民主实践的天然平台，协商主体在传媒中所呈现与讨论的问题正是社会中各种冲突、矛盾的一种延续。大众传媒消弭了时间、空间等现实交锋中的必需因素，各类群体的各种观点成为媒体组织议题报道的素材来源。对话的聚合使传媒成为协商的“意见场”，媒体的职责也本在“充分反映各方论点及缘由，使公民能在获得较全面的信息后做出判断，再透过机制参与决策过程”①。

社会主义协商民主理论与新闻传播理论有着相互契合的理念关联，协商过程中的冲突议题成为媒体报道的优先选择，媒体通过提供利益表达和意见聚合的公共平台，营造一种平等、理性的协商氛围，使在现实语境中难以实现的交锋通过媒体的对话呈现达到协商的效果。

（一）沟通作为协商民主的实践方式

哈贝马斯认为，民主意见和民主意志的形成过程，不仅表现为在立法机构中各种利益的达成与妥协，更取决于公众在公共领域的自由商谈，这种自由商谈主要就是通过主体间的沟通与互动来达成，其核心就是不同利益主体通过沟通、讨论达到对情境的共同界定。沟通突出各平等主体之间的双向理解，蕴含着交互表达与接纳的本质，从而能够尽可能摆脱旧有主体与客体之间的单向解释、线性灌输的束缚。从社会主义协商民主的特质来看，沟通作为一种重要的实践方式，逐渐突破了传受关系中的被动因素，特别是普通公

①黄惠萍：《审议式民主的公共新闻想象：建构审议公共议题的新闻报导模式》，《新闻学研究》2005年夏季号第83期，第43页。

众已不仅仅满足于对信息的被动接收，而是“越来越体现出通过传媒参与社会行动和寻求自身价值的自主性，或者对新闻报道所涉及的社会政治生活、经济文化等社会公众事务进行讨论和评判，或者借助新闻传媒直接对所关注的问题发表看法”[①]。协商民主的基层实践恰恰为社会成员之间实现平等沟通提供了一种可能，在承认各方利益冲突的前提下，通过沟通、协商解决矛盾，是成本最低、伤害最少、最有利于社会稳定的选择。

新闻媒体是公共领域的一个重要组成部分，“只有通过传媒中的有争议展现，这样一些问题才得以面对大范围公众，并随后在‘公共议程’中占据一席之地”[②]。结合协商民主的核心特质，需要从新闻传播理念中找到与前者相匹配的观念，才能在公共生活的宏观生态中更好地探寻社会主义协商民主进行传媒实践的机制，从而生发出更加适合现实发展的新闻观念。

曾经试图将协商民主理论运用到传媒实践中的西方公民新闻运动遇到了不少问题，受到了越来越多的批评。媒体过度的商业化运作“使公民退位成消费者，媒体的目的不在带动公民审议，而在吸引阅听人注意。而媒体又多聚焦在少数精英上，一般公民对媒体这项‘意义’制造系统，影响力有限”[③]。新闻传媒作为社会公共意见的表达平台和沟通途径，能够实现协商民主所倡导的公民主体间的理性话语沟通，在强化了这层理论勾连之后，需要思考中国本土语境的社会主义协商民主应该促成新闻理论与实践的何种改变。

“公共协商是一种带有特定目标的对话，它要通过解决问题或消除冲突来克服问题情形，发生在公共领域中的协商赖以进行的联合性活动不但具有谈论性，还具有对话性。”[④]协商民主正是在主体沟通的过程中才具有公共性，最终的公共决策才具备合法性，而对话是进行沟通的一种有效公共互

①张晋升：《从交互主体性看议程设置理论的实践意义》，《暨南学报（哲学社会科学版）》2002年第9期，第73页。

②哈贝马斯著，童世骏译：《在事实与规范之间——关于法律和民主法治国的商谈理论》，北京：生活·读书·新知三联书店2003年版，第470页。

③黄惠萍：《审议式民主的公共新闻想象：建构审议公共议题的新闻报导模式》，《新闻学研究》2005年夏季号第83期，第49页。

④詹姆斯·博曼著，黄相怀译：《公共协商：多元主义、复杂性与民主》，北京：中央编译出版社2006年版，第51页。

动，让参与者在交流、自辩中彼此达成理性的信服与共识。

（二）协商民主蕴含着对话新闻理念的社会机制

近年来，国内不少学者借鉴国外理论，归纳了“对话新闻学”的核心内容[①]，试图用“对话”理念来寻找本土化的渊源，探索促成新闻理念转变和实践的改善途径。如今社会主义协商民主这一政治理念的明确提出，给了“对话新闻”在中国语境发展的另一种架构。事实上，“对话新闻”理念在新闻操作中的运用与当前推进协商民主的政治实践具有相当高的契合度。

首先，中国的社会转型与传媒发展包蕴了协商与对话的因素。社会转型带来的利益增损与社会阶层分化必然伴随着多元的意见与诉求，这一变迁逻辑对作为现代社会系统重要组成部分的大众传媒提出了具体的功能需求。如今传媒领域已经成为重要政治参与、政策协商平台，重大公共问题几乎都会呈现在这个平台上，成为人们关注、讨论的对象。传播空间在一定意义上也成为政治活动、政策对话的空间。近年来一些公共政策的出台由于牵涉不同利益需求，引发了很多不同的声音，例如“闯黄灯到底如何扣分”“法定假期该不该调休”等议题，通过大众传媒的报道、参与以及公众意见的交流与协商，不再是一条政策贯到底，无论是传统媒体的对话呈现还是新媒体的话题发起，对议题最后的走向以及相关政策的制定与修改等都产生了重要的影响。参与具有重大公共意义事务的讨论是转型期解决中国发展各种矛盾不可或缺的构成要素，协商与对话的存在是社会中公民之间相互尊重的一种表达。

其次，公众有参与基层社会自治管理的对话诉求。协商不仅存在于官方与公众关于公共政策的对话，在很多情况下，公众的自我治理更需要对话的环境。在一个社会中，人人都能够有说话的机会，人人都有诚意去倾听对方的话，去说对方听得懂的话，把意见和矛盾一一陈述，把事实说清的时候，化解的方法就随之呈现了。“通过抛出矛盾、呈现冲突来关注和解释民众复杂的利益诉求及其与官方意识形态和话语的互动，在矛盾冲突中，各方才能最大限度地平等发声，尽力消弭群体间的权力差异，以促进社会公平与正

①史安斌、钱晶晶：《从“客观新闻学”到“对话新闻学”——试论西方新闻理论演进的哲学与实践基础》，《国际新闻界》2011年第12期，第67—71页。

义，并使问题得以解决。”①协商民主既是不同社会力量的妥协过程，同时也是人们之间通过商谈达成理解的过程。此时媒体需要做的，就是尝试在日常公共议题的报道中，由公众关注的角度切入，不忽视、不渲染、不盲从，探讨各方对话提出的立场及背景，呈现对话甚至冲突的过程，以协助民众了解并参与公共生活。

再次，传媒市场的竞争打破了单一传播的藩篱。面对强大的市场逻辑，新闻媒体的功能必须在原有基础上进行延伸，媒体的内容生产需要跳出自上而下的框架，代之以上下互动的方式，主动为不同利益的诉求者开辟表达的渠道，提供更容易被公众接受的传播形态。中央电视台有关星巴克咖啡价格的报道饱受争议，新闻中就出现了“由各个利益攸关方（stakeholders）参与的对话新闻模式，除了当事方和网民参与讨论外，新华社等主流媒体发表不同意见，具体事实和本土语境愈辩愈明，CCTV发出的不再是不容置疑的‘中央’声音”②。仅从新闻业态的角度来看，这种主动设置议题、引领“对话新闻”的尝试是值得肯定的。由于协商民主要建立在能够鼓励公共对话的社会机制上，以使公众能自由公开地表达，在理性寻求问题解决方案的过程中，大众传媒的角色就很重要，对话的本身就是新闻内容生产的素材，就是媒体报道潜在的市场价值。

可见，作为“对话”的新闻生产理念在中国目前的新闻实践中有着深刻的社会背景和现实需求。因此在推动社会协商进程的多方力量之外，大众传媒作为一个适合展现“对话”的实践主体和建构公共领域的重要力量，理应成为协商得以实现的重要渠道。

六、展现“对话”：社会主义协商民主中的媒体实践

“对话新闻”理念在接应社会主义协商民主这一本土语境的过程中，对

①常江、许诺：《新闻连续剧：叙事策略与传播样态探析》，《国际新闻界》2013年第5期，第122页。

②史安斌：新浪微博@清华史安斌，2013年10月22日，http://weibo.com/2170886850/AfdhTrtVx，2013年11月24日。

于完善和发展中国特色社会主义制度、推进国家治理体系和治理能力现代化有着重要的时代价值，同时也给新闻媒体的传播理念、传播形态和传播方式带来多方面影响。

（一）议题生成：以媒体沟通开放新闻内容生产

在传统的新闻实践中，大多数报道议题往往是媒体主动设置的结果，当协商民主理念逐渐成为公众共识的时候，就需要媒体主动搭建沟通平台，将公众参与纳入到专业化的新闻内容生产中，让报道议题与公众关注达成融合。

中央电视台主持人白岩松在谈及新闻频道节目改革时说道："想做两个小时的直播，可以叫《听证会》，完成全社会的沟通。全部立足在公共政策的讨论上，比如说该不该生二胎、劳教制度要不要取消、黄灯该怎么处罚。那我可能会把政府的决策者、反对者、媒体代表、公共知识分子、网友都叫来，这里有话题设置，大家公开讨论公共政策，最后以举牌的方式投票，是赞成还是反对。"[①]这种代表不同利益诉求的主体在一起理性地表达观点、实现沟通，其中就包蕴着社会主义协商民主的实践，而媒体的报道就需要从"冲突出新闻"所惯有的对立模式向公众参与的协商民主模式转变，尽可能多地提供多元化的议题解释框架，打开新闻内容生产的大门，使公众能够在多样选择中达成共识。

（二）沟通互动：媒体报道对协商议题的选择

在协商民主的传媒实践中，媒体的职责不仅是要提供传统意义上的信息和书写供受众阅听的新闻文本，而是要通过议题与协商主体的交流互动，将协商民主的过程通过对话新闻保留在公共视野，承担呈现公共协商与促进公民参与的双重功能。

《南方都市报》2013年开创了"坐下来，谈一谈"公众论坛的新形式，针对城市垃圾处理、城管小贩关系等公共议题，"诚邀各相关的利益方放下成见，坦诚交换意见。在法治的前提下，各方提出建设性建议，为街头社会

①邹煜：《一个人与这个时代：白岩松二十年央视成长记录》，上海：上海交通大学出版社2013年版，第241页。

的有序安排提供思路，期望达成共识，寻找出路”[①]。与西方公共新闻运动不同的是，媒体并不直接把论坛本身作为新闻事件进行报道——因为有制造“传媒假事件”之嫌，而是将论坛作为新闻报道策划的一部分，利用这个对话平台的交互作用来挖掘议题，在新闻报道之前了解协商主体之所想，从而在媒体上进行真正有效的对话新闻实践。基于此论坛，《南方日报》2013年9月9日到13日连续推出5天“城治——探索城市管理和谐之道”系列报道，针对“城管与小贩，死结如何解开？”“市民说‘管得宽’，城管叹‘权不够’”等议题，展现城管、小贩的不同意见，甚至开辟了互动栏目《一起来“吐槽”城管》，打开民意的表达出口，把矛盾和意见一一呈现。这种报道方式使对话理念贯穿新闻生产的全过程，不把眼光放在一时一事的新闻事件上，“通过新闻报道反映了一定的社会意见，同时也为社会公众的表达提供了一定的平台和空间，这主要表现在言论性报道的大量运用上”[②]。

媒体这种看似“介入”实质是脱离新闻报道本身的“假介入”，媒体的报道不涉及论坛的本身，这是对公共新闻的超越，既避免了媒体角色的错位，又能找出公众真正关心的议题，从而呈现不同意见以引导公民参与讨论，把公众从潜在参与者变成积极的关注者和对话者，使普通群众关注的层面和思考的角度得以在媒体的论述平台讨论和呈现，避免由少数人（如专家、官员等）主导议题的焦点，这都有助于促进协商过程的平等和良性互动。

（三）平等呈现：从公共政策的推动到基层协商对话的呈现

“一些对话性机制运用的是隐含在交流中的视角采取（perspective taking）和角色承担（role taking）的能力——站在其他任何人的立场上进行考虑的能力。”[③]以往的公共协商多数在“官—民”之间，而协商民主的主

①引自《南方都市报》：《“坐下来，谈一谈”公众论坛策划案》，2013年4月（内部资料，未刊）。

②章平：《大众传媒上的公共商议——对医疗体制改革路径转型期报道的个案研究》，复旦大学博士学位论文，2009年，第53页。

③詹姆斯·博曼著，黄相怀译：《公共协商：多元主义、复杂性与民主》，北京：中央编译出版社2006年版，第57页。

体更多在于平等的“民—民”之间。转型社会多种观念和不同利益群体共处时，媒体在“矛盾—求解”议题的报道中呈现对话协商，让孤立的“他者”不会再轻易被塑造。

中央电视台《看见》栏目《99%对1%的拆迁》2013年1月28日报道了广州杨箕村的拆迁矛盾。《新闻联播》和《新闻直播间》以“新闻连续剧”的形式分别在2013年1月4日至8日和11月14日至18日分两季共18集播出《成都曹家巷拆迁记》。关于拆迁的报道，以往更多是拆迁户与拆迁方（政府、开发商）的矛盾，这其中暗含了一种强、弱间的身份不平等，但是在曹家巷和杨箕村，却演变成搬迁户和留守户、绝大多数人和少数人之间的权利博弈。节目中提到，如何协调复杂的利益关系，当地政府和企业开始探索一种创新社会管理的新模式——居民自治改造。具体而言，是让多数群众（急盼拆迁）去做少数群众（不愿拆迁）的工作，就是让老百姓自己说服自己，自己通过对话协商解决问题。而“媒体的报道呈现了涉及拆迁的各个利益主体在公共平台上各抒己见的过程，通过公开协商来参与对议题的决策，形成各方均可接受的方案，以寻求各方利益的最大公约数”①。

通过媒体的报道来建构不同利益群体的协商机制，让涉事群体都能以公共利益为目标进行平等和公开的信息交流、意见竞争以及协商对话，媒体不做价值判断，使各方利益最大化地实现，这应是当前中国民主政治发展的价值追求，这种传播精神同样是对话新闻所期待完善的。

（四）重建共识：协商目标的达成与“对话”的角色边界

“如果只把协商民主当成是一种手段、一种策略，这就贬低了协商民主自身的独立价值。”②社会主义协商民主在传媒实践中所追求的不仅是协商过程本身，更重要的是每个人的声音及理性观点都能得到倾听和表达，在不断博弈和妥协后最终达成共识。协商民主的传媒实践在协调社会关系的过程中是建设性的，而非破坏性的，这就决定了对话新闻所要达到的目的不仅仅是

①常江、许诺：《新闻连续剧：叙事策略与传播样态探析》，《国际新闻界》2013年第5期，第123页。

②何包钢：《协商民主：理论、方法和实践》，北京：中国社会科学出版社2008年版，第17页。

揭露社会问题。如何在具体的公共议题中促成“官—民”“民—民”之间展开公开对话和理性协商，把感性情绪的冲动减到最弱，在公开陈述的理由中了解对方的价值和偏好，在共识中推动民主进程，成为社会主义协商民主实践的核心关切。

研究者担心“对话新闻”会受市场影响，导致媒体越出实践协商民主的角色边界。“一切新闻实践都应该致力于建构公共对话平台，反映多元化的声音，促进各个阶层、团体和文化之间的交流与理解，而不是仅仅反映客观世界。”[①]什么是对话新闻这种报道模式的“角色”？当然不是媒体自己介入事件，去制造问题和寻找解决办法，而是通过呈现对话协商的报道来让人们明白双方为什么这样，何以能够这样，他们的相异诉求是什么，他们想要的东西会推动事情向何处发展，在纷繁复杂的进程中是不是蕴含能让双方都容忍的手段和都能接受的结果？因此，展现“对话”由于能够反映民众与民众、媒体与民众的良性互动，就可能创造一种新的媒体市场机制。“在社会转型的时候，人群之间不一样的观念和体验往往是冲突的来源，冲突呼唤着规则，冲突本身也酝酿了规则。”[②]《人民日报》在关于“广场舞纠纷”这个生活议题的报道中，恰当地把握了角色的边界，通过报道让争执各方彼此明白，“协调各方面的权益与诉求，需要居民与广场舞参与者相互体谅，更需要双方沟通协商，通过社区自治机制，找出解决问题的办法”[③]。这是党报实践对话新闻的一个样本，当冲突的各方在意见摩擦中不断摸索问题求解边界时，媒体的报道就是试图理解双方的体验、呈现双方的意见，这样才能尽可能地寻找共识，弥合社会伤痕。

协商民主在传媒实践的过程中具有极其重要的社会整合价值，对媒体而言，对话新闻的理念也带来一种自我解构与重构的可能。一贯将客观性原则奉为圭臬的媒体也应重新检视自我的角色，“报道客观并不能仅仅依靠行文表达形式的客观来实现，‘预设立场’与‘观念偏颇’前提下的表达客观同

①Rosen Jay. *What are journalists for*?, New Haven:Yale University Press,1999,p.262.
②CCTV《看见》：《自贡救狗事件调查》，2011年11月6日。
③胡洪江等：《广场舞纠纷　折射社区治理难题》，《人民日报》2013年11月14日第11版。

样会使报道沾染浓重的主观色彩”[①]。媒体在守望社会环境的同时，更应被赋予一种呈现更多元表达空间、推动社会进步的能动性。

七、结语

社会主义协商民主这一政治理念与新闻传播理念存在着一定的共生关系，前者的实践更有利于催发和营造“对话新闻”理念普及的传播环境。在这种前提下，公众有了更多机会去参与社会公共讨论、推进现代政治理念的普及，人们便会希望把自己培养、塑造成具有社会责任感的现代公民。未来一个时期的新闻改革也一定跟民主、民生，更多的平等、参与、对话这些社会主义因素紧密相连。在推进协商民主广泛、多层、制度化发展的改革进程中，媒体理应成为其中一个重要的实践主体，通过“对话新闻”操作和实践，真正成为满足公众“知情权、参与权、表达权、监督权”的有效渠道和平台。

①张晋升、许诺：《群体冲突报道中的事实选择与偏见消弭》，《新闻记者》2013年第9期，第9页。

附录

专家访谈

参与传播：国家治理研究的新向度①

——瑞典乌普萨拉大学尼科·卡彭铁尔教授访谈

公丕钰② 张晋升③ 詹扬龙④ 迟浩男⑤

访谈背景：本文通过对尼科·卡彭铁尔教授的学术访谈，探讨了参与传播的基本概况，及其与新媒介、政治参与、政治传播及国家治理的关系等议题。卡彭铁尔教授认为，参与传播强调传播过程的受众参与，打破了传者本位的思维定式，是当代传播理论的一个重要发展。随着互联网的崛起，公众较之以前在信息、知识和娱乐生产中扮演更重要的角色，并且更深入地参与到社会对话中。参与不但关注国家与社会关系议题，也关注文化教育机构与公民关系议题。“少一些统治，多一些治理”是21世纪政治改革的主要特征，亦可从参与传播的向度去考察。国家治理是多元主体的参与过程，遵循权力平衡逻辑。从这个角度看，参与传播理论有助于拓展国家现代化背景下我国传播学的研究视野。

关键词：参与传播 政治传播 政治参与 国家治理

Participatory Communication as A New Research Direction in State Governance Studies：An Interview with Professor Nico Carpentier, Uppsala University, Sweden.

Interview Background：By interviewing with Professor Nico Carpentier, this article discusses general situation of participatory communication and the

①本文已于2018年7月发表在《国际新闻界》（CSSCI）。

②博士、暨南大学传播与国家治理研究院研究员。

③暨南大学传播与国家治理研究院副院长，暨南大学新闻与传播学院副院长、教授、博士生导师。

④暨南大学新闻与传播学院硕士研究生。

⑤暨南大学外国语学院硕士研究生。

relationship between participatory communication and new media, political participation, political communication and State governance. In his opinion, participatory communication is a significant development in contemporary communication theories and emphasizes the people's participation in communicative processes. It reverses the stereotypical centering of media producers. With the growth of the internet, more than before, the public has the possibility to take a key role in the production of information, knowledge and entertainment, and can also become more involved in societal dialogues. Participation raises issues not only about the relationships between the state and its citizens, but also about the relations between cultural and educational institutions and the citizenry. "More of governance, less of ruling" features a major political reform in 21th century, and this too can be analyzed from a participatory communicative perspective. State governance is a process that involves multiple subjects, which also rebalances the logics of power. From this perspective, participatory communication theory helps extending the horizon of communication studies in the context of national modernization.

Key Words: participatory communication, political communication, political participation, state governance

尼科·卡彭铁尔是瑞典乌普萨拉大学信息与传媒学院讲席教授，兼任比利时布鲁塞尔自由大学传播学系副教授和捷克查理大学高级讲师[①]，同时还是英国拉夫堡大学和塞浦路斯科技大学研究员。他曾担任国际媒介与传播研究协会（IAMCR）执委会委员和欧洲传播研究与教育协会（ECREA）副主席（2008—2012年）。目前，他担任国际媒介与传播研究协会参与传播研究部主席。他的研究领域主要集中在参与传播与民主，媒介、死亡与战争，新闻

①在捷克、匈牙利、波兰、斯洛伐克和斯洛文尼亚等一些德语国家的学术传统中，讲师指的是次于正教授，等于或高于副教授的学术头衔。https://en.wikipedia.org/wiki/Docent#Sweden。

业与身份研究，受众与接受，话语理论五个方面。他在参与传播、政治传播及政治治理等领域有丰富的研究成果，其中参与传播代表著作主要有《媒介与参与：一个意识形态与民主斗争的场域》（*Media and Participation*：*A site of ideological-democratic struggle*）（2011年出版）、《理解非传统媒介》[①]（*Understanding Alternative Media*）（2011年出版）、《话语的物质节点：冲突中的塞浦路斯与社区媒体参与》（*The Discursive-Material Knot. Cyprus in conflict and community media participation*）（2017年出版）。

2016年12月，暨南大学新闻与传播学院与国际媒介与传播研究协会（IAMCR）参与传播研究部联合主办了以“参与和传播”为主题的中欧博士生研修班。在此期间，笔者对本次研修项目召集人尼科·卡彭铁尔教授进行了访谈。

公丕钰（以下简称“公”）：您目前为止已经出版了15本学术著作，最早著作研究的是艾滋病议题，最新的与参与传播相关。我知道您的研究始于政治学，后来转向了传播学，能简单介绍下您的学术研究经历吗？

卡彭铁尔（以下简称“卡”）：我经历了一个稍微不寻常的教育轨迹。在比利时引进学士、硕士教育制度之前，我曾在比利时安特卫普的两所大学学习过，后来这两所大学合并。那时，我们先要用两年时间修得学位候选人资格，然后再用两年时间拿到毕业证书。我先是修得了应用经济学候选人资格，然后是政治与社会科学候选人资格，同时还辅修获得哲学候选人资格。后来，我获得国际关系专业政治与社会学硕士学位。当时，安特卫普的大学还没有媒介与传播学硕士教育，但政治与社会科学设置了一些媒介和传播学的研究课程，这样我就以“比利时的非传统媒体和社区媒体”为主题完成了硕士论文。后来，我留校成为一名研究员，做健康与性相关的社会学研究。接下来，我成为一名助教，教授研究方法，并更多地把社会学和政治学、媒介与传播学结合起来开展研究。后来，我攻读了政治与社会学博士学位，并运用以政治哲学为基础的话语理论研究电视谈话节目的参与过程。我想这种

①本文尊重尼科·卡彭铁尔教授的意见将Alternative Media翻译为“非传统媒体”而非“另类媒体”或“替代性媒体”。

社会科学和人文科学的混合研究让我的学术成果颇具特色，而这些训练也帮助我保持和发展了混合研究的习惯。

参与传播：在传播中分享权力

公：在《媒介与参与：一个意识形态与民主斗争的场域》一书中，您分析了参与和民主、空间、发展、艺术与博物馆以及传播的关系，对“参与”概念进行了一次跨学科的概述。本次研修班的主题是“参与和传播”，能谈一谈您对参与传播的理解吗？

卡：西方的研究确实强调参与的重要性，不仅媒介与传播学，政治学、社会学、人类学和博物馆学等学科都有涉及。宏观地看，“参与”研究有两个传统。第一个传统是将“参与”视作很宽泛的概念，我称之为社会学路径。在这里，“参与”概念主要指“参与某个过程”，比如你看电视新闻报道时，你就是在参与电视文化和政治；你参观博物馆时，你就在参与文化；你去参加音乐会或节庆活动时，你就成为文化交流过程的一部分。联合国教科文组织（UNESCO）将“文化参与”界定为文化生产，而且也将参与文化活动本身纳入其中。第二个传统是将“参与”进行了更具限制性的定义，将其视为在正式或非正式决策过程的权力分享，从而有利于更为平衡的权力关系。这就是关于“参与”的政治学研究路径，也是我所使用的方法和定义。举媒介与传播研究之外的一个例子，比如医疗机构和病人之间的关系可以是参与性的，属于第二个传统。在达成共识的前提下，病人有适当的知情权，并且可以与医生讨论，共同制订治疗方案。与医生自己做决定不同，这是一个参与过程。在媒体行业中，媒体组织及其工作人员（新闻记者、编辑等）行使选择传播内容的权力。如果他们与受众分享这个权力，并引导受众一起进行新闻生产，这个过程就变成参与性的。一个典型的例子就是分布在欧洲、北美洲、拉丁美洲、非洲、亚洲国家的社区媒体。在这类媒体中，普通人不但自己生产内容，并且积极参与媒体的组织管理。总体来看，参与有两个传统：一个是成为过程的一部分，另一个是关于分享权力。我的研究属于第二个传统。

参与传播本身也倾向于使用第二个传统，将参与视为分享权力。社区媒体研究表明，不仅媒体专业人士，普通人也能够经常参与媒体生产的全过程，这就是在传播中分享权力。因此，参与传播是指普通人（或非精英群体）参与媒体生产和传播活动的过程。在参与传播中，普通人可以（共同）决定传播什么，但并不排斥专家和专业人士的参与，它主张普通人和记者以相互尊重的方式一起工作。这类似于我前面提到的医生与病人合作对抗疾病，彼此分享权力的例子。

另外，我们应该承认有不同的参与强度，或者说权力分享有多种方式。当记者在传播过程中有强烈的话语权意识而普通人只扮演次要角色时，这是一种最小化参与；当普通人和记者平等地分享权力并成为合作伙伴时，这就是一种最大化参与。参与传播意味着社会能够参与决定传播什么和如何传播。参与传播允许个人表达自己的想法，这给了他们对话的权力和被倾听的权力，也就是传播权。这对于那些权力有限、容易被遗忘或忽视的弱势群体来说特别重要。我相信对于他们来讲，清楚地表达自己的想法并让别人倾听是很重要的。只有这样，社会权力才可以更加平等地分配。举例来说，少数族裔通常处于弱势，他们易于被忽略甚至被压制和羞辱。作为社会的一个组成部分，他们的声音应当被人们听到。因此，他们应当有权发出自己的声音，表达自己的感受，但这种发声和表达总要以和平的方式进行。

公：参与传播是当今发展传播学研究的一个热点。作为发展传播多元范式的一种，参与式传播的基本原则、操作方法和发展走向一直是20世纪70年代以后发展传播实践和学术研究的一个重要主题。那么参与传播源于何处？它是一个西方概念吗？在中国语境下，参与传播意义何在？

卡：参与传播不是西方概念，而是一个全球化概念，已经有几十年的历史。参与传播并不局限于欧洲，阿根廷、哥伦比亚和巴西等拉丁美洲国家的研究人员在这个方面甚至做了更多工作。发展传播理论对于西方发展模式的批评是参与传播的理论来源之一，这也说明上述地区都是参与传播理论的发源地[①]。当然，由于有各自特殊的文化背景，不同地区的概念会有所差异。我

①发展传播理论在第三世界国家的实践是参与传播理论的来源之一，详情可参阅电子科技大学政治与公共管理学院韩鸿教授发表于《新闻与传播研究》（2010年第1期）的论文《参与式传播：发展传播学的范式转换及其中国价值》。

认为不要简单地把“参与传播”看作一个西方概念，更不能将西方概念看成是优越的。东方不必刻意模仿西方，否则只会产生一系列刻板印象。在彼此尊重的基础上，区域之间的对话很重要，这对于理论同样适用。我曾经将这些学术交流称为“桥台”（SQRIDGES），即“学术桥梁”和“广场”的合称。单纯的模仿从来不是最好的办法，但是我们仍然能够从其他地区学到有用的知识。这就需要我们彼此学习、取长补短，并积极改变、适应，进行理论的在地化。当然，我们界定地方理论时也应该考虑全球化，对二者进行综合考察。

将参与传播纳入中国语境可以开辟研究中国问题新视角，通过权力可视化研究丰富中国知识，做到其他研究方法做不到的工作。每个社会都有不同的权力斗争形式，这不是简单的个人和国家之间的关系问题，而是更复杂。参与传播并不给予国家和个人特权，而是聚焦于不同群体、组织和阶级及其内部的决策过程及他们与国家的关系。参与传播旨在了解人类网络的传播方式，研究权力系统，关注水平或垂直的权力关系，而非用一种线性的方式观察权力。参与传播分析这些过程的目的是通过决策权的归属来优化权力关系和传播角色关系，也就是说决策权的分配是真正重要的。

公：从国家与社会关系的视角看，参与传播似乎更强调社会在传播过程中的角色，这个概念对于传播学理论有何意义？

卡：从历史上看，传播学研究和政治学研究有一个有趣的相似之处。在传播学研究中，我们曾经聚焦媒介与受众之间的线性关系。政治学研究也曾聚焦国家与公民之间的线性关系。20世纪五六十年代，包括之前一段时期，西方的媒介与传播研究关注媒体（尤其是电视）对受众的影响，却在很大程度上忽视了对媒体语境和媒介生产的研究。随着学术活动的开展，很多观点发生了变化。很显然，不仅参与传播更加重视语境的重要性，其他领域的参与研究同样重视。作为一个交叉学科的研究领域，参与传播将传播视为一个系统而非一个传者到受者的简单线性过程。

当然，互联网是人们深度参与传播的一个例子。但互联网是一个庞大而复杂的系统，我们不应该将参与局限于互联网领域。参与传播有着悠久的历史，从使用邮政服务到使用视听媒体都有许多先例。举个例子，在20世纪八九十年代，比利时就有一个实验音乐作曲家和声音艺术家网络，由于他们生产的是前卫音乐，不能通过主流媒体或主流唱片公司发表，因此，他们建立了自己独特的生产系统和销售系统。他们在家庭工作室做自己的音乐，并通过常规的邮寄渠道分销录音磁带。这就是一个参与传播系统，外人无法看见，而当我们以传统的线性传播的眼光看时就很难理解。在这里我想说，将参与传播引入到传播理论，就是把传播看作一个复杂的形式集群而非简单的模式，并且它展示出人类传播多样性的重要意义。

当然，与政治学相似，参与传播强调权力的重要性。政治权力一般指的是政府的权力，但参与传播中的“权力”概念意味着多层次、多主体的存在，包括媒体、政府、医疗系统、教育系统和社区等在传播过程中的权力位置。此外，权力是多向度的，它是社会斗争和冲突驱动的一系列社会关系，这也意味着特殊主体的权力地位会随着时间的推移而变化。我要再次强调社会的复杂性，我提到的斗争至为关键，斗争并不意味着暴力。斗争意味着分歧，比如大街上有人喊“我想要更多的食物”，这也是一种斗争。冲突存在于社会各个层面，这个概念与权力和斗争一样不是自动或单单指向暴力。这些关于权力、斗争和冲突的不同观念归因于我们是不同的个体，有不同的利益、感受和思维方式。当意见相左时，我们有时会表达意见和感受，而这并不必然意味着会诉诸暴力。但是，我们要承认，暴力是人们处理冲突的一种方式，当然也是一种非常有问题的方式。在个人和社会层面，对话、讨论和仲裁是和平处理差异和分歧的手段。参与传播以更积极和更具建设性的方式看待这些议题，但它也承认即使努力争取，和谐和共识也永远是在不完美的状态。现实生活中，我们常常不能达成一致，有时这种失败是结构性的，而社会中的一些特定群体也往往处于不利位置。因此，我的观点是社会作为一个整体，需要这些弱势群体的参与，允许和平抗争以增大其表达权并改善其处境。

互联网：增加了参与传播的可能性而非必然性

公：Russo, A. 等认为基于社会化媒体的参与传播为公众参与包括博物馆规划等文化生产提供了空间和机会。您如何看待互联网技术对于参与传播研究的影响？

卡：作为一个技术平台，互联网为参与传播提供了机会。在互联网发明之前，人们生产媒体内容耗费了大量时间和精力，但也有像廉价便携式相机这类技术简化了媒介生产过程。互联网同样简化了媒介生产和分销过程，为传播提供了充足的机会。在这个意义上，互联网增加了传播的参与形式。然而，有些事情我们要清楚，参与传播的技术运用并不局限于互联网，比如电影、电视、电台和杂志，包括其他非传统传播形式的使用表明不同的技术都可以用于参与传播以均衡社会权力关系。参与媒介理论有着悠久的历史，德国剧作家贝尔托·布莱希特（Bertolt Brecht）在20世纪二三十年代就写过有关广播的著作，强调广播技术将信息的传递模式变为传播模式。

另外，我们应该注意的是机会和可能性并不等同于现实，即一件事情可能发生并不意味必然发生。不是互联网导致参与传播，而是要看人们以何种参与方式使用它。在许多情况下，互联网也只是作为一个信息的分销渠道，或者广告的目标受众平台。互联网作为整个媒介生态的一部分，是一个多功能的应用平台。它不必然是参与性的，或是免于受控，而是在一定程度上受组织和国家管制。以Facebook为例，谁控制它呢？显然，用户无法控制，因为Facebook不是用户的。Facebook不是一个参与型组织，因为用户对于Facebook的运作只有极其有限的发言权。它是一个公司，目的是赚钱。但事情又比较复杂，作为社会化媒体组织，它仍然可以成为人们为某一特殊目的而斗争的网络，或作为用户表达歧见以争取社会变革的平台。即使这样，如前所述，Facebook也不是一个参与型组织。因此，我认为参与传播并不存在于像Facebook这样的社交媒体，但人们可以通过Facebook这样的社交媒体来表达，传播自己的声音。

还有其他例子，说明互联网并不必然是参与性的。例如，作为一个主流的公共服务媒介，英国广播公司也不是一个参与型组织，但它大量使用互联网发布其产品。他们用自己的网站发布新闻，但仍然用非常传统的方式制作新闻。你的确可以评论一个新闻作品并且和其他读者互动，但是不能与英国广播公司记者合作撰写新闻。英国广播公司专业人士可以阅读甚至考虑读者的反馈，但他们基本上完全控制新闻生产。虽然英国广播公司已经建立一个非常强大的网络，但在大多数情况下他们的网站不是参与性的。当然也有例外，在20世纪90年代，英国广播公司尝试进行参与传播，实施社区媒体计划。社区媒体计划专注于授权给普通人，于1992年开展了一个名为“视频国家”的项目，将相机分发给一群普通人，让他们拍摄自己的生活，并在英国广播公司电视台播出。虽然该计划在21世纪初被取消，但这些作品仍然出现在2000年后英国广播公司的网站上。过了几年，“视频国家”项目投资减少，网站也因BBC大裁员行动的影响而于2011年关闭。

公：在中国，互联网的发展给公众带来了前所未有的政治参与空间，有时会给政府造成强大的舆论压力，甚至会推动公共政策的改革。您认为这一类政治参与属于参与传播的范畴吗？如果是，是不是说明中国的互联网属于一种参与传播媒介呢？

卡：可能是，也可能不是。有一种倾向将互联网看作整体，并假定只有一个互联网逻辑。正如我前面提到的，互联网有各种各样使用方式，但仅有一些是参与性的。我们需要发散思维，着眼于特定的决策过程，分析权力如何分布，并分析权力在审查之下如何通过传播实践重新分配。我的文章《超越参与阶梯：一个参与媒体过程的批判分析工具》阐释了如何分析参与实践的诸多细节。我认为应该避免对互联网泛化的认知，正如笼统地谈论电视、广播和报刊是没有意义的。换句话说，互联网可以用于相互矛盾的目的，利于监督或加强监控，用于参与或用于压迫。上述分析隐含的观点是没有一个单独的因素能够控制整个媒体技术，21世纪没有无所不能的傀儡大师。行动者有各自的目标，并且都有把这些付诸实践的多种方法。

关于第二个问题，如果要评估中国或世界其他国家针对互联网采取的各类政治举措，我们就需要谈谈参与强度了。当普通人这些非特权行为主体参与决策过程时，问题就来了：他们能决定多少？我们可以设想，如果人们简单地被告知或参加会议但没有任何发言权，这仅仅是接近，而非参与。我们还可以设想，普通人可以表达他们的意见和感受，也可以讨论事情并被权力所有者倾听，但这些普通人仍然没有任何影响决策结果的权力。这仅仅是互动，仍然没有参与。我们还可以设想，普通人可以讨论并能对决策产生一些影响，但没有最终的决策权，这是一个最低限度的参与。我们还可以设想，所有行动主体在地位平等的基础上共同决定，这就是最大限度的参与。

接下来，我们来厘清三种情况。首先，我们不能混淆不同强度的参与实践。比如，协商不是参与过程，而是互动过程。其次，虽然接近、互动与参与不同，但对于开放的治理来说，接近政治进程、与政治系统互动仍然非常重要。政府需要倾听公民的意见，比如医疗改革过程中的协商对于公民权利的实现至关重要。因此，我的研究结论是接近、互动，是参与的前提和必要条件，但它们非参与本身。最后，参与传播理论认为不纠缠于所谓“公民参与”的驳杂声明有助于我们分析和评价社会中、公民间以及国家和媒体间的权力关系。

参与传播与政治参与、政治传播的关系

公：那么，您怎么看政治参与和参与传播的关系呢？

卡：这是一个很难回答的问题，因为对政治参与有各种各样的理解。前面我已经提到过有些人把参与看作参与某个过程，而一些人则视其为分享权力。社会学研究方法和政治学研究方法的不同也影响了制度化政治中的公民参与研究。我们经常发现社会学讨论政治参与时，会将政治意识、政治约谈、政治表达以及公共言行等各种各样的活动、态度和情感视为参与的方式。相比之下，Norman H. N.和Sidney V.在其经典论文《美国的参与：政治民主和社会平等》中关于“参与”的定义更为谨慎，将其视为“旨在影响政府人员行为和决策的行动”。我相信包括我在内的大多数参与传播研究者倾向于使用这类更为限定性的定义，将参与视为分享权力。换句话说，当政治参与使用狭义上的参与时就与参与传播趋于接近。

接着要谈一下“政治参与”概念中“政治”的定义。我们可以参考比利时政治理论家Chantal Mouffe的研究中关于“政治”和“政治的”两者区别的见解。她在《论政治》中写道：“‘政治的’指的是人类关系中固有的对抗性维度，而不同类型的社会关系中的对抗方式和表现多种多样。‘政治’指的是实践、话语和机构的集合，而在‘政治的’因素影响下，这个集合有潜在的冲突，人们在其中寻求建立稳定秩序并实现人类的共存。”从广义上讲，参与传播倾向于“政治的”，因为它着眼于传播过程的权力、斗争和冲突的作用。换句话说，参与传播对“政治的”维度的传播感兴趣。政治参与常常聚焦政府领域以及公民与国家之间的关系，此时政治参与指向“政治”。但话又说回来，事情并不总是如此，当政治参与使用更为宽泛的“政

治的”定义时，它就非常接近参与传播了。

公：如前面所说，互联网拓宽了中国公众参与政治的空间。网络政治参与是当前中国传政治播关注的热点议题，这似乎也与参与传播有天然的联系。您如何看参与传播与政治传播的关系？

卡：要回答这个问题，就要再看一下政治传播的定义。政治传播理论有许多渊源和面向。政治传播专注于权力、意识形态以及政治党派使用媒体和传播的方式，但有些情况下政治党派并不是政治传播注意的焦点。当“政治的”（而不是政治本身）用于利益领域时，政治传播则隶属于参与传播。当政治传播研究社会中的权力斗争，比如研究斯图亚特·霍尔所谓“斗争的象征”时，它就接近参与传播。同时，政治传播和参与传播有一个显著的差异，参与传播倾向于研究参与本身或政治进程的参与匮乏，而政治传播并不以此为研究焦点。

我们可以把传播学看作是一个独立的房子或城堡，里面有许多房间，而政治传播和参与传播彼此相邻。每个房间是传播学的一个分支或子领域。它们有各自的研究重点、思维方式和分析方法。政治传播与参与传播有明显的区别，也有很清晰的关联。这种复杂关系也意味着这两个子领域可以各自发展、彼此独立，但他们仍然在传播学框架内开展研究。

公：在欧洲，目前政治传播主要的研究领域有哪些？

卡：在欧洲，政治传播是传播学研究的一个重要分支。它研究的重点之一就是我前面提到的“政治”本身。政党和政治家利用传播说服人们投票给他们，并支持他们的政治计划，这些仍然是政治传播重点关注的领域。当然，选民不应该被看作政治传播的被动接受者。有时选民的确会接受政党传播的信息，但同样可能抵制或拒绝这一类传播。现在政治家和选民之间的传播关系被公认为是一个动态的关系，公众在传播过程中扮演积极的解读角色。虽然这个观点的演变经历了相当长的时间，后来我们还是承认公众可以成为传播能动的主体。

另一个重要的研究主题是民族主义和民粹主义。政治传播与政治制度、意识形态密切相关。民族主义和民粹主义是明显的意识形态议题，在欧洲的政治景观中越来越突出，理应受到欧洲学者更多关注。例如，20世纪90年代的南斯拉夫解体就是经由一系列民族主义议题引发的，造成了巨大的流血事件。21世纪以来，民族主义在欧洲加速复兴，右翼民粹主义政党发展势头越来越猛。西方的研究者们对这些变化给予了极大的关注。美国总统特朗普的胜选将民粹主义和民族主义带到一个全新水平，许多学者在关注这些意识形态事件。

第三类研究非常多样化，因为政治传播研究的是广义上的政治。首先，新社会运动和政治激进主义已经是西方政治传播长期以来的研究议程，研究者持续关注两者在“政治”（人们与政府互动）和“政治的”（诸如争取政治认可）中的作用。但是我们也越来越多地看到其他社会领域政治性研究被政治传播接纳，比如文化研究、博物馆研究等学术领域的相关研究。

参与传播：国家治理研究的新向度

公：近年来，治理成为中国的政治话语体系中的重要概念。俞可平认为治理体制是一种工具理性，并总结了统治与治理的五个区别，认为治理的主体是多元的，主张治理的协商价值。相较于统治，治理概念强调多元主体的参与，治理是否与参与传播之间有一种关联，您如何看？

卡：从统治到治理的转变非常关键，因为这影响政治领导功能的运转方式，至少在欧洲语境下是这样的。统治意味着领导者的专制，而治理意味着开放和更多的对话空间。在不同的条件下，治理的定义也不尽相同。在我看来，中国的治理是指更多的对话和对不同声音的接纳，而这些反过来可能会促进更多的公民参与或政治参与。

治理和参与传播之间有明确的联系。在此之前，我要说明一下西方政治理论中的民主定义。显然，民主模式很多，且相互差异很大，但它们共享一个核心思想，即民主总是由参与（与人民分享权力）和代表（把权力委托给政治领袖）两部分组成。不同的民主模式之所以不同正是因为它们以不同的方式平衡参与和代表。人们往往有权选举他们的代表，但在这样做的同时也把他们的权力委托给这些代表。这就在代表与参与之间产生了一种特殊的平衡。真正的问题是代表与参与之间的平衡点在哪里？代表的范围和程度是什么？在所谓代议制民主制度中，权力通过选举委托给政府。选举之后，虽然普通人仍然可以反对政府做出的政治决策，但人们已经没有那么多权力去左右政府的决定。民主是斗争和冲突的场所，也是妥协的场所。西方民主的一个主要特征就是统治者的权力是被委托的。从参与传播的角度看，权力委托是一个产生风险的过程，因为如果把所有权力委托给政治领袖就意味着你不能再参与。例如，如果你将权力委托给一个数十年没有选举规则的议会，民主制度将不复存在。所以，代表和参与是一枚硬币的两面，但两者间平衡是动态的。

让我们回过头来看“治理”的本义。“治理”概念意味着没有一个最终的权力中心，政府以更为开放的态度对待普通人的意见、感情和声音。但同样的问题又来了：参与和代表之间的平衡在哪里？特殊的治理制度如何处理权力委托和权力分享之间的平衡？治理可能会允许一定程度的参与，但事实果真如此吗？参与的程度如何？作为一种研究方法，参与传播是分析这些争议的有益方法，因为它强调参与的重要性，并寻求更多最大化的参与方式。最大化参与的好处之一就是可以更多地利用社会资源。如果权力完全集中，我们就会错过人民的智慧和力量，也难以做到对多样性的尊重。历史已经证明，专制难以长久，缺乏效率，因为独裁者不能充分利用社会资源，也不能满足多元化的需求。简单地说，独裁难以奏效，因为一个人或一群人不可能知道一切。知识是集体性的，而集体智慧是必要的和有用的。

公：有些中国学者将“good governance”翻译为“善治”，并以之体现国家与社会最佳的关系状态。在中国人看来，北欧国家是民主社会主义的典范，您如何评价欧洲的治理情况?

卡：首先，我同意“善治”是非常重要的概念。对我来说，善治之所以重要是因为它建立了领导者、国家和社会之间的连接。治理是一个更加分散和网络化的领导形式，避免了权力集中在某一个人的身上。我相信没有人能在21世纪独占全部的决策权。这也意味着国家与社会的关系不是单向的。国家是社会的一部分，不在社会之外，也不高于社会。虽然一些政治理论和实践试图将国家与社会割裂开来，但我认为要谨慎对待这类观点。我更愿意把国家看作社会的一部分，这意味着国家和国家的每一部分都与社会其他部分进行互动。

现在来回答你的问题。我认为一个国家的价值在于实现其改善所有国民生活质量的目标。善治致力于实现上述目标而非在国家内部制造分裂，或是让一些人享有超过他人的特权，或是制造可能导致战争的国家间对立。历史告诉我们，在扩张性的帝国主义驱使下，欧洲的民族国家观念导致了欧洲国家与其他国家的战争。我不会把欧洲“民族国家”的实践作为善治最可接受的例子，特别是如果我们将善治视为创造和促进幸福的话。有许多因素阻碍社会幸福，例如贫困、歧视以及权力匮乏，而重新认识这些问题、资源的再分配有助于消除这些因素。关键是我们不要把国家视为上帝，或者简单地把国家与社会割裂开来，而是要把国家看作我们自己的一部分和社会幸福的保护者之一。你可能已经猜到，我的确将共同决定的能力视为增进社会幸福探索的重要内容。

上述意味着我不认为应该将欧洲国家视为楷模。世界上每一个国家和地区都应该找到自己的道路和方法来增进社会幸福。在欧洲，民主革命的深化，或者所谓民主的民主化正遭遇各种各样的阻力，而我担心它可能已经停滞。我们又看到那些利用选举进行全面控制的传统型政治家的出现。在欧洲，在或隐或现民族主义驱动下的排斥政治已经越来越强势，而无处不在的资本正在全球范围内掠食。还有社会经济不振和安全匮乏的双重恐惧，让我有时怀疑这是否让欧洲失去了信心。

有时我也反思，代议制民主的危机已经让人们感到无所适从，因为许多人觉得他们不再被政治家代表。人们寻求代议制民主危机的解决方案，但这些解决方案只能通过代议制民主来实现。这是欧洲政治与西方政治的核心矛盾。我想这就是民粹主义得势的原因。民粹主义回应了许多人对变化的渴望。虽然我也相信民粹主义所提供的答案存在严重问题，但我绝对不认为这种可能削弱了民主的渴望本身是错误的。当然，并非每个欧洲国家都是完全一样的情况。斯堪的纳维亚国家也遇到了我刚才描述的一些问题，但从表面上看这些问题发展要慢得多。例如北欧的福利制度，即使受到威胁，依然相当强大，特别是在挪威和瑞典。

公：在治理语境下，您对中国政治发展中的参与文化建设有何建言？

卡：我认为有必要在社会中建立、推广和保留一些更具参与性的文化。无论一个社会存在何种程度的参与，我们都不能自满。更何况，我们也不能保证现有的参与程度得到保留。同时，我们应该提升参与水平，而不能将参与限于国家、政府和公民之间。参与原则还应在教育系统中更多地实施。我们需要学生参与学校的管理和领导，与教师、学校主管共同决定学校如何运作。这个想法源自法国哲学家卢梭的观点，即在参与中学会参与。当然，我们也可以在其他方面更多地去参与。比如参与可以从家庭的饭桌上开始，我们可以让孩子参与决定早餐吃什么、何时吃、如何吃、如何分工等，学习共同决策和参与，从而建立一个更民主的家庭关系。如果我们想推动政府与公民关系之外的参与实践，就必须认真考虑这些情况。

此外，我们也要考虑博物馆这类文化机构的作用。博物馆是故事的传播者，或者说它生成了关于文化的叙事。但是谁决定这些呢？几年前，爱沙尼亚国家博物馆做了一个实验，允许普通人策划一个展览。博物馆工作人员邀请博物馆所在城市爱沙尼亚塔尔图的居民向他们发送关于展览的建议，计划让普通居民决定展览的内容。通常，馆长是博物馆工作人员的一份子，但现在普通人成了“馆长”。最终两个展览建议被选中，普通人“馆长”随后与博物馆工作人员一起策划、组织和搭建这些展览。我认为这些都是给普通人赋权的好例子，而且也没有将专业人士排除出去。我并不否认学校校长、博物馆馆长以及媒体组织首席执行官的重要性。相反，我认为我们非常需要他们，但不能所有事都由他们自己决定。我们需要他们把普通人视为合作伙伴，鼓励人们并使用参与逻辑。正是因为微观层面的实现，才能确保宏观层面的有效性。一个国家可以鼓励这些微观层面的变化，引导参与的增长。包括互联网在内的媒介技术和组织可以通过赋权于民，进一步扩大参与程度。

参考文献

[1] 俞可平：《论国家治理现代化》，北京：社会科学文献出版社2014年版。

[2] Nico Carpentier. *Media and participation: a site of ideological-democratic struggle*. Intellect Bristol, UK/Chicago, USA, 2001. p.15.

转引自韩鸿：《参与式传播：发展传播学的范式转换及其中国价值》，《新闻与传播研究》2010年第1期。

[3] Nico Carpentier, N. On walls, squares, bridges and sqridges:a framework to think about North-South dialogues in communication and media studies. *Journal of Latin American communication research*, 2014, pp.1-15.

[4] Carpentier N. Beyond the ladder of participation:an analytical toolkit for the critical analysis of participatory media processes. *Javnost - The Public*, Vol.23, No.1, 2016, pp.70−88.

[5] Mouffe C. On the political. *Economy of migration European economic review*, Vol.5, No.2, 2005, pp.284−295.

[6] Russo A, Watkins J, Kelly L, & Chan S. Participatory communication with social media. *Curator: the museum journal*, Vol.51, No.1, 2008, pp.1−31.

[7] Van Hove E, Carpentei N & Knops N. *Jongeren, seksen AIDS herbekeken*. Leuven/Apeldoom, Grant, 1995, p. 159.

[8] Verba S, & Nie N H, Participation in america: political democracy and social equality. *American journal of sociology*, Vol.81, No.1, 1975, p.24.

（本采访得到了暨南大学新闻与传播学院陈一鸣老师的引介和帮助，在此一并致谢！）

后记

2013年9月，党的十八届三中全会通过的《中共中央关于全面深化改革若干重大问题的决定》，提出“全面深化改革的总目标是完善和发展中国特色社会主义制度，推进国家治理体系和治理能力现代化”，为我国未来发展明确了战略定位，同时体现出我们党执政理念从统治到治理转变、执政主体从单纯依靠政府决策到与公众参与相结合转变、执政原则从政策指导向依法执政转变、执政方式从组织动员向建立社会协调机制转变的整体性思路。

治理理念强调实践主体间的沟通与协商，较之统治思维更有利于引导公众参与、化解社会矛盾、汇集公众智慧，进而形成社会发展的共识与合力。基于这个背景，南方报业传媒集团南方舆情数据研究院联合暨南大学、中山大学、华南理工大学等高校及相关研究机构，自2014年起举办“粤治——治理现代化”广东探索经验交流会，对各地市和省直单位在治理能力现代化进程中涌现的典型案例进行评选，总结广东在推进国家治理现代化方面先行先试的成果和经验，在国内产生了广泛的社会影响。

作为南方舆情数据研究院的专家委员，我参加了五届“粤治——治理现代化”广东探索经验交流会案例的评审和点评，其中的鲜活案例和实践探索触发了我们对案例进行学术研究的意愿。2017年，经过与南方报业传媒集团管委会副主任、南方舆情数据研究院执行院长曹轲先生协商，我们决定由暨南大学传播与国家治理研究院和南方舆情数据研究院合作完成这一项目，以著书的形式最大化案例的社会价值和学术价值。

本书精选了七个不同领域的典型案例，并将其纳入参与传播理论视野内进行考察，以图总结治理现代化进程中政府、社会和媒体等主体的互动实践和传播规律。除了导论和附录部分，共设置了九章内容。导论总体阐述了参与性社会兴起过程中沟通、合作对于治理的价值和意义；第一章对参与传播的发展脉络、理论维度及其适用性进行了阐释；第二至八章分别对七个典型案例进行详细介绍、学理分析和相关人士访谈，以确保研究的多维度和丰富性；第九章考察了社会主义协商民主传媒实践的发生逻辑，探讨了“对话新闻”对于满足公众“知情权、参与权、表达权和监督权”的传播价值；附录部分是围绕参与传播理论对欧洲知名学者尼科·卡彭铁尔（Nico Carpentier）进行的学术访谈。

本书由我统筹策划，制定研究思路，明确内容框架，最后审定稿件。暨南大学传播与国家治理研究院研究员公丕钰博士组织了案例的调研、访谈，以及书稿后期的修改、校对等工作。其中，我和公丕钰合作撰写了第一章内容，第三、四、五、九章内容由我具体负责完成，第二、六、七、八章内容由公丕钰具体负责完成。本书第二章案例介绍内容由南方网经济新闻中心提供，第三至七章案例介绍内容由南方舆情数据研究院提供。暨南大学新闻与传播学院博士研究生赵立兵、文琼瑶、朱雅婧、胡振宇，硕士研究生詹扬龙、王江涛参与了本书的采访、写作工作，南方报业传媒集团彭晓枫、林鑫、洪丹、米中威、陈枫、邹高翔、何勇荣等为本书采访、写作提供了支持和帮助。人民日报社许诺、南方工报社陈宝平对本书亦有贡献。

本书由暨南大学传播与国家治理研究院和南方舆情数据研究院联合出品，是高校、媒体、政府（国企）合作的成果，也是一次传播理论对治理实践的深入考察。本书有幸得到北京大学政府管理学院院长俞可平教授、新加坡国立大学东亚研究所所长郑永年教授的学术指导；南方报业传媒集团党委书记刘红兵、暨南大学党委书记林如鹏对本书的写作方向提出意见；南方报业传媒集团总编辑黄常开、暨南大学新闻与传播学院执行院长支庭荣、南方报业传媒集团舆情事业部总经理戴学东等亦对本书写作给予了热情支持。在此，对他们表示感谢与敬意！

从参与传播视角探讨国家治理实践是一次新的尝试，为相关研究提供更多的理论路径选择。虽然本书努力确保研究的科学性和严谨性，但在研究方法使用和研究深度拓展等方面仍然有很大的提升空间。同时，强化问题意识，坚持问题导向，进一步推进理论和实践的结合，持续为广东治理现代化实践提供学界思考和智力支持，也是暨南大学传播与国家治理研究院今后努力的方向。

张晋升

2018年12月18日于暨南大学

本书获得以下项目资助，特此致谢！

1. 暨南卓越智库项目
（名称：舆情与国家治理；项目编号：15JNZK003）

2. 广东省哲学社会科学“十三五”规划项目
（名称：参与传播视域下我国邻避冲突治理机制研究——以中广核核电项目为考察对象；项目编号：GD17CXW02）